Le livre des secrets

*Du même auteur
aux Éditions J'ai lu*

Les sept lois spirituelles du succès
N° 4701

La voie du magicien
N° 5029

Les clés spirituelles de la richesse
N° 5614

Le chemin vers l'amour
N° 5057

Les sept lois pour guider vos enfants sur la voie du succès
N° 5941

Comment connaître Dieu
N° 6274

Dieux de lumière
N° 6782

Les sept lois spirituelles du yoga
N° 7707

Santé parfaite
N° 8007

Le livre des coïncidences
N° 8808

Le corps quantique
N° 9058

Un corps sans âge, un esprit immortel
N° 9142

Le miracle oublié
N° 10072

Dr Deepak Chopra

Le livre des secrets
Dévoilez les dimensions cachées de votre vie

Traduit de l'anglais par Bernard Dubant

*Collection dirigée
par Ahmed Djouder*

Titre original :
THE BOOK OF SECRETS – UNLOCKING
THE HIDDEN DIMENSIONS OF YOUR LIFE

© 2004 Deepack Chopra
Harmony Books – New York

Pour la traduction française :
© Guy Trédaniel Éditeur, 2005, 2006, 2008, 2011

À mon père
KRISHAN LAL CHOPRA :
*Ta vie et ta mort pleines de grâce
ont inspiré et dévoilé
les dimensions cachées de ma vie.*

REMERCIEMENTS

Peter Guzzardi, mon correcteur si habile, mon critique et l'un de mes meilleurs amis ;

Shaye, Tina, Tara, Brian, Jenny, et le reste de ma famille à Harmony : vous avez été aimants, gentils et tolérants, dès le début de ma carrière ;

Rita, Mallika, Gotham, Sumant, Candice et cette chère Tara : vous rendez tout précieux et sacré ;

Carolyn Rangel, Felicia Rangel et Jan Crawford, mes collaborateurs : votre dévouement et votre travail zélé rendent toutes choses possibles ;

Et, enfin, mes remerciements à ma famille du Centre Chopra, qui met mes paroles en une pratique permettant de changer la vie des gens.

INTRODUCTION

Ouvrir le Livre des secrets

Ce dont nous avons le plus faim, ce n'est pas la nourriture, l'argent, la réussite, le statut, la sécurité, le sexe, ni même l'amour du sexe opposé. Souvent, des gens ont obtenu tout cela et sont restés insatisfaits et même souvent encore plus insatisfaits qu'au début de leur carrière, quand ils n'avaient rien de cela. La faim la plus profonde, dans la vie, est un secret qui n'est révélé que lorsqu'on est désireux de découvrir une partie cachée du soi. Dans les anciennes traditions de sagesse, cette quête a été comparée à une plongée pour s'emparer de la perle la plus précieuse qui soit au monde, une façon poétique de dire que l'on doit nager bien au-delà des bas-fonds, plonger au plus profond de soi-même, et chercher patiemment jusqu'à ce que la perle inestimable soit trouvée.

La perle est aussi appelée l'essence, le souffle de Dieu, l'eau de vie, le nectar sacré – expressions désignant, à notre époque plus prosaïque, ce que nous appellerions simplement transformation, qui signifie changement radical de forme, la façon dont une chenille se transforme en papillon. Du point de vue humain, cela signifie changer la peur, l'agressivité, le doute, l'insécurité, la haine et la vacuité, en leur contraire. Peut-on réaliser cela véritablement ? Il y a une chose dont nous avons la certitude : la faim secrète qui ronge l'âme n'a rien à voir avec des choses extérieures comme l'argent, la position sociale et la sécurité. C'est la personne intérieure qui meurt du désir que sa vie ait un sens, qui veut obstinément la fin de la souffrance, qui désire ardemment des réponses aux énigmes que sont l'amour, la mort, Dieu, l'âme, le bien et le mal. Une vie superficielle ne répondra jamais à ces questions, ne satisfera pas les besoins qui nous poussent à les poser.

Trouver les dimensions cachées en soi-même est le seul moyen d'apaiser sa faim la plus profonde.

Avec la promotion de la « science », ce désir de connaissance aurait pu s'estomper, mais il n'a fait que se renforcer. Il n'y a pas de faits « nouveaux » à découvrir au sujet des dimensions cachées de la vie. Point n'est besoin d'examiner d'autres patients faisant l'expérience du seuil de la mort, d'autres yogis absorbés en méditation profonde. Cette phase de l'expérimentation a fait son œuvre : nous pouvons être sûrs que partout où la conscience veut aller, le cerveau humain suivra. Nos neurones sont capables d'enregistrer les expériences spirituelles les plus élevées. Cependant, d'une certaine façon, vous et moi en savons moins long sur les mystères de la vie que nos ancêtres.

Nous vivons à l'ère du cerveau supérieur, le cortex cérébral qui s'est énormément développé au cours des derniers millénaires, éclipsant le cerveau inférieur, ancien et instinctif. Le cortex est souvent appelé nouveau cerveau, mais le cerveau ancien a tenu les humains sous sa domination pendant des millions d'années, comme il le fait aujourd'hui chez la plupart des êtres vivants. Le cerveau ancien ne peut évoquer des idées, ou lire. Mais il possède le pouvoir de sentir et, par-dessus tout, d'être. C'est le cerveau ancien qui a fait que nos ancêtres ont pu sentir la proximité d'une présence mystérieuse partout dans la nature.

Cette présence, qui se trouve dans chaque particule de la nature, inonde aussi votre vie. Vous êtes un livre de secrets qui attend d'être ouvert, même si, probablement, vous vous considérez vous-même d'une façon fort différente. Tel jour, vous êtes un travailleur, un père ou une mère, un mari ou une épouse, un consommateur à la recherche de nouveautés dans un centre commercial, un spectateur attendant impatiemment un nouveau divertissement.

Quand vous vivez la vérité d'une réalité, tout secret se révèle sans effort ni lutte.

On est face au vieux choix, entre séparation et unité. Veut-on être fragmenté, divisé en parties conflictuelles, déchiré entre les forces éternelles d'obscurité et de lumière ? Ou veut-on quitter le monde de la séparation pour celui de l'unité, de l'intégrité ? Vous êtes une créature agissante, pensante et sentante. La spiritualité unit ces trois aspects en une seule réalité. La pensée ne traite pas de haut le sentiment ; le sentiment ne résiste pas obstinément au cerveau supérieur ; l'action a lieu quand la pensée et le sentiment disent : « C'est juste ». La réalité une peut être reconnue parce que, une fois que vous y êtes, vous faites l'expérience du courant de vie sans obstacles ni résistance. Dans ce flux, vous rencontrez l'inspiration, l'amour, la vérité, la beauté et la sagesse, comme des aspects naturels de l'existence. La seule réalité est l'esprit, et la surface de la vie est seulement un déguisement avec mille masques qui nous empêchent de découvrir ce qui est réel. Il y a mille ans, cette affirmation n'aurait suscité aucune objection. Partout, on reconnaissait l'esprit comme véritable source de la vie. Aujourd'hui, nous devons porter un regard nouveau sur le mystère de l'existence car, orgueilleux enfants de la science et de la raison, nous sommes devenus orphelins de la sagesse.

Aussi ce livre doit-il opérer sur deux fronts. D'abord, il doit vous persuader qu'il y a vraiment un mystère qui se trouve dans la dimension cachée de la vie. Ensuite, il doit vous inspirer la passion et l'enthousiasme requis pour y parvenir. Ce n'est pas un projet à remettre à plus tard, quand vous serez prêt(e). Vous êtes prêt(e) depuis le jour où vous avez oublié de continuer à vous demander qui vous êtes et pourquoi vous êtes ici. Malheureusement, le plus souvent, nous continuons à fermer la porte à des milliers d'expériences qui pourraient faire de la métamorphose une réalité. Si nous ne dépensions pas tant d'énergie à refuser, refouler et douter, notre vie serait une révélation constante.

En fin de compte, vous devez croire que votre vie vaut la peine d'être examinée avec une passion et un engagement complets. Il a fallu des milliers de petites décisions pour garder fermé le livre des secrets, mais, pour le rouvrir, un seul instant suffit.

Il est dit dans le Nouveau Testament : « Demandez et vous recevrez, frappez et on vous ouvrira ». C'est tout simple. Vous saurez tous les secrets de la vie quand vous pourrez vraiment dire *Je dois savoir, je ne peux plus attendre*. Le Bouddha assis sous l'arbre de la bodhi et Jésus combattant les démons dans le désert sont symboliques du drame de l'âme, que votre naissance vous fait répéter. Ne doutez jamais de ceci : vous êtes l'être le plus important du monde, parce que, au niveau de l'âme, vous *êtes* le monde. Vous n'avez pas à obtenir le droit de connaître. Votre prochaine pensée, votre prochain sentiment, votre prochaine action peut commencer à révéler la sagesse spirituelle la plus profonde qui coule aussi pure et libre qu'un torrent de montagne au printemps. Il n'est pas possible que notre soi ignore à jamais les secrets, même si nous avons été formés à croire autrement.

SECRET N° 1

LE MYSTÈRE DE LA VIE EST RÉEL

La vie que vous connaissez est une fine couche d'événements recouvrant une réalité profonde. Dans la réalité profonde, vous faites partie de chaque événement qui se produit maintenant, qui s'est déjà produit ou qui se produira. Dans la réalité profonde, vous savez absolument qui vous êtes et quel est votre dessein. Il n'y a pas de confusion ou de conflit avec quelqu'un d'autre sur terre. Votre dessein, dans la vie, est d'aider la création à s'élargir et à se développer. Quand vous vous regardez, vous ne voyez qu'amour.

Le mystère de la vie n'est cependant aucune de ces choses. Il est le moyen de leur faire faire surface. Si quelqu'un me demandait comment je peux prouver qu'il y a vraiment un mystère de la vie, je lui répondrais que la preuve la plus simple, c'est justement cette énorme séparation entre la réalité profonde et l'expérience quotidienne. Depuis notre naissance, nous avons eu un flux constant d'indices suggérant un autre monde en nous-mêmes. N'avez-vous jamais eu d'instants d'émerveillement ? Ils peuvent se produire en présence d'une merveilleuse musique, ou à la vue d'une beauté naturelle qui provoque un frisson le long de votre colonne vertébrale. Ou vous avez peut-être vu du coin de l'œil quelque chose de familier – la lumière du matin, un arbre qui se balance au vent, le visage d'un être aimé, tandis qu'il dort – sachant alors que la vie est plus que ce qu'elle semble être.

D'innombrables indices sont apparus sur votre chemin, que vous avez négligés parce qu'ils ne formaient pas un message clair. J'ai rencontré beaucoup de gens dont les débuts sur la voie spirituelle étaient tout à fait étonnants : enfants, ils ont peut-être vu l'âme de leur grand-mère partir au moment de sa mort, observé des êtres de lumière à un anniversaire, voyagé hors de leur corps physique ou vu, de retour de l'école, un membre bien-aimé de la famille se tenir dans l'entrée, alors qu'il venait de mourir dans un accident d'automobile. (Un homme m'a dit qu'il fut, pendant les dix premières années de sa vie, un « enfant bulle », voyageant dans sa bulle au-dessus de la ville et vers des terres inconnues.) Des millions de personnes – ce n'est pas une exagération, mais le résultat de sondages – se sont vues parfois elles-mêmes baigner dans une lumière blanche perlée. Ou bien elles ont entendu une voix qui, elles le savaient, venait de Dieu. Ou encore elles avaient des gardiens invisibles pendant leur enfance, des amis secrets qui les protégeaient pendant leur sommeil.

Il devint clair pour moi que beaucoup de gens avaient eu ces expériences – des voyages secrets dans une réalité séparée de celle-ci par un voile fragile d'incrédulité. Déchirer le voile signifie changer votre propre perception. C'est un changement personnel, entièrement subjectif, mais très réel.

Où pourrait-on commencer à résoudre un mystère qui est partout, mais qui ne forme jamais un message intégral ? Un grand limier comme Sherlock Holmes commencerait sa recherche à partir d'une déduction élémentaire : *quelque chose d'inconnu veut être connu.* Un mystère qui ne veut pas être connu se retirera à mesure que vous vous en approcherez. Le mystère de la vie ne se comporte pas ainsi : ses secrets sont révélés immédiatement si vous savez où regarder. Mais où ?

La sagesse du corps est un bon point d'entrée dans la dimension cachée de la vie parce que, bien qu'elle soit complètement invisible, elle est indéniablement réelle – un fait que la recherche médicale a commencé à reconnaître au milieu des années 1980. Selon l'ancienne doctrine, seul le cerveau était capable d'intelligence. Mais on a découvert des signes d'intelligence dans le système immunitaire, puis dans le système digestif. Dans ces deux systèmes, on a pu observer des molécules chargées de messages particuliers, circulant dans tout l'organisme, apportant l'information au cerveau, diffusant l'information à partir du cerveau, mais aussi ayant un fonctionnement autonome. Un globule blanc capable de distinguer des bactéries ennemies intruses d'un pollen inoffensif prend une décision intelligente, bien qu'il flotte dans le courant sanguin, séparé du cerveau.

Il y a dix ans, il aurait semblé absurde de parler de l'intelligence des intestins. On savait que le revêtement du système digestif possède des milliers de terminaisons nerveuses, mais il s'agit seulement de postes avancés du système nerveux – une façon de rester en contact avec la besogne inférieure qu'est l'extraction des nutriments des aliments. Or, il s'avère finalement que les intestins ne sont pas si « inférieurs » qu'on le croyait. Leurs cellules nerveuses éparpillées forment un système très au point pour réagir aux événements extérieurs – un propos qui bouleverse, un danger imminent, le décès d'un proche. Les réactions du ventre sont aussi fiables que les pensées du cerveau, et tout aussi complexes. Les cellules de votre côlon, votre foie et votre estomac *pensent* aussi, mais pas dans le langage verbal du cerveau. Ce que l'on appelle une « réaction viscérale » s'est révélé être tout simplement l'indice d'une intelligence complexe à l'œuvre dans cent mille milliards de cellules.

Opérant une révolution impressionnante, les scientifiques sont entrés dans une dimension cachée dont nul n'aurait pu auparavant soupçonner l'existence. La pensée des cellules a précédé la nôtre de plusieurs millions d'années. En fait, leur sagesse, plus ancienne que la sagesse corticale, pourrait être la meilleure représentation de la seule chose qui soit plus ancienne qu'elles, le cosmos. L'univers a peut-être aussi pensé avant nous. Où que je porte mon regard, je sens ce que la sagesse cosmique essaie d'accomplir. C'est très semblable à ce que je veux accomplir – croître, déployer, créer –, la principale différence étant que mon corps coopère mieux avec l'univers que je n'y parviens.

Les cellules n'ont aucune difficulté à participer pleinement au mystère de la vie. Leur sagesse est faite de passion totale, d'engagement total. Aussi, voyons si nous pouvons lier les attributs de la sagesse corporelle aux dimensions cachées que nous voulons découvrir.

LA SAGESSE QUE VOUS VIVEZ DÉJÀ

S'identifier avec l'intelligence du corps

1. Vous avez un **dessein élevé**.
2. Vous êtes en **communion** avec l'ensemble de la vie.
3. Votre **conscience** est toujours ouverte au changement. D'instant en instant, elle ressent tout dans votre environnement.
4. Vous **considérez** tous les autres comme vos égaux, sans jugement ou préjugé.
5. Vous saisissez chaque instant avec une **créativité** renouvelée, sans vous attacher à l'ancien et à l'obsolète.
6. Votre **être** est bercé par les rythmes de l'univers. Vous vous sentez en sécurité, vous êtes l'objet d'une attention maternelle.
7. Votre concept d'**efficacité** consiste à laisser le courant de la vie vous porter là où vous avez besoin d'être. Force, contrôle, lutte, ne sont pas votre façon.
8. Vous ressentez une **connexion** avec votre source.
9. Vous vous engagez dans le **don**, que vous considérez comme source de toute abondance.
10. Vous voyez tout changement, y compris la naissance et la mort, sur un fond **d'immortalité**. Ce qui est immuable est pour vous ce qu'il y a de plus réel.

Aucune de ces choses n'est une aspiration spirituelle ; il s'agit là de faits de l'existence quotidienne, au niveau de vos cellules.

Dessein élevé : Chaque cellule de votre corps consent à œuvrer pour le bien-être de l'ensemble ; son bien-être propre vient en second. Si c'est nécessaire, elle mourra pour protéger le corps, et c'est ce qui se passe souvent – la durée de vie de chaque cellule est une fraction de notre propre durée de vie. Les cellules de la peau périssent par milliers à chaque heure, ainsi que les cellules du système immunitaire qui combattent les microbes intrus. L'égoïsme n'est pas une option, même pour ce qui est de la survie propre d'une cellule.

Communion : Une cellule reste en contact avec n'importe quelle autre cellule. Les molécules messagères se précipitent partout pour notifier le désir ou l'intention, si ténus soient-ils, aux avant-postes éloignés du corps. Retrait et refus de communiquer ne sont pas des options.

Conscience : Les cellules s'adaptent à chaque instant. Elles restent flexibles pour pouvoir répondre immédiatement au moindre changement de situation. Rester pris dans des habitudes rigides n'est pas une option.

Considération : Les cellules se reconnaissent mutuellement comme d'importance égale. Toutes les fonctions du corps sont interdépendantes. Procéder seul n'est pas une option.

Créativité : Chaque cellule a un ensemble de fonctions propres (les cellules du foie, par exemple, peuvent accomplir cinquante tâches séparées), mais elles se combinent de façon créative. Une personne peut digérer une nourriture qu'elle n'avait jamais mangée auparavant, concevoir des pensées qu'elle n'avait jamais eues, danser d'une façon qu'elle n'avait jamais observée. S'attacher à un vieux comportement n'est pas une option.

Être : Les cellules obéissent au cycle universel de repos et d'activité. Ce cycle s'exprime de nombreuses façons, comme la fluctuation des niveaux hormonaux, de la tension, des rythmes digestifs, mais son expression la plus évidente est le sommeil. La raison pour laquelle nous avons besoin de sommeil demeure un mystère médical, mais un dysfonctionnement total se produit si nous ne le faisons pas. Dans le silence de l'inactivité, l'avenir du corps incube. Être perpétuellement actif ou agressif n'est pas une option.

Efficacité : Les cellules fonctionnent avec la plus petite dépense d'énergie possible. Une cellule n'emmagasine que trois secondes de nourriture et d'oxygène à l'intérieur de ses parois. Elle a une confiance totale en son approvisionnement. Une consommation excessive de nourriture, d'air ou d'eau, n'est pas une option.

Connexion : À cause de leur héritage génétique commun, les cellules savent qu'elles sont fondamentalement les mêmes. Le fait que les cellules du foie diffèrent des cellules du cœur et que les cellules des muscles ne soient pas les mêmes que les cellules du cerveau n'est pas une négation de leur identité commune, qui est invariable. En laboratoire, une cellule musculaire peut être génétiquement transformée en cellule cardiaque, en la ramenant à leur source commune. Les cellules humaines restent liées à leur source, quelle que soit la durée de leur séparation. Pour elles, être « hors caste » n'est pas une option.

Don : L'activité fondamentale des cellules est donner, ce qui maintient l'intégrité de toutes les autres cellules. Un engagement total dans le don rend la réception automatique – c'est l'autre moitié du cycle naturel. L'accaparement n'est pas une option.

Immortalité : Les cellules se reproduisent afin de léguer leurs connaissances, leur expérience et leurs talents, en ne soustrayant rien de l'héritage qu'elles laissent à leur descendance. C'est une sorte d'immortalité pratique, une soumission à la mort sur le plan physique, mais une victoire remportée sur elle sur un plan non physique. Le fossé entre les générations n'est pas une option.

Quand je considère tout ce que mes cellules ont accepté de faire, ne suis-je pas en présence d'un pacte spirituel dans tous les sens du terme ? La première qualité, selon un dessein élevé, est semblable aux attributs spirituels d'abandon et de non-égoïsme. Donner est la même chose que rendre à Dieu ce qui appartient à Dieu. L'immortalité est la même chose qu'une croyance en la vie après la mort. Cependant, les critères adoptés par le mental ne concernent pas mon corps. Pour lui, ces attributs sont simplement la façon dont la vie opère. Ils sont le fruit de l'expression propre de l'intelligence cosmique, au cours de milliards d'années, en tant que biologie. Le mystère de la vie a fait preuve de patience et de prudence dans l'émergence de son plein potentiel. En cet instant, l'accord silencieux qui maintient l'intégrité de mon corps semble être un secret, parce que, apparemment, il n'existe pas. Plus de deux cent cinquante types de cellules accomplissent leur besogne quotidienne : les cinquante fonctions qu'une cellule hépatique accomplit sont parfaitement uniques, n'interférant en rien avec les tâches des cellules musculaires, rénales, cardiaques ou cérébrales – et il serait catastrophique que ne serait-ce qu'une fonction soit compromise. Le mystère de la vie a trouvé un moyen de s'exprimer à la perfection à travers moi.

Examinez encore la liste des attributs et prenez note de tout ce qui est indiqué comme n'étant pas une option : égoïsme, refus de communiquer, comportement asocial, surconsommation, activité obsessionnelle et agressivité. Si nos cellules savent ne pas se comporter ainsi, pourquoi le ferions-nous ? Pourquoi l'avidité serait-elle bonne pour nous, alors qu'elle est destructrice au niveau cellulaire où l'avidité est l'erreur fondamentale commise par des cellules cancéreuses ? Pourquoi laissons-nous la surconsommation provoquer une épidémie d'obésité, alors que nos cellules mesurent la consommation de combustible de la molécule ? En tant que personnes, nous n'avons pas renoncé au comportement même qui tuerait notre corps en une journée. Nous trahissons notre sagesse corporelle et, pire, nous ignorons le modèle d'une vie spirituelle parfaite qui existe en nous-mêmes.

Ce livre n'est pas né de l'idée que les gens étaient spirituellement faibles ou inadéquats. Il est né d'un moment de crise au sein de ma famille, qui, au lieu de m'abattre, me donna un nouvel espoir. Mon père est mort il y a quelques années, à la grande surprise de tous. Encore vigoureux à quatre-vingt-un ans, il avait passé cette journée de janvier à regarder à la télévision la prise de fonctions du nouveau président des États-Unis. Cardiologue en retraite, mon père s'intéressait encore à la médecine et il avait passé cette soirée à discuter de cas médicaux avec ses étudiants.

Ma mère, qui dormait dans une chambre séparée à cause de sa mauvaise santé, n'entendit pas Krishan aller au lit. Mais après minuit, alors qu'elle ne trouvait toujours pas le sommeil, il apparut à la porte de la chambre de son épouse, en vêtements de nuit, silhouette ténue dans l'obscurité, et lui dit qu'il allait partir. Ma mère sut immédiatement ce qu'il voulait dire. Mon père lui fit un baiser d'adieu et lui dit qu'il l'aimait. Puis il revint tranquillement à sa chambre, où ne pénétraient que les bruits nocturnes des criquets, des oiseaux des tropiques et de la circulation de Delhi. Il s'allongea, appela Dieu par trois fois et mourut.

Notre famille fut en grand émoi. Mon jeune frère et moi nous rendîmes en Inde aussi vite que nous le pûmes et, quelques heures plus tard, après avoir préparé traditionnellement le corps de notre père pour les funérailles et répandu sur lui des œillets d'Inde, nous le portâmes en bas, parmi les lamentations des femmes, mêlées aux psalmodies sacrées. Bientôt, je fus sur un tas de cendres au *ghat* de crémation près de la rivière, en train d'accomplir mon devoir de fils aîné, consistant à briser les restes du crâne avec un bâton, pour défaire symboliquement les liens terrestres attachant mon père à la vie qu'il avait menée.

Je ne pouvais m'empêcher d'être envahi par le sentiment qu'il avait complètement et définitivement disparu, lui, cet homme qui avait été la personne que j'avais le plus aimée dans ma vie, et la dernière à la mort soudaine de laquelle je me serais attendu. Mais le fait qu'il était mort avec une conscience si claire, si calme, nous empêcha tous de sombrer dans le chagrin le plus désespéré. J'étais certain que la forme corporelle et la personnalité de Krishan Chopra s'en étaient allées, mais mes émotions ne purent connaître de repos tant que je ne fus pas à même d'exprimer, dans tous les détails possibles, ce qu'il était devenu. Le mystère le faisait passer d'un état à un autre, et je réalisai que la même transformation se produisait en moi et en chacun. Nous sommes assemblés et nous nous dissolvons selon le mystère, rien d'autre.

Au lieu d'examiner le mystère de la vie, en tant que partie intime de nous-mêmes, nous faisons comme s'il n'existait pas. Chacun a souffert de cette négligence, et encore plus de souffrance, peut-être à un niveau inconnu, point à l'horizon. Mon père quitta un monde plongé dans les profondeurs de la tristesse et des ténèbres. Quand les nouvelles paraîtront ce soir, l'affliction fera partout irruption, comme elle le fait toujours, et les réponses offertes seront encore très éloignées de la sagesse d'une simple cellule. Beaucoup de gens se découragent et refusent de se soumettre encore à l'épreuve de tant de souffrances. D'autres pensent qu'ils doivent quitter leur cadre de vie familier, et trouver quelque chose qu'ils n'ont pas encore – une nouvelle relation, un nouveau travail, une nouvelle religion, un nouveau maître – avant de pouvoir se sentir à nouveau vivants.

Les cellules de notre corps accepteraient-elles cette logique défaitiste ? Si le lieu où vous êtes n'est pas assez bien, alors l'amour, la guérison et Dieu resteront à jamais hors de votre portée. Après des générations de vies passées dans le chaos, sommes-nous prêts à laisser le mystère nous sauver maintenant ? Y a-t-il un autre moyen ?

Changer votre réalité
pour percevoir le premier secret

Chaque secret sera accompagné d'un exercice pour vous permettre de l'intégrer. La lecture d'un secret produit un effet au niveau de la pensée ; le niveau du sentiment et celui du faire ne sont pas atteints. Les trois doivent s'unir avant que vous changiez réellement votre réalité personnelle.

Le premier secret, c'est de laisser la sagesse de votre corps montrer le chemin. Aujourd'hui, mettez par écrit les dix attributs de cette sagesse mentionnés plus haut et, pour chacun, pensez à une façon de vivre ainsi. Notez-la et faites-en votre guide pour la journée. Vous pouvez observer une qualité par jour ou en dresser la liste complète et essayer d'en suivre autant que vous le pouvez. Ne vous épuisez pas dans le but de vous améliorer ; n'écrivez pas en partant de l'idée que vous êtes faible ou d'un niveau insuffisant. L'objectif, ici, est d'étendre la zone de bien-être de votre corps au comportement et au sentiment. Laissez vos paroles exprimer des aspirations proches de votre cœur, qui vous donnent la sensation d'être votre soi véritable. Par exemple :

Dessein élevé : Je suis ici pour servir. Je suis ici pour inspirer. Je suis ici pour aimer. Je suis ici pour vivre ma vérité.

Communion : J'apprécierai quelqu'un qui ne le sait pas. Je dépasserai les tensions et serai amical envers quelqu'un qui m'a ignoré. J'exprimerai au moins un sentiment qui m'a fait me sentir coupable ou embarrassé.

Perception : Je passerai dix minutes à observer au lieu de parler. Je m'assiérai tranquillement juste pour sentir comment mon corps se sent. Si quelqu'un m'irrite, je me demanderai ce que je ressens réellement sous la colère – et je ne cesserai pas d'être attentif tant que la colère ne m'aura pas quitté.

Considération : Je passerai cinq minutes à penser aux meilleures qualités de quelqu'un que je déteste vraiment. Je lirai quelque chose au sujet d'un groupe que je considère comme totalement intolérant et j'essaierai de voir le monde comme il le fait. Je regarderai dans un miroir pour me décrire moi-même exactement, comme si j'étais la mère ou le père parfaits que j'aurais souhaité avoir (en commençant par : « Comme je te trouve beau ! »).

Créativité : Je vais imaginer cinq choses que je pourrais faire et auxquelles ma famille ne s'attendrait jamais – et puis j'en ferai au moins une. J'esquisserai un roman sur ma vie (chaque événement sera vrai, mais personne ne pourra deviner que j'en suis le héros). J'inventerai en pensée quelque chose dont le monde a désespérément besoin.

Être : Je passerai une demi-heure dans un endroit paisible, sans rien faire d'autre que sentir ce que c'est qu'exister. Je m'allongerai dans l'herbe et je sentirai la terre tourner sous moi avec langueur. Je ferai trois inspirations et trois expirations, aussi doucement que possible.

Efficacité : Je laisserai au moins trois choses hors de mon contrôle et je verrai ce qui arrivera. Je regarderai une rose et réfléchirai à ce que je pourrais faire pour qu'elle s'ouvre plus vite et plus magnifiquement qu'elle ne le fait déjà – puis je me demanderai si ma vie s'est épanouie aussi efficacement. Je m'allongerai dans un endroit tranquille près de l'océan, ou avec un enregistrement des bruits de la mer, et je respirerai à son rythme.

Connexion : Quand je me surprendrai à détourner les yeux de quelqu'un, je penserai à regarder la personne dans les yeux. J'accorderai un regard aimant à quelqu'un que je ne remarquais pas. J'exprimerai de la sympathie à quelqu'un qui en a besoin, de préférence un inconnu.

Don : J'achèterai de la nourriture et la donnerai à quelqu'un qui en a besoin dans la rue (ou j'irai dans un café et prendrai un repas avec cette personne). Je complimenterai quelqu'un pour une qualité dont je sais qu'il l'apprécie. J'accorderai aujourd'hui à mes enfants tout le temps qu'ils demanderont.

Immortalité : Je lirai un texte parlant de l'âme et de la promesse de vie après la mort. J'écrirai cinq choses dont je veux me souvenir. Je m'assiérai et ferai silencieusement l'expérience de l'espace qu'il y a entre l'inspiration et l'expiration, ressentant l'éternel dans le moment présent.

Exercice n° 2 : Hasard ou intelligence ?

Chaque secret de ce livre renvoie à l'existence d'une intelligence invisible qui opère sous la surface visible de la vie. Le mystère de la vie est une expression, non pas de hasards accidentels, mais d'une intelligence partout présente. Cette intelligence est-elle crédible, ou devons-nous continuer à croire aux événements accidentels et aux causes hasardeuses ?

Prenez connaissance des faits inexpliqués suivants, puis cochez *Oui* ou *Non* selon que vous saviez déjà ou non que ces mystères existaient.

Oui ❑ Non ❑ Les oiseaux du désert qui vivent près du Grand Canyon enterrent des milliers de pignons dans des endroits très dispersés, le long du bord du canyon. Ils retrouvent cette nourriture au cours de l'hiver, chacun retournant là où il avait enterré ses graines et les découvrant sous une épaisse couche de neige.

Oui ❑ Non ❑ Le saumon né dans une petite rivière affluent de la Columbia, sur la côte Pacifique du Nord-Ouest, nage jusqu'à la mer. Après plusieurs années passées à parcourir de vastes distances dans l'océan, il retourne pondre à l'endroit précis où il est né, ne remontant jamais un autre cours d'eau que le sien.

Oui ❏ Non ❏ On fit une lecture en japonais à des petits enfants de plusieurs pays ; on leur demanda ensuite de dire s'ils venaient d'entendre quelques mots dépourvus de sens ou un beau poème japonais. Les enfants japonais donnèrent tous la bonne réponse, mais plus de la moitié des enfants des autres pays, qui n'avaient jamais entendu un mot de japonais de leur vie, répondirent aussi correctement.

Oui ❏ Non ❏ De vrais jumeaux éloignés l'un de l'autre par des centaines ou des milliers de kilomètres ont immédiatement ressenti le moment où leur jumeau était mort dans un accident.

Oui ❏ Non ❏ En Indonésie, des millions de lucioles sont capables de synchroniser leur lumière sur une zone de plusieurs kilomètres carrés.

Oui ❏ Non ❏ En Afrique, certains arbres qui sont trop broutés peuvent signaler à d'autres, éloignés de cinq kilomètres, d'augmenter la production de tannin dans leurs feuilles, ce qui les rend non comestibles. Les arbres éloignés reçoivent le message et modifient leur production chimique en conséquence.

Oui ❏ Non ❏ Des jumeaux séparés à la naissance se sont rencontrés pour la première fois bien des années plus tard, pour s'apercevoir que chacun s'était marié avec une femme ayant le même prénom, la même année, et avait le même nombre d'enfants.

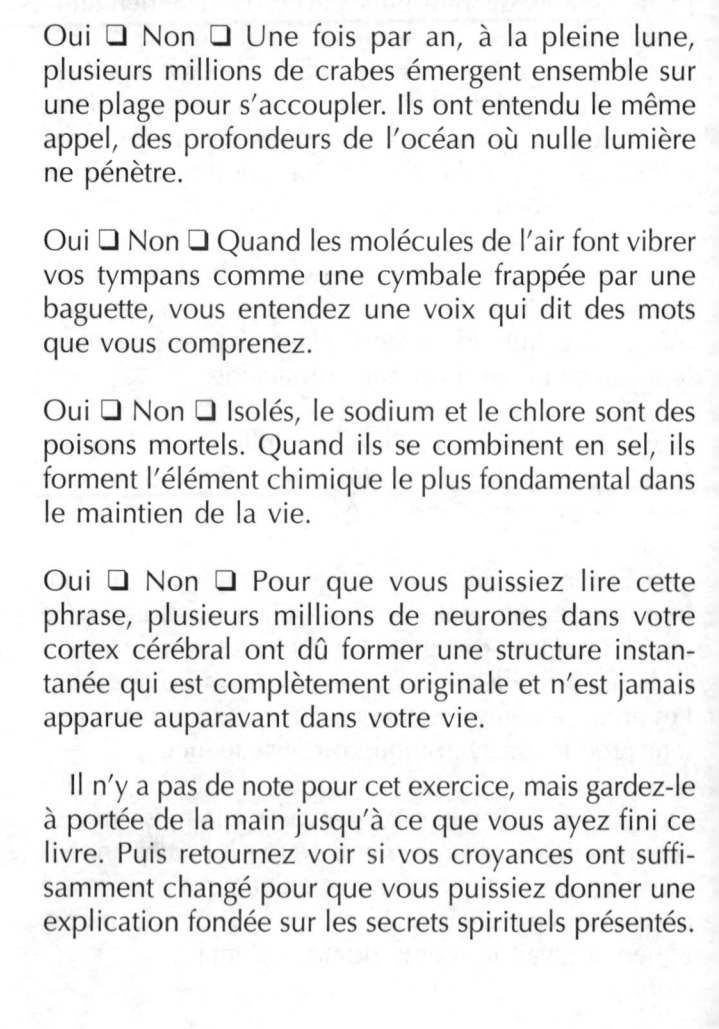

Oui ❏ Non ❏ Les mères albatros qui retournent au nid avec de la nourriture dans leur bec localisent immédiatement leurs petits parmi des centaines de milliers de rejetons semblables, sur une plage bondée.

Oui ❏ Non ❏ Une fois par an, à la pleine lune, plusieurs millions de crabes émergent ensemble sur une plage pour s'accoupler. Ils ont entendu le même appel, des profondeurs de l'océan où nulle lumière ne pénètre.

Oui ❏ Non ❏ Quand les molécules de l'air font vibrer vos tympans comme une cymbale frappée par une baguette, vous entendez une voix qui dit des mots que vous comprenez.

Oui ❏ Non ❏ Isolés, le sodium et le chlore sont des poisons mortels. Quand ils se combinent en sel, ils forment l'élément chimique le plus fondamental dans le maintien de la vie.

Oui ❏ Non ❏ Pour que vous puissiez lire cette phrase, plusieurs millions de neurones dans votre cortex cérébral ont dû former une structure instantanée qui est complètement originale et n'est jamais apparue auparavant dans votre vie.

Il n'y a pas de note pour cet exercice, mais gardez-le à portée de la main jusqu'à ce que vous ayez fini ce livre. Puis retournez voir si vos croyances ont suffisamment changé pour que vous puissiez donner une explication fondée sur les secrets spirituels présentés.

SECRET N° 2

LE MONDE EST EN VOUS

Pour résoudre le mystère de la vie, il n'est besoin que d'un commandement : *vivez comme une cellule*. Mais nous ne le faisons pas et la raison n'en est pas difficile à trouver. Nous avons notre façon propre de faire. Nos cellules sont nourries par le même oxygène et le même glucose qui ont nourri les amibes il y a deux milliards d'années, mais nous sommes attirés par les aliments fades, riches en graisse, sucrés, plus ou moins frivoles. Nos cellules coopèrent entre elles selon les mêmes structures que l'évolution a déterminées dans les fougères arborescentes du crétacé, mais nous trouvons un nouvel ennemi quelque part dans le monde tous les dix ans, peut-être même chaque année ou chaque mois. Nous pouvons dire la même chose des déviations qui nous éloignent de la sagesse précise, complète et presque parfaite, que nos corps suivent.

Nos écarts capricieux signalent une structure beaucoup plus grande. Pour revenir à la sagesse de la cellule, nous devons voir que nous sommes en train de vivre les conséquences des vieux choix de quelqu'un d'autre. On nous apprend à suivre un ensemble d'habitudes et de croyances qui méprisent totalement le mystère de la vie. Ces croyances sont imbriquées les unes dans les autres, comme des poupées gigognes :

Il y a un monde matériel.
Le monde matériel est plein de choses, d'événements et de gens.
Je suis l'une de ces personnes et mon statut n'est pas plus élevé que celui d'une autre personne.
Pour découvrir qui je suis, je dois explorer le monde matériel.

Cet ensemble de croyances est une chaîne. Il ne laisse aucune place pour la quête de l'âme, ou même pour l'âme même. Pourquoi enfermer le mystère de la vie dans un système qui sait déjà ce qui est réel ? Mais, si convaincant que paraisse le monde matériel, personne, au grand dam de la science moderne, n'a été capable de prouver qu'il est réel. Les gens ordinaires ne s'intéressent guère à la science, aussi ce problème pourtant manifeste est-il peu connu. N'importe quel neurologue vous assurera que le cerveau ne présente aucune preuve de l'existence du monde extérieur, mais qu'il présente de nombreux indices de son inexistence.

Tout ce que fait le cerveau, en fait, c'est recevoir des signaux continuels au sujet de l'état d'équilibre chimique du corps, de sa température et de sa consommation d'oxygène, avec un flux crépitant d'impulsions nerveuses. Cette masse de données brutes se manifeste par des éruptions chimiques, avec des charges électriques. Ces spots parcourent un réseau enchevêtré de cellules nerveuses, et une fois qu'un signal atteint le cerveau, comme un coureur des confins de l'empire apportant un message à Rome, le cortex assemble les données brutes dans des arrangements encore plus complexes de spots électriques et chimiques.

Le cortex ne nous informe pas de ce raffinage des données des terminaisons nerveuses, qui est tout ce qui arrive dans la matière grise. Le cortex nous parle du monde, il nous laisse percevoir des visions, des sons, des goûts, des odeurs et des textures – tout l'éventail de la création. Le cerveau nous joue un remarquable tour d'illusion, parce qu'il n'y a pas de connexion entre les données brutes du corps et le sentiment subjectif d'un monde extérieur.

Le monde extérieur pourrait bien être un rêve. Quand je suis au lit, en train de rêver, je vois un monde d'événements aussi vivant que le monde de la veille (pour la plupart d'entre nous, les quatre autres sens sont éparpillés de façon inégale dans nos rêves, mais certains rêveurs peuvent toucher, goûter, entendre et sentir avec autant d'intensité que s'ils étaient éveillés). Mais quand j'ouvre les yeux au matin, je sais que ces événements vivants se sont tous produits à l'intérieur de ma tête. Je n'ai jamais commis l'erreur de donner dans le panneau, parce que je suppose déjà que les rêves ne sont pas réels.

Alors, mon cerveau comporte-t-il un dispositif pour faire le monde onirique, et un autre pour faire le monde de la veille ? Non. Du point de vue de la fonction cérébrale, le mécanisme onirique ne disparaît pas quand je m'éveille. C'est le même cortex visuel dans la partie postérieure de mon crâne qui me permet de voir un objet – un arbre, un visage, le ciel –, que je le voie dans un souvenir, dans un rêve, sur une photo ou se tenant devant moi. Les localisations de l'activité cellulaire du cerveau permutent légèrement, ce qui me permet de faire la distinction entre un rêve, une photo et la chose réelle, mais le même processus fondamental a lieu constamment. Je fabrique un arbre, un visage ou le ciel à partir de ce qui est un enchevêtrement hasardeux de nerfs émettant des décharges chimiques et électriques dans mon cerveau et dans tout mon corps. J'aurai beau faire, je ne trouverai jamais un seul type de produits chimiques et de charges électriques qui ait la forme d'un arbre, d'un visage, ou d'autre chose. Il y a juste une tempête d'activité électrochimique.

Ce problème embarrassant – l'impossibilité de prouver l'existence d'un monde extérieur – sape la base du matérialisme. Nous arrivons ainsi au deuxième secret spirituel : *vous n'êtes pas dans le monde, le monde est en vous.*

La seule raison pour laquelle les rochers sont solides, c'est que le cerveau enregistre une vague de signaux électriques en tant que toucher ; la seule raison pour laquelle le soleil brille, c'est que le cerveau enregistre une autre vague de signaux électriques en tant que vision. Il n'y a pas de lumière solaire dans mon cerveau, dont l'intérieur demeure aussi sombre qu'une caverne, quelle que soit la clarté environnante.

Le monde entier est créé en moi ; vous pouvez, bien sûr, dire la même chose. Êtes-vous dans mon rêve ou suis-je dans le vôtre – ou sommes-nous prisonniers d'une bizarre combinaison des versions des événements de chacun ? Pour moi, ce n'est pas un problème, mais le cœur même de la spiritualité. Chacun est créateur. Le mystère de la façon dont tous ces points de vue s'engrènent, en sorte que votre monde et le mien puissent s'harmoniser, est ce qui fait que les gens cherchent des réponses spirituelles. Car il est indubitable que la réalité est pleine de conflits, mais aussi d'harmonie. Il est très libérateur de réaliser qu'en tant que créateurs, nous générons chaque aspect, bon ou mauvais, de notre expérience. Ainsi, chacun est le centre de la création.

On trouvait dans le temps ces idées très naturelles. Il y a des siècles, la doctrine de la réalité une était au centre de la vie spirituelle. Religions, peuples et traditions différaient considérablement, mais on convenait universellement que le monde était une création d'une seule pièce imprégnée d'une intelligence, d'un dessein créateur. Le monothéisme a appelé la réalité une Dieu ; l'Inde l'a appelée Brahman ; la Chine l'a appelée Tao. Quel que soit le nom utilisé, chaque personne a existé dans le cadre de cette intelligence infinie, et tout ce que nous avons fait nous-mêmes a fait partie de ce grand dessein de la création. Point n'est besoin de devenir chercheur spirituel pour trouver la réalité une. La vie de chacun y correspond déjà. Le créateur a imprégné à égalité chaque particule de la création ; et la même étincelle divine a animé la vie sous toutes ses formes.

Aujourd'hui, nous qualifierions ce point de vue de mystique, parce qu'il a trait à des choses invisibles. Mais si nos ancêtres avaient connu le microscope, n'auraient-ils pas vu la preuve concrète de leur mysticisme dans la façon dont les cellules se comportent ? La croyance en une réalité qui inclut tout, place chacun au centre de l'existence. Le symbole mystique de cela était le cercle avec un point au centre, signifiant que chaque individu (le point) est secrètement infini (le cercle). C'est comme la minuscule cellule, connectée par son point central d'ADN à des milliards d'années d'évolution.

Mais le concept de la réalité une est-il mystique ? L'hiver, par ma fenêtre, je peux voir au moins une chrysalide suspendue à une branche. À l'intérieur, une chenille est devenue nymphe, qui deviendra au printemps papillon. Nous connaissons tous fort bien ces métamorphoses dont nous avons été témoins quand nous étions enfants. Mais ce qui se produit de façon invisible dans la chrysalide reste très mystérieux. Les organes et les tissus de la chrysalide se dissolvent en un état amorphe, comme un bouillon, pour se reconstituer selon la structure du corps du papillon qui n'a aucune ressemblance avec la chenille.

La science n'a aucune idée de la façon dont la métamorphose se produit. Il est presque impossible d'imaginer que les insectes soient tombés dessus au hasard – la complexité chimique du processus de formation d'un papillon est incroyable ; des milliers d'étapes sont interconnectées avec précision.

Mais nous avons quelque idée au sujet de la façon dont cette délicate chaîne d'événements est liée. Deux hormones, l'*hormone juvénile* et l'*ecdysone*, régulent ce processus qui, à l'œil nu, donne l'impression que la chenille se liquéfie. Ces deux hormones font que les cellules qui passent de la larve au papillon savent où elles vont et comment elles doivent changer. Certaines cellules reçoivent l'ordre de mourir ; d'autres se digèrent elles-mêmes, tandis que d'autres encore deviennent des yeux, des antennes et des ailes. Cela implique un rythme fragile (et miraculeux) qui doit rester en équilibre précis, entre création et destruction. Ce rythme dépend de la longueur du jour, qui dépend de la rotation de la Terre autour du Soleil. Cela fait ainsi des millions d'années qu'un rythme cosmique est intimement connecté à la naissance des papillons.

La science se concentre sur les molécules, mais c'est un exemple d'intelligence à l'œuvre, utilisant les molécules comme véhicule pour son propre dessein. Le dessein, dans ce cas, est de créer une nouvelle créature, sans gaspiller les vieux ingrédients. (Et s'il y a seulement une réalité, nous ne pouvons dire, comme le fait la science, que la longueur du jour *est cause* du fait que les hormones de la nymphe commencent la métamorphose en papillon. La longueur du jour et les hormones viennent de la même source créatrice, tissant la réalité une. Cette source utilise les rythmes cosmiques ou les molécules comme il convient. La longueur du jour n'est pas plus cause du changement des hormones que les hormones ne sont cause du changement de la longueur du jour – toutes deux sont liées à une intelligence cachée qui les crée en même temps. Dans un rêve ou un tableau, un garçon peut frapper une balle avec une batte, mais celle-ci ne fait pas voler celle-là dans les airs. Le rêve ou le tableau est cohérent et sans hiatus.)

Voici un autre exemple : deux produits chimiques, appelés *actine* et *myosine,* sont apparus il y a une éternité pour permettre aux muscles des ailes des insectes de se contracter et de se relâcher. Ainsi, l'insecte apprit à voler. Quand l'une de ces molécules associées fait défaut, les ailes poussent, mais elles ne pourront pas battre, et seront ainsi inutiles. Les mêmes protéines sont responsables des battements du cœur humain et si l'une d'elles est absente, les battements du cœur sont inefficaces et faibles, ce qui conduit à la crise cardiaque.

La science s'émerveille de la façon dont les molécules se sont adaptées au cours des millions d'années, mais n'y a-t-il pas là une intention profonde ? Dans notre cœur, nous ressentons l'impulsion de voler, de franchir les limites. N'est-ce pas la même impulsion que la nature a exprimée quand des insectes ont commencé à voler ? La prolactine qui génère le lait dans les seins de la mère est la même que la prolactine qui envoie le saumon à contre-courant pour se reproduire, et lui permet de passer de l'eau salée à l'eau douce. L'insuline, chez une vache, est exactement la même que l'insuline chez une amibe ; toutes deux servent à métaboliser les hydrates de carbone, bien qu'une vache soit des millions de fois plus complexe qu'une amibe. Ainsi, croire en une réalité une totalement interconnectée n'est pas du tout mystique, ça tient la route.

Comment se fait-il, alors, que la croyance en une réalité une se soit désagrégée ? Il y avait une alternative qui mettait aussi chaque personne au centre de son propre monde. Mais au lieu de participer, on se sent seul et isolé, dirigé par des désirs personnels plutôt que par une force de vie partagée ou une communion de l'âme. C'est le choix que nous appelons *ego*, mais d'autres noms lui ont été donnés : recherche du plaisir, esclavage du karma, et (si nous avons recours à un vocabulaire religieux) bannissement du paradis. Notre culture en est si complètement imbibée que suivre son ego ne semble plus du tout être un choix. Nous avons été formés, depuis l'enfance, à tout voir du point de vue de je, moi, mien. La compétition nous dit que nous devons nous battre pour obtenir ce que nous voulons. La menace des autres ego, qui semblent aussi isolés et solitaires que le nôtre, est présente – nos désirs pourraient être frustrés si un autre arrivait là avant nous.

Je n'ai pas de programme d'acharnement contre l'ego à l'esprit. Le persécuteur d'ego recherche le méchant dont les actions empêchent les gens de trouver le bonheur – ce qui est la raison sous-jacente pour laquelle les gens souffrent et ne trouvent jamais leur soi véritable, Dieu ou l'âme. L'ego, nous dit-on, nous aveugle avec ses exigences constantes, son avidité, son égoïsme, et son insécurité. C'est un sujet banal, mais au sujet duquel on se trompe souvent, parce que rejeter l'ego dans l'obscurité, en faire un ennemi, ne fait que créer plus de division et de fragmentation. S'il y a la réalité une, elle doit tout inclure. L'ego ne peut pas être rejeté, pas plus que le désir.

Le choix de vivre dans la séparation – un choix qu'aucune cellule ne fait, à moins qu'elle ne devienne cancéreuse – a donné naissance à une certaine mythologie. Chaque culture raconte l'histoire d'un âge d'or enseveli dans un lointain passé. Cette histoire de la perfection perdue rabaisse les êtres humains, au lieu de les élever. On s'est dit que la nature humaine devait être intrinsèquement défectueuse, que chacun portait les séquelles du péché, que Dieu désapprouvait ses enfants jadis innocents. Un mythe a le pouvoir d'établir un choix et de faire de ce choix un semblant de destinée. La séparation a pris une vie propre, mais la possibilité de la réalité une en a-t-elle disparu ?

Pour retrouver la réalité une, nous devons accepter que le monde soit en nous. C'est un secret spirituel fondé sur la nature du cerveau qui fabrique le monde à chaque seconde. Quand votre meilleur ami vous téléphone du Tibet, vous tenez pour acquis qu'il est loin, mais le son de sa voix n'est qu'une sensation dans votre cerveau. Si votre ami apparaît sur le seuil de votre porte, sa voix ne s'est pas rapprochée. C'est encore une sensation de la même partie de votre cerveau, et elle y restera après que votre ami sera parti, et que sa voix sera restée en vous. Quand vous regardez une étoile lointaine, elle aussi semble éloignée, mais elle existe comme sensation dans une autre partie de votre cerveau. Ainsi, l'étoile est en vous. Il en va de même quand vous goûtez une orange ou touchez un tissu de velours ou écoutez du Mozart – chaque expérience possible est fabriquée à l'intérieur de vous-même.

En ce moment, la vie fondée sur l'ego est très convaincante, et c'est pourquoi aucune souffrance, si terrible soit-elle, ne pousse les gens à l'abandonner. La douleur blesse, mais elle ne montre pas de porte de sortie. Le débat sur le moyen de mettre un terme à la guerre, par exemple, s'est révélé totalement futile, parce que, du moment que je me vois comme un individu isolé, je « les » affronte, les innombrables autres individus qui veulent ce que je veux.

La violence est fondée sur l'opposition de nous contre eux. « Ils » ne partent jamais et « ils » n'abandonnent jamais. Ils combattront toujours pour protéger leurs intérêts dans le monde. Tant que vous et moi aurons un intérêt séparé dans le monde, le cycle de la violence demeurera. On peut aussi en voir dans le corps les lugubres conséquences. Dans un corps sain, chaque cellule se reconnaît dans chaque autre cellule. Quand cette perception disparaît et que certaines cellules deviennent « l'autre », le corps entre dans un cycle d'agression contre lui-même. Cet état est appelé *trouble auto-immun* – l'arthrite rhumatismale et le lupus en sont des exemples terribles. La violence de soi contre soi est entièrement fondée sur un concept erroné et, si la médecine peut apporter quelque soulagement au corps déchiré, aucune guérison ne peut être obtenue sans correction préalable du concept erroné.

Vouloir sérieusement mettre un terme à la violence signifie abandonner un intérêt personnel dans le monde, une bonne fois pour toutes. Cela seul peut déraciner la violence. Cette conclusion peut sembler choquante. On dira tout de suite : « Mais je *suis* mon intérêt personnel dans le monde. » Heureusement, ce n'est pas le cas. Le monde est en vous, pas autrement. C'est ce que le Christ voulait dire quand il enseignait que l'on doit réaliser d'abord le royaume de Dieu, et s'inquiéter seulement ensuite des choses terrestres, si on doit le faire. Dieu possède tout en tant que créateur de tout. Si vous et moi créons toute perception que nous prenons pour la réalité, alors, nous avons le droit aussi de posséder notre création.

*La perception est le monde ;
le monde est perception.*

Dans cette idée clé, le drame de nous-contre-eux s'effondre. Nous sommes tous inclus dans le seul projet qui importe vraiment : la fabrication de la réalité. Défendre une chose extérieure – argent, propriété, possessions ou statut – n'a de sens que si ces choses sont essentielles. Mais le monde matériel est un effet secondaire. Rien en lui n'est essentiel. Le seul intérêt qui vaille la peine, c'est la capacité de créer librement, avec une conscience complète de la façon dont fonctionne la fabrication de la réalité.

J'ai de la sympathie pour ceux qui ont examiné l'ego et l'ont trouvé si répugnant qu'ils veulent être sans ego. Mais, finalement, attaquer l'ego est une façon détournée de vous attaquer vous-même. Détruire l'ego ne servirait à rien, même si c'était réalisable. Il est essentiel de garder intacte votre machinerie créatrice. Quand vous lui retirez ses rêves laids, craintifs, violents, l'ego perd sa laideur, sa peur, sa violence. Il prend sa place naturelle dans le mystère.

La réalité une a déjà révélé un secret profond : *Être créateur est plus important que le monde entier.* Cela vaut la peine d'être examiné. Entre toutes les idées libératrices qui pourraient changer la vie de quelqu'un, elle est peut-être la plus efficace. Mais pour la vivre vraiment, pour être un vrai créateur, il faut détruire beaucoup de conditionnements. Personne ne se souvient d'avoir entendu qu'il fallait croire au monde matériel. Mais nous avons appris à nous considérer comme des êtres limités. Le monde extérieur doit être beaucoup plus puissant. C'est lui qui dicte le fil de l'histoire, pas vous. Le monde vient en premier, vous venez en second, loin derrière.

Le monde extérieur ne fournira jamais de réponses spirituelles tant que vous n'aurez pas endossé un nouveau rôle, celui de fabricant de la réalité. Au premier abord, ça a l'air étrange, mais vous pouvez déjà voir comment un nouvel ensemble de croyances se met en place :

Tout ce dont je fais l'expérience me reflète : Aussi n'ai-je pas besoin d'essayer d'y échapper. Il n'y a nulle part où fuir et tant que je me vois comme le créateur de ma réalité, je n'ai nulle envie de fuir, même si je le pouvais.

Ma vie fait partie de chaque autre vie : Ma connexion avec tous les êtres vivants rend impossible que j'aie des ennemis. Je ne ressens aucun besoin de m'opposer, de résister, de vaincre ou de détruire.

Je n'ai nul besoin de contrôler personne ni quoi que ce soit : Je peux faire des changements en transformant la seule chose que j'aie jamais contrôlée, à savoir moi-même.

Changer votre réalité pour percevoir le deuxième secret

Pour vraiment posséder le deuxième secret, commencez par vous voir comme cocréateur dans toutes les choses qui vous arrivent. Il y a un exercice très simple qui consiste à vous asseoir, où que vous soyez, et à regarder autour de vous. Tandis que votre regard tombe sur une chaise, une image, la couleur des murs dans votre chambre, dites-vous : « Ceci est là pour moi. Ceci, aussi, est là pour moi. » Laissez votre conscience absorber toutes choses et demandez-vous alors :

Est-ce que je vois de l'ordre ou du désordre ?
Est-ce que je vois mon unicité ?
Est-ce que je vois comment je le sens vraiment ?
Est-ce que je vois ce que je veux vraiment ?

Certains éléments de votre environnement répondront immédiatement à ces questions, d'autres, non. Un appartement clair, aux couleurs accueillantes, baigné de lumière, favorise un autre état d'esprit que celui induit par une cave obscure. Un bureau encombré peut être signe de désordre intérieur, de peur de faire face à ses obligations, de prise en charge de responsabilités, d'ignorance des détails mondains, etc. Cette incohérence existe parce que nous exprimons et cachons en même temps qui nous sommes. À certains moments, vous exprimez qui vous êtes, à d'autres, vous vous détachez de vos sentiments véritables, vous les niez et trouvez des exutoires qui semblent socialement acceptables. Si ce divan a été acheté simplement parce qu'il était bon marché et que vous avez décidé que ça irait, si le mur est blanc parce que vous ne vous êtes pas soucié de la couleur que vous regardiez, si vous avez peur de jeter un tableau parce que votre belle-famille vous l'a offert, vous voyez encore des symboles de la façon dont vous sentez. Sans s'appesantir sur les détails, il est possible d'examiner l'espace personnel de quelqu'un et de discerner avec précision si cette personne est satisfaite ou non de la vie, si elle a un sens fort ou faible de l'identité personnelle, si elle est conformiste ou non, préfère l'ordre au chaos, si elle est optimiste ou pessimiste.

Maintenant, entrez dans votre monde relationnel. Quand vous êtes avec votre famille ou vos amis, écoutez ce qui se passe avec votre oreille intérieure. Demandez-vous :

Est-ce que j'entends le bonheur ?
Est-ce qu'être avec ces gens me rend vivant, alerte ?
Y a-t-il une nuance de lassitude ?
Est-ce juste de la routine, ou ces gens communiquent-ils vraiment ?

Quelle que soit la réponse que vous donnez à ces questions, vous examinez votre monde, et ce qui se passe à l'intérieur de vous. Les autres, comme les objets qui vous environnent, sont un miroir. Maintenant, regardez les informations et, au lieu de voir les événements comme s'ils arrivaient « là-bas », prenez-les de façon personnelle. Demandez-vous :

Ce monde que je vois, a-t-il l'air sûr ou non ?
Suis-je effrayé et épouvanté par une catastrophe ou bien simplement titillé et diverti ?
Quand les nouvelles sont mauvaises, est-ce que je continue à regarder essentiellement pour me divertir ?
À quelle partie de moi ce programme s'adresse-t-il ? La partie qui pose problème sur problème ou celle qui veut trouver des réponses ?

Cet exercice développe une nouvelle sorte de conscience. Vous commencez par mettre un terme à l'habitude de vous considérer comme une entité isolée, séparée. Vous commencez à réaliser que le monde ne demeure, en réalité, nulle part ailleurs qu'en vous-même.

Exercice n° 2 : Amener le monde en soi

Dire que vous êtes un créateur, ce n'est pas la même chose que de dire que votre ego est. L'ego sera toujours attaché à votre personnalité et, certainement, votre personnalité ne crée pas toutes les choses autour de vous. La création ne se produit pas à ce niveau. Voyons donc si nous pouvons nous rapprocher du créateur véritable qui est en vous. Nous ferons cela en méditant sur une rose.

Prenez une belle rose rouge et tenez-la devant vous. Inhalez le parfum et dites-vous : « Sans moi, cette fleur n'aurait pas de parfum. » Considérez le magnifique rouge cramoisi, et dites-vous : « Sans moi, cette fleur n'aurait pas de couleur. » Caressez les pétales veloutés et dites-vous : « Sans moi, cette fleur n'aurait pas de texture. » Réalisez que si vous vous soustrayez à toute sensation – vue, son, toucher, goût, odeur – la rose n'est plus rien qu'atomes vibrant dans le vide.

Considérez maintenant l'ADN qui est à l'intérieur de chaque cellule de la rose. Visualisez les milliards d'atomes formant une double hélice et dites-vous : « Mon ADN ressemble à l'ADN de cette fleur. L'expérience n'est pas un observateur regardant un objet. L'ADN sous une forme regarde l'ADN sous une autre forme. » Voyez maintenant l'ADN commencer à miroiter et devenir d'invisibles vibrations d'énergie. Dites-vous : « La rose a disparu dans son énergie primordiale. J'ai disparu dans mon énergie primordiale. Maintenant, un champ d'énergie regarde un autre champ d'énergie. »

Finalement, voyez la frontière entre votre énergie et celle de la rose se dissiper, comme une série de vagues se fond dans une autre, comme les vagues de l'océan qui s'élèvent et disparaissent à la surface immense d'une mer infinie. Dites-vous : « Toute énergie vient d'une source et y revient. Quand je regarde une rose, un infime mouvement d'infinité apparaît depuis la source de l'expérience même. »

Après avoir suivi cette piste, vous êtes arrivé à ce qui est vraiment réel : un champ d'énergie infini, silencieux, mû pour un instant, faisant l'expérience d'un objet (la rose) et d'un sujet (vous, l'observateur) sans aller nulle part. La conscience a simplement jeté un regard sur un aspect de sa beauté éternelle. Son seul motif fut de créer un moment de joie. Vous et la rose avez été à des pôles opposés de ce moment, mais il n'y a pas eu de séparation. Une simple caresse créatrice a eu lieu, qui vous a unis tous les deux.

SECRET N° 3

Quatre voies mènent à l'unité

Tous les secrets spirituels à partir d'ici, c'est-à-dire la vaste majorité, dépendent de votre acceptation de l'existence d'une réalité une. Si vous pensez encore qu'il s'agit de l'idée favorite de quelqu'un d'autre, votre expérience de la vie ne changera pas. La réalité une n'est pas une idée – c'est une porte donnant accès à une façon totalement nouvelle de participer à la vie. Imaginez, dans un avion, un passager qui ne sait pas du tout à quoi voler peut ressembler. Quand l'avion décolle, il est pris de panique et pense des choses comme : « Qu'est-ce qui nous maintient en l'air ? Et si l'avion est trop lourd ? L'air ne pèse rien et cet avion est entièrement en acier ! » Renvoyé à ses propres perceptions, le passager paniqué perd tout sentiment de contrôle ; il est pris au piège d'une expérience qui pourrait être désastreuse.

Dans le cockpit, le pilote a un plus grand sentiment de contrôle parce qu'il a été entraîné à voler. Il sait piloter, il comprend les actions qu'il accomplit pour diriger l'avion. Il n'a donc pas de raison de paniquer, même s'il sait qu'une défaillance mécanique est toujours possible. Une catastrophe peut toujours se produire, mais il n'y peut rien.

Passons maintenant au concepteur de l'avion, qui peut construire n'importe quel appareil selon les principes du vol. Il occupe une position de plus grand contrôle que le pilote parce que, s'il continuait à expérimenter différentes conceptions, il pourrait concevoir un avion qui ne pourrait pas s'écraser (peut-être un planeur avec une surface portante qui n'est jamais décalée, quel que soit l'angle de plongée de l'avion).

Cette progression du passager au pilote et au concepteur est symbolique d'un voyage spirituel. Le passager est prisonnier du monde des cinq sens. Il ne peut que concevoir l'impossibilité du vol parce que, lorsque l'acier est comparé à l'air, il semble n'avoir d'autre possibilité que de tomber. Le pilote connaît les principes du vol, qui transcendent les cinq sens en recourant à une loi plus profonde de la nature (le principe de Bernoulli) selon laquelle l'air circulant sur une surface courbe provoque l'ascension. Le concepteur monte encore plus haut, en amadouant les lois de la nature pour parvenir à ses fins. En d'autres termes, il est plus proche de la source de la réalité, en agissant non pas comme une victime des cinq sens ou un participant passif aux lois naturelles, mais comme un cocréateur avec la nature.

Vous pouvez vous-même faire ce voyage. Il est plus que symbolique parce que le cerveau, qui fabrique chaque vision, son, toucher, goût, odeur dont vous faites l'expérience, est une machine quantique. Ses atomes sont en contact direct avec les lois de la nature et, par la magie de la conscience, quand vous avez un désir, votre cerveau envoie un signal à la source même de la loi naturelle. La définition la plus simple de la conscience, c'est l'attention [*awareness*, qui signifie aussi conscience, ndt] ; les deux sont synonymes. Un jour, lors d'une conférence d'affaires, un cadre vint me demander une définition de la *conscience*, qui soit pratique et concrète. D'abord, je fus tenté de lui répondre que la conscience ne peut être définie concrètement, mais je me surpris à dire : « La conscience, c'est le potentiel pour toute création. » Son visage s'éclaira. Plus vous avez de conscience, plus vous avez de potentiel créateur. La conscience pure, parce qu'elle sous-tend toutes choses, est pur potentiel.

Vous devez vous poser cette question : Est-ce que je veux être victime des cinq sens ou cocréateur ? Voici les options.

SUR LA VOIE DE LA CRÉATION

- **Selon les cinq sens :** Séparation, dualité, basé sur l'ego, sujet à la peur, détaché de la source, limité dans le temps et l'espace.

- **Selon la loi naturelle :** Au contrôle, moins sujet à la peur, a recours aux ressources naturelles, inventif, comprend, explore les confins du temps et de l'espace.

- **Selon la conscience :** Créatif, intime avec les lois naturelles, proche de la source, les frontières se dissolvent, les intentions deviennent des résultats, au-delà du temps et de l'espace.

La conscience est tout ce qui change dans le voyage de la séparation à la réalité une. Quand vous dépendez de vos cinq sens, vous êtes conscient du monde physique, en tant que réalité fondamentale. Dans un tel monde, vous arrivez nécessairement en second, parce que vous vous voyez comme un objet solide fait d'atomes et de molécules. Le seul rôle que joue votre conscience, c'est de regarder le monde « tout autour ».

Les cinq sens sont extrêmement trompeurs. Ils nous disent que le soleil se lève à l'est et se couche à l'ouest, que la terre est plate, qu'un objet en acier ne peut être soutenu par l'air. L'étape de conscience suivante dépend des lois de la nature auxquelles on est parvenu par la pensée et l'expérimentation. L'observateur n'est plus victime d'une illusion. Il peut exprimer la loi de la gravité en utilisant les mathématiques et des expériences noétiques. (Newton n'avait pas besoin de s'asseoir sous un arbre et de recevoir une pomme sur la tête – il pouvait mener une expérience noétique en utilisant des images et les nombres qui correspondent à ces images. Ce fut le processus qu'il suivit, comme le fit Einstein en imaginant comment marchait la relativité.)

Quand le cerveau humain considère les lois de la nature, le monde matériel est toujours « tout autour », à explorer. On obtient un plus grand pouvoir sur la nature, mais si cet état de conscience était l'état ultime (comme le pensent de nombreux scientifiques), l'utopie serait un triomphe technologique.

Cependant, le cerveau ne peut se mettre éternellement de côté. Les lois de la nature qui maintiennent l'avion dans les airs s'appliquent aussi à chaque électron du cerveau. On doit finir par se demander : « Qui est celui qui pense tout cela ? » C'est la question qui mène à la conscience pure. Car si vous videz le cerveau de toute pensée (comme dans l'état de méditation), la conscience ne se révèle pas vide et passive. Au-delà des limites du temps et de l'espace, un processus – et seulement un – se déroule. La création se crée elle-même, utilisant la conscience comme terre à modeler. La conscience devient les objets du monde objectif, les expériences du monde subjectif. Réduisez une expérience à son élément le plus fondamental et ce que vous obtenez, ce sont des rides invisibles dans le champ quantique. Il n'y a pas de différence et, par un coup de magie suprême, le cerveau humain n'a pas à se tenir à l'extérieur du processus créateur. Simplement en étant attentif et en ayant un désir, vous tournez le commutateur de la création.

Vous le faites, certes, mais seulement si vous savez ce que vous faites. La victime des cinq sens (l'homme préscientifique) et l'explorateur des lois de la nature (le scientifique et le philosophe) sont aussi créatifs que celui qui fait l'expérience de la pure conscience (le sage, le saint, le chaman, le siddha, le sorcier…). Mais ils croient aux limitations qu'ils se sont imposés. Et, ce faisant, les limitations deviennent réalité. La gloire du voyage spirituel est identique à son ironie : on acquiert un pouvoir total seulement en réalisant qu'on a utilisé ce pouvoir sans se mettre en échec. Vous êtes potentiellement le prisonnier, le geôlier et le héros qui ouvre la prison, en une seule personne.

Instinctivement, nous avons toujours su cela. Dans les contes de fées, il y a un lien magique entre les victimes et les héros. La grenouille sait qu'elle est un prince qui n'a besoin que du toucher magique pour recouvrer son statut véritable. La plupart des contes de fées mettent la victime en péril, incapable de briser le charme jusqu'à ce que la magie soit conjurée de l'extérieur. La grenouille a besoin d'un baiser, la princesse endormie a besoin que quelqu'un traverse le mur de ronces, Cendrillon a besoin d'une marraine fée avec une baguette magique. Les contes de fées symbolisent une croyance en la magie qui sourd des parties les plus anciennes de notre cerveau, mais ils déplorent aussi que nous ne soyons pas les maîtres de cette magie.

Ce dilemme a frustré tous ceux qui ont essayé d'embrasser la réalité une. Même quand la sagesse est atteinte, et que vous réalisez que c'est votre propre cerveau qui produit tout ce qui est autour de vous, il est difficile de trouver le bouton de contrôle de la création. Mais il y a un moyen. Derrière toute expérience, il y a un expérimentateur qui sait ce qui arrive. Quand je trouverai le moyen d'être là où est l'expérience, je serai au point tranquille autour duquel tourne le monde entier. C'est un processus qui commence ici et maintenant.

Chaque expérience vient à nous selon l'une de ces quatre modalités : sentiment, pensée, action ou simplement sensation d'exister. À des moments imprévus, l'expérimentateur est plus présent que d'habitude à ces quatre modalités. Quand cela arrive, nous sentons un changement, une légère différence avec notre réalité ordinaire. Voici une liste de ces changements subtils, tirés d'un carnet de notes que je garde à portée de main depuis plusieurs semaines :

Sensations

Une légèreté dans mon corps.
Une sensation de courant dans mon corps.

Un sentiment que tout est bien, que je suis chez moi dans le monde.
Une sensation de paix totale.
Une sensation de repos, comme si une voiture qui roulait vite avait ralenti pour faire une halte.
Une sensation d'atterrir dans un endroit doux où je suis en sécurité.
Un sentiment de n'être pas ce que je semble être, d'avoir joué un rôle qui n'est pas le vrai moi.
Un sentiment que quelque chose se trouve au-delà du ciel ou derrière le miroir.

Pensées

« J'en sais plus que je ne le crois. »
« J'ai besoin de découvrir ce qui est réel. »
« J'ai besoin de découvrir qui je suis vraiment. »
Mon mental est moins agité ; il veut se calmer.
Mes voix intérieures sont devenues très calmes.
Mon dialogue intérieur a soudain cessé.

Actions

Je sens soudain que mes actions ne sont pas miennes.
Je sens un grand pouvoir agir à travers moi.
Mes actions semblent symboliser qui je suis et pourquoi je suis ici.
J'agis à partir d'une intégrité totale.
J'ai abandonné le contrôle et ce que je voulais est simplement venu à moi.
J'ai abandonné la lutte et, au lieu de s'effondrer, les choses s'améliorent.
Mes actions font partie d'un plan que je peux à peine entrevoir, mais je sais qu'il doit exister.

Être

Je réalise que l'on veille sur moi.
Je réalise que ma vie a un dessein, que j'ai une importance.
Je sens que les hasards ne sont pas des hasards, mais suivent des modèles subtils.
Je vois que je suis unique.
Je réalise que la vie a la capacité de se gouverner elle-même.
Je me sens attiré au cœur des choses.
Je réalise avec étonnement que la vie est infiniment précieuse.

Cette liste peut sembler très abstraite parce que tout ce qui y figure a trait à la conscience. Je n'ai pas pris note des milliers d'autres pensées, sentiments et actions centrés sur les choses extérieures. Bien sûr, comme tout un chacun, j'ai pensé à mon prochain rendez-vous, j'ai dû peiner dans la circulation, j'ai été joyeux ou de mauvaise humeur, hésitant ou sûr, concentré ou distrait. Tout cela est comme le contenu d'une valise mentale. Les gens bourrent leurs valises de mille choses. Mais la conscience n'est pas une valise ni les choses qu'on y fourre.

La conscience est juste elle-même – pure, vivante, vigilante, silencieuse et pleine de potentiel. Parfois, on s'approche de l'expérience de cet état pur et, à ces moments, l'une des choses dont j'ai dressé la liste, ou quelque chose de semblable, vient à la surface au lieu de rester hors de vue. Certains signes sont palpables ; ils apparaissent comme des sensations indéniables du corps. D'autres se produisent à un niveau subtil difficile à traduire en paroles : un frémissement de *quelque chose* capte soudain votre attention. Si vous remarquez ne serait-ce qu'un tel indice, vous avez à la main un fil qui pourrait vous mener au-delà de la pensée, du sentiment ou de l'action. S'il y a seulement une réalité, chaque indice doit mener finalement à l'endroit même où les lois de la création opèrent librement, qui est la conscience même.

Une fois que vous avez noté un indice prometteur, comment pouvez-vous vous libérer de l'emprise de l'ego ? L'ego défend âprement sa vision du monde et nous avons tous vu combien nos expériences sont instables, évanescentes, quand elles ne correspondent pas à notre système de croyances enraciné. Sir Kenneth Clark, célèbre historien de l'art anglais, parle dans son autobiographie d'une épiphanie, dans une église, quand il réalisa soudain, avec une totale clarté, qu'une présence embrassant tout le remplissait. Il sentit, au-delà de la pensée, une réalité qui était sublime, remplie de lumière, aimante et sacrée.

Il avait alors un choix : il pouvait rechercher cette réalité transcendante ou il pouvait revenir à l'art. Il choisit l'art, sans remords. L'art, même s'il était bien moindre que la réalité supérieure, était l'amour terrestre de Clark. Il préféra une infinité à une autre – l'infinité des beaux objets, plutôt que l'infinité de la conscience invisible. (Un dessin animé montre un panneau planté à la bifurcation d'un chemin. Une flèche indique la direction de « Dieu », l'autre indique « Discussions au sujet de Dieu ». Dans le cas de Clark, on pourrait mettre « Dieu » et « Images de Dieu ».)

Beaucoup de gens ont fait des choix semblables. Pour pouvoir déplacer le monde physique que vous connaissez déjà, un signe doit s'élargir. Les fils de l'expérience doivent tisser un motif parce que, séparés, ils sont trop fragiles pour rivaliser avec le drame familier du plaisir et de la souffrance qui s'est emparé de nous tous.

Regardez la liste à nouveau. Les frontières entre les catégories sont floues. Il n'y a qu'une différence très ténue entre *sentir* que je suis en sécurité, par exemple, et *savoir* que je suis en sécurité. Je peux, à partir de là, *agir* comme si j'étais en sécurité jusqu'à ce que je finisse par réaliser, sans aucun doute, que mon existence entière a été depuis ma naissance : je *suis* en sécurité. D'un point de vue pratique, c'est tisser tout un nouveau motif. Si je prends n'importe quoi dans la liste, je peux tisser de semblables interconnexions. Quand je prends pensée, sensation, action et être ensemble, l'expérimentateur devient plus réel ; j'apprends à me mettre à sa place. Je peux alors tester cette nouvelle réalité pour voir si elle a suffisamment de force pour remplacer une image de moi-même ancienne et obsolète.

Vous pouvez faire une pause pour faire simplement ceci : choisissez n'importe quelle chose qui vous plaît – une sensation ou une pensée que vous vous rappelez – et reliez-la aux trois autres catégories. Disons que vous choisissez : « Je vois que je suis unique. » L'unicité signifie qu'il n'y a personne qui soit exactement comme vous. Quel sentiment accompagne cette prise de conscience ? Peut-être un sentiment de force et d'estime de soi ou la sensation d'être comme une fleur avec son parfum unique, sa forme unique, sa couleur unique. Il y a aussi la sensation d'être à l'écart de la foule et d'en être fier. Vous pouvez alors avoir cette pensée : « Je n'ai nul besoin d'imiter qui que ce soit. » Avec cette pensée, vous commencez peut-être à vous libérer de l'opinion que les autres ont de vous. À partir de là, naît un désir d'agir avec intégrité, de montrer au monde que vous savez qui vous êtes. Ainsi, à partir d'une minuscule sensation, toute une nouvelle structure apparaît ; vous avez trouvé la voie d'une conscience élargie. Si vous cherchez un instant de conscience, vous verrez avec quelle rapidité il s'élargit ; un simple fil produit une tapisserie complexe. Mais cette métaphore ne peut expliquer comment on peut changer la réalité même. Pour maîtriser la conscience pure, vous devez apprendre à la vivre.

Quand une expérience est si puissante qu'elle incite les gens à changer la structure entière de leur vie, nous appelons cela une percée ou une épiphanie. La valeur d'une épiphanie ne consiste pas simplement en une connaissance intuitive, nouvelle et excitante. Il se peut que vous marchiez dans la rue et croisiez un inconnu. Vos regards se croisent et, pour une raison ou une autre, une connexion s'établit. Ce n'est ni sexuel ni sentimental, cela ne signifie même pas que cette personne pourrait signifier quoi que ce soit dans votre vie. L'épiphanie consiste en ce que vous *êtes* l'inconnu – votre expérimentateur se fond avec le sien. On peut appeler cela un sentiment ou une pensée, peu importe – c'est l'expansion soudaine qui compte. Vous êtes projeté à l'extérieur de vos étroites limites, ne serait-ce que pour un moment, et cela fait toute la différence. Vous avez goûté à une dimension cachée. Comparée à l'habitude que l'on a de s'enfermer dans les murs de l'ego, cette nouvelle dimension donne une impression de liberté et de légèreté. Vous avez la sensation que votre corps ne peut plus vous contenir.

Un autre exemple : quand on observe un petit enfant qui joue, complètement concentré, et qui cependant est totalement insouciant, il est difficile de ne pas ressentir une émotion particulière. L'innocence de l'enfant ne semble-t-elle pas alors palpable ? Ne peut-on sentir – ou désirer sentir – en soi le même bonheur ludique ? Le petit corps de l'enfant a l'air aussi fragile qu'une bulle de savon et, cependant, il est éclatant de vie, de quelque chose d'immense, d'éternel, d'invincible. Dans les *Shiva Sûtra*, un magnifique et profond texte ancien du shivaïsme du Cachemire, on peut trouver de semblables épiphanies. Chacun est un éclair soudain de liberté, auquel l'expérimentateur est directement confronté, sans interférence [voir aussi le *Vijñâna Bhairava* et les *Spanda Karika*, ndt]. On regarde une belle femme et, soudain, on voit la beauté même. Ou l'on regarde le ciel et, soudain, on voit l'infini au-delà.

Personne ne voit le sens de vos épiphanies privées. Le secret vous appartient ; il est avec vous, en vous. *Shiva* signifie « Dieu » et *Sûtra* signifie « fil ». Il est délibérément montré au lecteur de petits fils qui le ramènent à la source éternelle.

Il y a un contexte plus large pour les *Shiva Sûtra*, qui implique de suivre la voie qui est ouverte par une épiphanie. Dans la tradition védique, on peut choisir quatre voies, qui s'élèvent du sentiment, de la pensée, de l'action et de l'être. Chaque voie est appelée *yoga*, mot qui, en sanskrit, signifie « union », parce que l'unité – s'unir à la réalité une – est le but. Avec le temps, les quatre yogas en sont venus à définir des voies précises qui conviennent au type de tempérament du chercheur, mais on peut en suivre plusieurs à la fois :

Le *bhakti yoga* mène à l'unité par l'amour de Dieu.
Le *karma yoga* mène à l'unité grâce à l'action désintéressée (non égoïste).
Le *jñâna yoga* mène à l'unité au moyen de la connaissance.
Le *râja yoga* mène à l'unité au moyen de la méditation et du renoncement.

Cette quatrième voie, *râja yoga*, signifie « voie royale vers l'union ». Royale, car, croit-on, la méditation surpasse les trois autres voies. Mais la quatrième voie les inclut également : en la suivant, vous suivez en fait les quatre à la fois. Vos méditations vont directement à l'essence de votre être. Cette essence est ce que l'amour de Dieu, l'action non égoïste et la connaissance essaient d'atteindre.

Il n'est pas nécessaire de penser que les quatre voies sont orientales. Ces yogas sont les graines originelles, le moyen de réaliser l'unité. Chacun a des sentiments ; chacun, ainsi, peut être sur la voie du sentiment. Il en va de même de la pensée, de l'action et de l'être. Ainsi, la vision du yoga, c'est simplement que l'unité est possible pour chacun, à partir de l'endroit où il se trouve. En réalité, l'unité est secrètement présente à chaque instant de la vie quotidienne. Rien ne peut m'arriver qui soit en dehors de la réalité une ; rien n'est gaspillé ni laissé au hasard dans le plan cosmique.

Voyons comment chaque voie est réellement vécue :

Le *sentiment* montre le chemin chaque fois que vous faites l'expérience de l'amour et que vous l'exprimez. Sur cette voie, vos émotions personnelles s'élargissent jusqu'à tout englober. L'amour de soi et de la famille se fond dans l'amour de l'unité. Sous son expression la plus haute, votre amour est si puissant qu'il contraint Dieu à se montrer à vous. Le cœur aimant trouve la paix ultime en s'unissant au cœur de la création.

La *pensée* montre le chemin chaque fois que votre mental cesse d'être agité et de spéculer. Sur cette voie, vous faites taire votre dialogue intérieur pour trouver clarté et calme. Il faut que votre mental soit empreint de clarté, pour voir qu'il n'a pas à être ainsi dirigé. La pensée peut devenir connaissance, c'est-à-dire sagesse. Avec une plus grande clarté, votre intellect examine n'importe quel problème et voit la solution. Tandis que votre connaissance s'élargit, les questions personnelles disparaissent. Ce que votre mental veut réellement connaître, c'est le mystère de l'existence. Les questions frappent à la porte de l'éternité : seul, alors, le Créateur peut y répondre pour vous. La réalisation de cette voie se produit quand votre mental s'unit à l'esprit de Dieu.

L'*action* montre le chemin chaque fois que vous vous abandonnez. Sur cette voie, le contrôle qu'exerce votre ego sur l'action devient plus lâche. Vos actions cessent d'être motivées par des besoins et des désirs égoïstes. Au commencement, il est inévitable que vous agissiez pour vous-même, parce que, même si vous essayez d'être complètement dépourvu d'ego, vous obtiendrez une satisfaction personnelle. Mais avec le temps, l'action se détache de l'ego. L'action devient motivée par une force qui vous est extérieure. Cette force universelle est appelée dharma en sanskrit. La voie de l'action est résumée en une phrase : le karma débouche sur le dharma. En d'autres termes, l'attachement personnel à vos propres actions devient non-attachement grâce à l'accomplissement des actions de Dieu. Cette voie parvient à sa réalisation quand vous vous abandonnez si complètement que c'est Dieu qui dirige tout ce que vous faites.

L'*être* montre le chemin chaque fois que vous cultivez un soi au-delà de l'ego. Au commencement, le sens du « je » est attaché à des fragments de votre identité réelle. « Je » est une accumulation de tout ce qui vous est arrivé depuis votre naissance. Cette identité superficielle se manifeste comme une illusion, comme un masque qui cache un « Je » beaucoup plus grand, qui se trouve en chacun. Votre identité réelle est un sens de l'existence pure et simple, que nous appellerons « Je Suis ». Toutes les créatures partagent le même « Je Suis », et la réalisation se produit quand votre être embrasse tellement que Dieu lui-même est inclus dans votre sentiment d'être vivant. L'unité est un état dans lequel rien n'existe en dehors du « Je Suis ».

Le yoga est considéré en Occident comme une voie de renoncement, un mode de vie qui exige d'abandonner sa famille et ses biens. Les *yogis* errants avec leur bol de mendiant, comme on en voyait dans tous les villages de l'Inde, sont le symbole de cette vie. Mais l'habit ne fait pas le renonçant ; le renoncement est intérieur, quelles que soient vos possessions matérielles. Intérieurement, une décision cruciale est prise : *je recommence tout*. En d'autres termes, vous renoncez à vos anciennes perceptions, non à vos possessions.

Quand la violence et la division du monde vous rendent malade, recommencer est le seul choix possible. Vous cessez de regarder les reflets ; vous tournez votre regard vers la source. L'univers, comme n'importe quel miroir, est neutre. Il reflète ce qui est devant lui, sans jugement ni déformation. Si vous pouvez croire cela, alors, vous avez fait un premier pas décisif vers le renoncement. Vous avez renoncé à croire que le monde extérieur exerce un pouvoir sur vous. Comme pour tout ce qui se trouve sur la voie de l'unité, vivre cette vérité, c'est la rendre vraie.

Changer sa réalité
pour percevoir le troisième secret

Trouver un chemin qui ramène à la source, c'est laisser la vie s'installer là où elle veut être. Il y a des niveaux grossiers et des niveaux fins pour toute expérience, et les niveaux fins sont plus sensibles, éveillés et significatifs que les niveaux grossiers. Faites cet exercice : observez quand vous touchez à des niveaux fins dans votre propre conscience. Remarquez l'impression qu'ils donnent comparés aux niveaux grossiers. Par exemple :

Aimer quelqu'un est plus fin qu'avoir du ressentiment à son égard ou le rejeter.
Accepter quelqu'un est plus fin que le critiquer.
Promouvoir la paix est plus fin que promouvoir la colère et la violence.
Voir quelqu'un sans le juger est plus fin que le critiquer.

Si vous vous permettez de le ressentir, le côté fin de chaque expérience met le mental à l'aise, diminue le stress ainsi que l'agitation mentale et la pression émotionnelle. L'expérience fine est calme et harmonieuse. Vous avez un sentiment d'apaisement ; vous n'êtes en conflit avec personne. Il n'y a pas de drame, le besoin ne s'en fait pas sentir.

Une fois que vous l'avez identifié, commencez à favoriser le côté fin de votre vie. Appréciez ce niveau de conscience – c'est seulement si vous l'appréciez qu'il se développera. Si, en revanche, vous favorisez les niveaux grossiers, le monde vous renverra votre perception : elle restera toujours séparatrice, perturbatrice, stressante et menaçante. Le choix vous incombe au niveau de la conscience parce que, dans la diversité infinie de la création, chaque perception donne naissance à un monde qui la reflète.

Exercice n° 2 : Méditation

Toute expérience qui vous met en contact avec le niveau silencieux de la conscience peut être appelée méditation. Vous avez peut-être trouvé spontanément un moyen de faire l'expérience d'une profonde tranquillité dans votre esprit. Si ce n'est pas le cas, peut-être aurez-vous adopté l'une de ces pratiques de méditation formelle qui existent dans toute tradition spirituelle. La plus simple est peut-être la méditation sur la respiration.

Après avoir pris vos dispositions pour n'être pas dérangé, asseyez-vous et fermez les yeux, dans une pièce faiblement éclairée. Gardez les yeux fermés pendant quelques minutes, puis prenez conscience de votre respiration. Laissez votre attention suivre votre souffle, tandis qu'il entre doucement, naturellement. Faites la même chose quand il sort. N'essayez pas de respirer sur un certain rythme, ni de rendre votre souffle profond ou superficiel.

En suivant votre souffle, vous vous alignez sur la connexion corps-esprit, la coordination subtile de la pensée et du *prâna*, l'énergie subtile contenue dans le souffle. Certaines personnes ont plus de facilité à rester attentives à leur souffle si elles répètent un son : une syllabe pour l'expiration, une pour l'inspiration. *Ah-hum* est un son traditionnel utile à cette fin. (Vous pouvez aussi adopter les mantra-germes [*bîja mantra*, ndt] ou les sons rituels tels qu'ils sont décrits dans les enseignements orientaux.)

Méditez ainsi pendant une durée de dix à vingt minutes, deux fois par jour. Vous prendrez conscience de la relaxation de votre corps. Étant donné que la plupart des gens emmagasinent beaucoup de fatigue et de stress, vous vous endormirez peut-être. Ne vous en faites pas, ne vous souciez pas non plus de toute sensation ou pensée qui apparaît tandis que votre mental s'apaise. Faites confiance à la tendance naturelle du corps de venir à bout du stress. C'est une méditation douce qui n'a pas d'effets secondaires négatifs, qui ne comporte aucun danger, tant que vous êtes en bonne santé. (Si vous ressentez une douleur quelque part ou un sentiment de malaise récurrent, il peut s'agir là de symptômes d'une maladie non diagnostiquée ; dans ce cas et si ces sensations persistent, demandez l'avis d'un médecin.)

L'effet relaxant continuera, mais vous commencerez aussi à remarquer que vous êtes plus conscient de vous-même. Vous pouvez avoir une intuition ou une inspiration soudaine. Vous pouvez commencer à vous sentir plus centré ; vous aurez peut-être aussi des poussées soudaines d'énergie et de lucidité ; ces effets varient d'une personne à l'autre ; aussi, restez ouvert à tout ce qui arrive. Le dessein de la méditation est cependant le même pour tous : apprendre à se mettre en rapport avec la conscience même, le niveau d'expérience le plus pur.

SECRET N° 4

CE QUE VOUS CHERCHEZ, VOUS L'ÊTES DÉJÀ

À vingt et un ans, quand j'étais étudiant en médecine à New Delhi, j'eus le choix entre deux sortes d'amis. Les matérialistes, qui se levaient à midi et passaient la nuit à des réceptions où tout le monde buvait du Coca-Cola et dansait sur la musique des Beatles. Ils avaient découvert les cigarettes et les femmes, peut-être même des alcools de contrebande, qui étaient bien meilleur marché que le scotch importé. Les « spirituels » se levaient à l'aube et allaient au temple – à peu près au moment où les matérialistes revenaient chez eux en titubant, avec la gueule de bois –, et ils mangeaient un bol de riz et buvaient de l'eau ou du thé, le plus souvent dans le même bol.

Il ne semblait pas étrange, à l'époque, que tous les matérialistes fussent Indiens et les spirituels, Occidentaux. Les Indiens cherchaient toujours une occasion d'aller là où le Coca-Cola, le bon tabac et le whisky légal étaient bon marché et abondants. Les Occidentaux cherchaient à découvrir des saints, du genre de ceux qui peuvent léviter et guérir les lépreux en les touchant. Je fréquentais les matérialistes, avec qui j'étais à l'université. Aucune personne née en Inde ne se considérait comme un chercheur.

Aujourd'hui, je n'aurais pas à choisir entre deux types de personnes – tous ceux qui sont autour de moi semblent être des chercheurs. Pour moi, *chercher* est un autre mot pour dire courir après quelque chose. Mes camarades indiens avaient la tâche la plus facile, parce qu'il n'est pas très compliqué d'avoir de l'argent et des choses matérielles, alors que les spirituels occidentaux ne trouvaient jamais leurs saints hommes. Je pensais que le problème était dû à la rareté actuelle des saints hommes ; je réalise maintenant que ce qui mettait en échec leur soif de vie plus élevée, c'était l'acte même de chercher. La tactique qui vous permet d'obtenir du whisky et des disques des Beatles, échoue lamentablement quand vous courez après la sainteté.

Le secret spirituel qui s'applique ici est : *ce que vous cherchez, vous l'êtes déjà*. Votre conscience a sa source dans l'unité. Au lieu de chercher à l'extérieur de vous-même, allez à la source et réalisez qui vous êtes.

Recherche est un mot souvent appliqué à la voie spirituelle et beaucoup de gens sont fiers de se qualifier de chercheurs. Souvent, ce sont les mêmes qui ont couru après l'agent, le sexe, l'alcool ou le travail. Avec la même intensité pathologique, ils espèrent maintenant trouver Dieu, l'âme, le soi supérieur. Le problème est que la recherche part d'une hypothèse erronée. Je ne veux pas parler du postulat selon lequel le matérialisme serait corrompu et le spiritualisme pur. Oui, le matérialisme peut conduire à une totale consomption, mais ce n'est pas le point qui importe vraiment. Chercher est voué à l'échec parce que c'est une poursuite qui vous fait sortir de vous-même. Que l'objet soit Dieu ou l'argent, c'est pareil. La recherche productive requiert que vous rejetiez toute idée de gain. Cela signifie agir sans espoir de parvenir à un soi idéal, l'espoir étant le souhait d'arriver à un endroit meilleur que votre point de départ. Vous partez de vous-même et c'est le soi qui contient toutes les réponses. Aussi devez-vous abandonner l'idée que vous devez aller de A à B. Il n'y a pas de voie directe quand le but n'est pas ailleurs. Vous devez aussi rejeter les idées reçues sur le haut et le bas, le bien et le mal, le sacré et le profane. La réalité une inclut toutes choses dans son enchevêtrement d'expériences, et ce que nous cherchons à trouver, c'est l'expérimentateur qui est présent, quelle que soit l'expérience.

En voyant les gens s'agiter dans tous les sens, pour devenir des modèles de bonté, quelqu'un a inventé cette expression très juste : « le matérialisme spirituel », transfert des valeurs du monde matériel au monde spirituel.

MATÉRIALISME SPIRITUEL

Les pièges de la recherche

Savoir où l'on va.
Lutter pour y arriver.
Utiliser la carte d'un autre.
Travailler pour s'améliorer.
Se fixer des délais.
Attendre un miracle.

Il n'y a pas de meilleure façon d'être un authentique chercheur que d'éviter ces pièges.

- *Ignorez où vous allez.* La croissance spirituelle est spontanée. Les grands événements arrivent de façon inattendue, les petits aussi. Un simple mot peut ouvrir votre cœur ; un simple coup d'œil peut vous dire qui vous êtes vraiment. L'éveil ne se produit pas selon un plan. Cela ressemble beaucoup à assembler un puzzle sans connaître d'avance l'image qu'il formera. Les bouddhistes disent : « Si vous rencontrez le Bouddha, tuez-le », ce qui signifie : si vous suivez un scénario spirituel écrit d'avance, enterrez-le. Tout ce que vous pouvez vous imaginer à l'avance, ce sont des images, et les images ne sont jamais la même chose que le but.

- *Ne luttez pas pour y arriver.* S'il y avait un enjeu spirituel au bout du chemin, comme un pot rempli d'or ou la clé du Paradis, chacun ferait tous les efforts possibles pour obtenir cette récompense. Toute lutte vaudrait la peine. Mais est-ce qu'un enfant de deux ans lutte pour en avoir trois ? Non, parce que le processus du développement de l'enfant vient de l'intérieur. Vous n'obtenez pas un chèque bancaire, vous devenez une personne nouvelle. Il en est de même pour le développement spirituel. Il se produit aussi naturellement que le développement de l'enfance, mais sur le plan de la conscience, plutôt que dans le domaine de la physiologie.

- *Ne suivez pas la carte d'un autre.* Il fut un temps où j'avais la certitude que la méditation profonde avec un mantra spécifique pour le reste de ma vie était la clé pour atteindre l'illumination. Je suivais une carte tracée il y a des milliers d'années par de vénérables sages qui appartenaient à la plus grande tradition spirituelle de l'Inde. Mais il faut toujours être prudent : si vous suivez la carte d'un autre, vous pouvez tomber dans un mode de pensée figé. Les voies figées, même celles consacrées à l'esprit, ne sont pas la même chose que l'état de liberté. Vous devez glaner partout des enseignements et vous en tenir fidèlement à ceux qui vous font progresser, tout en restant ouvert aux changements qui surviennent en vous.

- *N'en faites pas un projet de développement personnel.* Le développement personnel est une réalité. Des gens restent coincés en de mauvais endroits et peuvent apprendre à en sortir. Dépression, solitude et insécurité sont des expériences tangibles auxquelles on peut remédier. Mais si vous cherchez à atteindre Dieu ou l'illumination parce que vous voulez en finir avec la dépression ou l'anxiété, si vous voulez davantage d'estime pour vous-même et moins de solitude, votre recherche peut ne pas avoir de terme. Cet espace de compréhension n'est pas aussi simple que ça. Certaines personnes ressentent une formidable amélioration personnelle à mesure que leur conscience s'élargit ; mais il faut une très forte conscience de soi-même pour affronter les nombreux obstacles et épreuves qui jalonnent la voie. Si vous vous sentez faible ou fragile, vous pouvez vous sentir encore plus faible, encore plus fragile face aux énergies obscures de l'intérieur. Pour élargir sa conscience, il faut payer le prix – vous devez abandonner vos limitations – et pour quelqu'un qui se sent victimisé, cette limitation est si tenace que le progrès spirituel procède avec la plus grande lenteur. Dans la mesure où vous sentez un conflit profond en vous-même, un obstacle considérable obstrue votre voie. Il est plus sage de chercher de l'aide au niveau même où le problème existe.

- *Ne vous fixez pas de délais.* J'ai rencontré d'innombrables personnes qui avaient abandonné la spiritualité, parce qu'ils n'étaient pas arrivés à leurs fins assez vite. « J'y ai consacré dix années. Que puis-je faire de plus ? Je vais passer mon chemin. » Il est plus probable qu'ils n'avaient consacré qu'une année ou un mois à la voie ; les guerriers d'un week-end ont laissé tomber, découragés par le manque de résultats. Le meilleur moyen d'éviter la déception, c'est de ne pas commencer par fixer des échéances – bien que souvent on ait des difficultés à le faire sans perdre sa motivation. Mais ce n'est pas la motivation qui est le moteur principal de la réalisation. Indubitablement, la discipline a sa place : méditation régulière, fréquentation régulière des cours de yoga, lecture de textes inspirateurs, maintien du regard devant soi. Observer des habitudes spirituelles, cela requiert un sens de la consécration. Mais si la vision ne se déploie pas chaque jour, vous serez inévitablement distrait. Plutôt que des délais, donnez-vous un soutien pour la croissance spirituelle. Ce peut être sous la forme d'un maître spirituel, d'un groupe de discussion, d'un partenaire qui suit la même voie que vous, de retraites régulières, d'un journal quotidien. Vous serez moins susceptible de céder au découragement.

- *N'attendez pas de miracle.* Peu importe votre définition du « miracle » – que ce soit l'apparition soudaine de l'amour parfait, la guérison d'une maladie mortelle, la consécration de la part d'un grand maître spirituel ou la félicité permanente. Un miracle, c'est laisser Dieu faire tout le travail ; il sépare le monde surnaturel de ce monde, dans l'espoir qu'un jour, le monde surnaturel vous remarquera. Étant donné qu'il n'y a qu'une réalité une, votre tâche est de franchir les limites de la division et de la séparation. S'attendre à un miracle, c'est laisser les barrières fermées. Vous restez toujours éloigné de Dieu, connecté à lui par vos désirs.

Si vous pouvez éviter les pièges du matérialisme spirituel, vous serez moins tenté de poursuivre un but impossible. La poursuite a commencé parce qu'on en est venu à croire que Dieu désapprouvait ce qu'il voyait en nous et nous demandait d'adopter un certain idéal. Il semble impossible d'imaginer un Dieu, si aimant soit-il, qui ne soit pas déçu, en colère, vengeur ou dégoûté quand nous ne sommes pas à la hauteur. La plupart des figures spirituelles de l'histoire, cependant, n'étaient pas entièrement bonnes, mais complètement humaines. Elles acceptèrent et pardonnèrent ; elles étaient dépourvues de jugement. Je pense que le pardon le plus élevé, c'est de reconnaître et d'accepter que la création soit si complexe, de donner à toute qualité une possibilité de s'exprimer. On doit accepter une fois pour toutes qu'il y a une vie unique et que chacun est libre de la façonner par les choix qu'il fait. La recherche spirituelle ne fait pas sortir de l'enchevêtrement, parce que *tout* est enchevêtré. La seule chose qui est à jamais pure, c'est votre propre conscience, une fois que vous y avez mis bon ordre.

Il est beaucoup plus facile de continuer à opposer le bien et le mal, le sacré et le profane, nous et eux. Mais à mesure que la conscience augmente, ces contraires cessent de se heurter et quelque chose de nouveau émerge – un monde dans lequel vous vous sentez chez vous. L'ego vous a cruellement desservi en vous jetant dans un monde de contraires. Les contraires sont toujours en guerre – ils ne connaissent rien d'autre – et qui peut se sentir chez soi au beau milieu d'une bataille ? La conscience offre une alternative au-delà de la mêlée.

La nuit dernière, j'ai fait un rêve. Les images oniriques habituelles passaient et repassaient ; je ne me rappelle plus très bien de quoi il s'agissait. Soudain, je pris conscience d'un bruit de respiration dans mon rêve. Je réalisai alors qu'il s'agissait de mon épouse qui bougeait dans son sommeil, à côté de moi. Je savais que je l'entendais, mais je savais aussi que je rêvais en même temps. Pendant une seconde, je fus dans les deux mondes, puis je m'éveillai.

Assis sur le lit, j'eus l'étrange sensation qu'il n'était pas important qu'un rêve fût irréel. La veille n'est plus réelle que le rêve que parce que nous avons établi cette convention. En réalité, le bruit de la respiration de ma femme est dans ma tête, que je rêve ou non. Comment, alors, les différencier ? *Quelqu'un d'autre doit observer.* Un observateur a été conscient sans avoir été prisonnier de la veille, du sommeil ni du rêve. La plupart du temps, je suis si impliqué dans la veille, le sommeil et le rêve, que je n'ai pas d'autre perspective. L'observateur silencieux est la version de moi la plus simple, celle qui est seulement.

Si vous ôtez toutes les distractions de la vie, quelque chose demeure, qui est vous. Cette version de vous-même n'a pas besoin de penser ou de rêver ; elle n'a pas besoin de sommeil pour être reposée. Il y a une joie réelle à trouver cette version de soi-même, parce qu'elle est déjà ici. Elle vit au-delà de la mêlée, totalement insensible à la guerre des contraires. Quand on dit qu'on est en recherche, c'est ce niveau de soi-même qui appelle en silence, paisiblement. Chercher, c'est juste une façon de se retrouver.

Mais pour vous regagner, vous devez être aussi près de zéro que possible. Dans son essence même, la réalité est pure existence. Rencontrez-vous là et vous serez capable de créer n'importe quoi dans l'existence. Le « je suis » contient tout ce qui est nécessaire pour faire un monde, même si, en lui-même, il n'est rien d'autre que le témoin silencieux.

Vous avez déjà fait l'exercice consistant à regarder une rose et à la faire passer du niveau d'objet physique à celui d'énergie vibrant dans un espace vide. L'autre partie de cet exercice consiste à voir que votre cerveau peut aussi être considéré de la même façon. Aussi, quand vous voyez une rose, n'est-ce pas rien qui regarde rien ?

Il le semblerait, mais il s'agit en réalité de quelque chose de plus étonnant : vous vous regardez vous-même. Une partie de votre conscience, que vous appelez « moi-même », se regarde sous la forme d'une rose. Il n'y a pas d'essence consistante pour l'objet comme pour l'observateur. Il n'y a personne à l'intérieur de votre tête, seulement une spirale d'eau, de sel, de sucre et d'une poignée d'autres produits chimiques, comme le potassium et le sodium. Ce tourbillon d'un cerveau est toujours actif, et ainsi, chaque expérience est entraînée dans des courants et des remous aussi rapides qu'un torrent de montagne. Où est donc situé l'observateur silencieux si ce n'est dans mon cerveau ? Les neurologues ont trouvé des localisations pour toutes sortes d'états mentaux. Peu importe ce dont on fait l'expérience – dépression, exaltation, créativité, amnésie, paralysie, désir sexuel, etc. –, le cerveau montre une structure d'activité éparpillée dans diverses localisations. Mais il n'y a ni localisation ni structure pour la personne qui vit ces expériences. Elle pourrait bien n'être nulle part, du moins en aucun lieu repéré par la science.

C'est très passionnant, parce que, si le « moi » réel n'est pas dans la tête, on est libre, comme la conscience elle-même. Cette liberté est illimitée. Vous pouvez créer n'importe quoi parce que vous êtes dans chaque atome de la création. Où que votre conscience veuille aller, la matière doit suivre. Vous venez en premier, l'univers seulement en second.

J'entends déjà les protestations de ceux qui disent que les chercheurs d'aujourd'hui se croient plus grands que Dieu, qu'au lieu d'obéir à ses lois, ils ont l'arrogance de vouloir configurer la voie qu'ils choisissent. Il y a quelque vérité dans cette critique, mais il ne faut pas perdre le contexte de vue. Imaginez un bébé qui se déplace en rampant depuis plusieurs mois, et qui découvre un nouveau mode de déplacement appelé la marche. Vous avez tous vu un bébé se tenir debout – son visage exprime une combinaison d'incertitude et de détermination, d'insécurité et de joie. « Puis-je le faire ? Dois-je retomber et ramper, ce que je sais faire ? » Ce que vous lisez sur le visage d'un bébé est exactement la même expérience complexe que fait quelqu'un qui se trouve à la croisée de chemins spirituels. Dans les deux cas, tout va d'une façon nouvelle. Le cerveau motive le corps ; le corps apporte une nouvelle information au cerveau ; des actions inattendues commencent à émerger de nulle part ; et malgré l'aspect effrayant du mélange, une certaine exaltation nous pousse en avant. « Je ne sais pas où je vais, mais je dois y aller. »

Toute expérience a lieu dans le chaudron bouillonnant de la création. Chaque instant de vie entraîne le corps dans un équilibre incertain de mental, d'émotions, de perceptions, de comportements et d'événements extérieurs. Votre attention est attirée ici et là, partout. Dans un moment d'éveil, le cerveau est aussi confus, joyeux, mal à l'aise, incertain, étonné que celui d'un bébé qui se met debout pour la première fois. Mais au niveau du témoin, ce mélange confus est parfaitement clair : *tout cela ne fait qu'un*. Revenons au bébé. Tandis qu'il titube sur le plancher, le monde entier chancelle avec lui. Il n'y a pas de lieu ferme où se tenir, il n'y a pas moyen de dire : « Je suis aux commandes ; c'est en train de tourner comme je veux. » Le bébé n'a d'autre choix que de plonger tout son être dans un monde où jaillissent soudain de nouvelles dimensions.

Peut-on vivre ainsi, en plongeant tout le temps dans de nouvelles dimensions ? Non, il faut trouver la stabilité. Depuis l'enfance, nous avons tous trouvé un point stable grâce à l'ego. Nous imaginons un « je » fixe qui est aux commandes, du moins autant que possible. Mais il y a un autre point beaucoup plus stable : le témoin.

RENCONTRER LE TÉMOIN SILENCIEUX

Comment chercher à l'intérieur

1. Suivez le flux de la conscience.
2. Ne résistez pas à ce qui arrive intérieurement.
3. Ouvrez-vous à l'inconnu.
4. Ne censurez pas, ne niez pas ce que vous ressentez.
5. Allez au-delà de vous-même.
6. Soyez authentique, exprimez votre vérité.
7. Faites que le centre soit votre foyer.

Suivez le courant : L'expression « suivez votre joie » est devenue une maxime pour beaucoup de gens. Le principe qui sous-tend la maxime est que tout ce qui apporte à une personne la joie la plus profonde est un guide que l'on peut suivre à l'avenir. Il y a un guide encore plus fiable, qui est de suivre votre conscience à mesure qu'elle se développe. Parfois, conscience ne signifie pas joie ou bonheur. Vous devez prendre conscience d'un besoin caché de ressentir de la peine ou de la gêne ou du mécontentement à cause des limitations de votre vie présente. La plupart des gens ne suivent pas ces signes. Ils cherchent des sources extérieures de bonheur et ils pensent que leur félicité vient de là. Si vous suivez votre conscience, de toute façon, vous vous apercevrez qu'elle se fraie un chemin à travers le temps et l'espace. La conscience ne peut se déployer sans déployer aussi les événements extérieurs qui la reflètent. Ainsi, désir et dessein sont liés – si vous suivez votre désir, le dessein se révélera. Il y a un courant qui lie les événements discontinus, et *vous êtes ce courant*. Quand vous étiez enfant, le courant vous faisait passer d'une étape de développement à la suivante ; à l'âge adulte, il peut faire la même chose. Personne ne peut prédire votre prochaine étape de développement, pas même vous. Mais si vous voulez suivre le courant, vous serez certainement conduit plus près du témoin silencieux qui réside à la source de tous vos désirs.

Ne résistez pas à ce qui arrive : Il est impossible d'être nouveau et ancien en même temps, mais nous voudrions tous rester comme nous sommes, tout en changeant selon nos désirs. C'est une excellente formule pour rester coincé. Pour chercher qui vous êtes, vous devez abandonner les vieilles images à votre sujet. Que vous vous aimiez ou non est sans importance. Celui qui se tient lui-même en très haute estime et qui est fier de ses réalisations, est encore pris dans le combat des contraires – en fait, ces personnes pensent qu'elles gagnent la bataille pour le « bon » côté. La partie de vous-même qui a trouvé la paix, qui a mis un terme aux combats, c'est le témoin. Si vous demandez à voir le témoin, soyez prêt. Des habitudes bien ancrées, centrées sur gagner et perdre, être accepté ou rejeté, se sentir aux commandes ou à l'écart, commenceront à changer. Ne résistez pas à ce changement – vous vous dépouillez du harnachement de l'ego et vous allez vers un nouveau sens du soi.

Ouvrez-vous à l'inconnu : Ce livre, relatif au mystère de la vie, revient souvent à l'inconnu. Celui que vous pensez être n'est pas réel, ce n'est qu'une concoction d'événements, de désirs passés, de souvenirs. Cette concoction a une vie propre – elle avance à travers l'espace et le temps, en ne faisant l'expérience que des choses qu'elle connaît. Une expérience nouvelle n'est pas vraiment nouvelle ; c'est juste une légère modification de sensations très familières. S'ouvrir à l'inconnu signifie supprimer le fondement de vos réactions et habitudes familières. Remarquez votre fréquence de répétition des mêmes mots, des mêmes goûts et dégoûts qui vous dictent votre emploi du temps, des mêmes gens qui remplissent votre vie de routine. Tout ce monde habituel est comme un bouclier. L'inconnu est à l'extérieur et, pour le rencontrer, vous devez vouloir l'accueillir à l'intérieur.

Ne censurez pas, ne niez pas ce que vous ressentez : En surface, la vie quotidienne est devenue beaucoup plus confortable. Mais la vie des gens est un désespoir tranquille. La source de ce désespoir est le refoulement, la sensation de ne pouvoir être ce que l'on veut, de ne pouvoir sentir ce que l'on sent, de ne pouvoir faire ce que l'on veut. Un créateur ne doit jamais être ainsi piégé. Aucune autorité ne vous contraint au refoulement ; c'est votre propre décision. Toute partie de vous-même à laquelle vous ne pouvez faire face met une barrière entre vous et la réalité. Mais les émotions sont entièrement du domaine privé. Vous seul savez ce que vous ressentez et, quand vous cessez de censurer vos émotions, vous obtenez beaucoup plus qu'un sentiment de mieux-être. Votre but n'est pas d'éprouver seulement des émotions positives. La voie vers la liberté ne passe pas par le bien-être ; elle passe par l'authenticité envers soi-même. Nous avons tous contracté des dettes envers le passé, sous la forme de sentiments que nous ne nous sommes pas donné la permission d'exprimer. Le passé n'est pas révolu tant que ces dettes ne sont pas payées. Il n'est pas nécessaire que vous retourniez voir la personne qui vous a mis en colère ou vous a fait peur, avec l'intention de réviser le passé. Pour cette personne, l'impact ne peut jamais être le même que pour vous. Régler ses dettes émotionnelles, c'est trouver sa place dans le présent.

L'ego a un répertoire de prétextes pour n'être pas émotionnellement libre :

Je ne suis pas le genre de personne qui ressent ce genre de choses.
Je devrais être au-dessus de ça.
Personne ne veut entendre parler de ces sentiments.
Je n'ai pas le droit de me sentir blessé ; ce n'est pas bien.
Je ne ferais que rouvrir de vieilles blessures.
Le passé est le passé.

Si vous vous surprenez à donner ces prétextes pour ne pas faire face à des choses douloureuses, vous pouvez réussir à les maintenir refoulées. Mais tout sentiment caché, bloqué, est comme un gros morceau de conscience congelée. Tant qu'elle n'a pas fondu, vous dites : « Je suis cette blessure » même si vous refusez de la regarder ; elle vous tient en son pouvoir. C'est un autre obstacle, qu'il faut dissoudre, entre vous et le témoin silencieux. Il faut y accorder du temps et de l'attention : asseyez-vous avec vos sentiments et laissez-les dire ce qu'ils ont à dire.

Allez au-delà de vous-même : Quand vous habitez un soi qui est fixé, vous pouvez penser que vous avez atteint quelque chose de positif. Comme on dit : « Maintenant, je sais qui je suis. » En réalité, ce qu'on connaît, c'est une imitation du soi véritable, une collection d'habitudes, d'étiquettes et de préférences qui est entièrement historique. Vous devez aller au-delà de cette identité autocréée pour trouver la source d'une énergie nouvelle. Le témoin silencieux n'est pas un second soi. Il ne ressemble pas à un nouveau costume pendu dans le placard, que vous pouvez décrocher et mettre pour remplacer le costume que vous avez usé.

Le témoin est un sens de soi qui se trouve au-delà des frontières. Le poète bengali Rabindranath Tagore a écrit un poème dans lequel il imagine à quoi ressemblera la mort. Il a l'intuition profonde que ce sera comme une pierre qui fondra dans son cœur :

La pierre fondra en larmes
Parce que je ne peux rester à jamais fermé à vous.
Je ne peux me sauver sans être vaincu.
Du ciel bleu, un œil regardera
Pour me convoquer en silence.
Je recevrai la mort complètement à vos pieds.

Pour moi, c'est une description parfaite du dépassement de soi. Ayant vécu avec quelque chose de dur dans le cœur, vous ne pouvez quand même pas éviter le soi véritable. C'est l'œil silencieux qui regarde. (Au lieu de dire : « je recevrai la mort », le poète aurait pu dire : « je recevrai la liberté » ou « je recevrai la joie ».) Aller au-delà de soi signifie réaliser, avec une détermination véritable, que votre identité fixe est fausse. Aussi, quand l'ego vous demande de voir le monde selon la perspective de « ce qu'il contient pour moi », vous pouvez vous libérer en répondant : « Ce moi n'est plus en fonction. »

Soyez authentique : Pourquoi est-il dit que la vérité vous libérera ? Les gens sont toujours punis et ostracisés pour avoir dit la vérité. Les mensonges réussissent souvent. Un accord poli, pour avancer et ne pas faire de vagues, a été source de richesses et de pouvoir pour beaucoup de gens. Mais « la vérité vous libérera » n'était pas un conseil à prendre dans le sens pratique. Il y a une intention spirituelle derrière les mots, qui dit en essence : « Vous ne pouvez vous libérer, mais la vérité le peut. » En d'autres termes, la vérité a le pouvoir de rejeter ce qui est faux et, ce faisant, peut nous libérer. Le programme de l'ego, c'est de continuer. Cependant, à des moments cruciaux, la vérité nous parle ; elle nous dit comment les choses sont véritablement, pas pour toujours ou pour tout le monde, mais en ce moment, pour nous seuls. Cette impulsion doit être honorée si vous souhaitez vous libérer. Quand je pense à quoi ressemble un éclair de vérité, quelques exemples me viennent à l'esprit :

Savoir que vous ne pouvez pas être ce que quelqu'un d'autre veut que vous soyez, quel que soit l'amour que vous portiez à cette personne.
Savoir que vous aimez, même quand vous avez peur de le dire.
Savoir que les combats de quelqu'un d'autre ne sont pas les vôtres.
Savoir que vous êtes meilleur que ce que vous semblez être.
Savoir que vous survivrez.
Savoir que vous devez suivre votre propre voie, quel qu'en soit le prix.

Chaque phrase commence avec *savoir* parce que le témoin silencieux est ce niveau même où vous vous connaissez vous-même, sans vous occuper de ce que les autres croient connaître. Dire votre vérité n'est pas la même chose que crier toutes les choses désagréables que vous n'avez pas dites par peur ou politesse. Ces éclats donnent toujours une impression de tension ; ils proviennent de la frustration ; ils véhiculent la colère et blessent. La vérité qui vient du connaissant est calme ; elle ne se réfère pas à la façon dont un autre se comporte ; elle éclaire qui vous êtes. Appréciez ces éclairs. Vous ne pouvez pas les faire apparaître, mais vous pouvez favoriser leur apparition en étant authentique, en ne vous laissant pas prendre au jeu d'une personne que vous avez créée uniquement pour vous sentir en sécurité et être accepté.

Faites du centre votre demeure : Être centré est considéré comme désirable ; quand on est distrait ou dispersé, on dit souvent : « Je ne suis pas centré. » Mais s'il n'y a personne à l'intérieur de votre tête, si le sentiment égotiste de je, moi, mien est illusoire, où est le centre ?

Paradoxalement, le centre est partout. C'est l'espace ouvert dépourvu de frontières. Au lieu de le concevoir comme un point fixe – ce qu'on fait quand on désigne le cœur comme siège de l'âme – soyez au centre de l'expérience. L'expérience n'est pas un lieu ; c'est une concentration d'attention. Vous pouvez vivre là, au point immobile autour duquel tout tourne. Être décentré, c'est perdre cette concentration, se détourner de l'expérience ou y faire obstacle. Être centré, c'est comme dire : « Je veux trouver ma demeure dans la Création. » Vous vous détendez au rythme de votre propre vie, ce qui laisse de la place pour vous rencontrer vous-même à un niveau plus profond. Vous ne pouvez convoquer le témoin silencieux, mais vous pouvez vous mettre près de lui, en refusant de vous perdre dans votre propre création. Quand je sens une ombre s'étendre sur moi, je peux rétablir la situation avec quelques démarches simples :

- Je me dis : « Cette situation m'ébranle, mais je suis plus qu'une situation. »
- Je respire profondément et je concentre mon attention sur ce que ressent mon corps.
- Je prends du recul et je me vois comme quelqu'un d'autre me verrait (de préférence la personne avec qui je suis en conflit).
- Je prends conscience que mes émotions ne sont pas des guides fiables vers ce qui est permanent et réel. Ce sont des réactions momentanées et, très vraisemblablement, nées d'habitudes.
- Si je suis sur le point d'avoir des réactions incontrôlables, je m'en vais.

Comme vous pouvez le voir, je n'essaie pas de me sentir mieux, d'être plus positif, d'invoquer l'amour ou de changer l'état dans lequel je suis. Nous sommes structurés par notre personnalité et conduits par notre ego. La personnalité-ego est formée par l'habitude et le passé ; elle s'autopropulse. Si vous pouvez observer le mécanisme à l'œuvre sans y être impliqué, vous découvrirez que vous possédez une deuxième perspective, qui est toujours calme, alerte, détachée, branchée sur le problème mais pas assombrie. Ce deuxième lieu est votre centre. Ce n'est pas du tout un endroit, mais une rencontre intime avec le témoin silencieux.

Changer votre réalité
pour percevoir le quatrième secret

Ce quatrième secret concerne la rencontre avec votre soi véritable. Les mots peuvent dire beaucoup au sujet du soi véritable, mais il faut une rencontre réelle pour réaliser ce qu'il est. Votre soi véritable a des attributs dont vous avez fait l'expérience chaque jour : intelligence, vigilance, accord au diapason, connaissance. Si l'une de ces qualités entre en jeu, vous vous rapprochez de votre soi véritable. En revanche, quand vous êtes distrait, perdu, confus, craintif, dispersé, ou piégé dans les limites de l'ego, vous en êtes éloigné.

L'expérience oscille entre ces deux pôles. Alors, une façon de rencontrer votre soi véritable est de vous éloigner du pôle opposé [l'ego, ndt] quand vous vous rendez compte que vous y êtes. Essayez de vous surprendre dans cette situation et de vous en tirer. Choisissez l'une des expériences fortement négatives suivantes (si possible, choisissez-en une qui s'est répétée plusieurs fois) :

- colère au volant,
- dispute avec votre conjoint,
- difficultés à supporter l'autorité au travail,
- perte de patience avec ses enfants,
- sentiment d'avoir été roulé dans une affaire ou une transaction,
- sentiment d'avoir été trahi par un ami proche.

Remettez-vous dans la situation et ressentez ce que vous avez alors ressenti. Vous pouvez fermer les yeux et visualiser la voiture qui vous a coupé la route ou le plombier qui vous a présenté une facture exorbitante.

Faites votre possible pour rendre la situation vivante dans votre esprit.

Quand vous ressentez cette colère, cette blessure, cette défiance, cette trahison, dites-vous : « C'est ainsi que mon ego sent. Je peux voir pourquoi. J'y suis très habitué. Je continuerai tant que ça durera. » Maintenant, laissez faire le sentiment. Soyez aussi remonté que votre ego le demande ; visualisez des images de vengeance et d'apitoiement sur vous-même, ou tout ce que votre ego croit approprié. Imaginez que vous êtes empli de votre sentiment ; il se répand à partir de vous comme une onde de choc à partir d'une explosion au ralenti.

Suivez cette onde aussi loin qu'elle vous mène, voyez-la s'estomper à mesure qu'elle se répand à l'infini, remplissant l'univers entier si elle le veut. Respirez profondément si vous en avez besoin, pour faire sortir de vous la vague de sentiment et la faire circuler à l'extérieur. Ne vous fixez pas de délai. Le sentiment doit être suffisamment fort pour qu'il faille un peu de temps avant qu'il ne veuille s'étendre.

Maintenant, tandis que vous voyez l'onde disparaître à l'infini, regardez-vous vous-même, et voyez si l'un des sentiments suivants est présent :

- un fou rire, l'envie de rire sans raison,
- un haussement d'épaules, comme si tout cela n'avait pas d'importance,
- un sentiment de calme ou de paix,
- l'impression de vous voir comme quelqu'un d'autre,
- un profond soupir de soulagement ou d'épuisement,
- un sentiment de libération ou d'abandon,
- la réalisation soudaine que l'autre peut avoir raison.

Tels sont les sentiments révélateurs qui se manifestent en nous quand nous franchissons les frontières invisibles entre l'ego et le soi véritable. Si vous suivez une émotion suffisamment loin, elle finira dans le silence. Mais c'est beaucoup demander d'aller aussi loin à chaque fois. Votre objectif est de parvenir au moins à la frontière, à la ligne à partir de laquelle les besoins de l'ego commencent à relâcher leur emprise.

- Quand vous riez, vous perdez le besoin de vous prendre au sérieux.
- Quand vous haussez les épaules, vous perdez le besoin de donner aux choses une importance disproportionnée.
- Quand vous êtes calme, vous perdez le besoin de vivre des drames à tout prix.
- Quand vous pouvez vous regarder comme si vous étiez quelqu'un d'autre, vous perdez le besoin d'être la seule personne qui compte.
- Quand vous ressentez un soulagement ou de la fatigue qui s'en va, vous perdez le besoin de vous agripper au stress. (C'est aussi un signe de reconnexion avec votre corps, la fin de l'habitude de vivre dans votre tête.)
- Quand vous avez le sentiment d'abandonner, vous perdez le besoin de vous venger – la possibilité du pardon est en vue.
- Quand vous réalisez soudain que l'autre peut avoir raison, vous perdez le besoin de juger.

Il y a d'autres signes révélateurs de l'abandon de l'ego. Si vous vous sentez facilement offensé, si vous avez un sentiment de supériorité ou d'infériorité, si vous en avez assez de ce qui vous arrive et enviez ce que les autres reçoivent, ou si vous imaginez que l'on médit de vous, vous pouvez vous occuper de ces sentiments, comme dans les exemples ci-dessus. Revivez le sentiment, laissez votre ego vous emmener aussi loin qu'il le veut et regardez ce sentiment se dilater jusqu'à ce qu'il disparaisse aux confins de l'infini.

Cet exercice ne dissipera pas miraculeusement le sentiment négatif. Il a pour objectif de vous permettre de rencontrer votre soi véritable. Si vous le faites dans cet esprit, vous serez surpris de voir à quel point il va devenir beaucoup plus facile d'échapper à l'emprise des émotions qui ont dominé pendant des années.

SECRET N° 5

LA CAUSE DE LA SOUFFRANCE EST L'IRRÉALITÉ

La raison la plus courante pour laquelle on se tourne vers la spiritualité est le problème de la souffrance. On ne le fait pas par accident mais parce que chaque religion prétend pouvoir soulager la souffrance, affirme que la foi transcende les chagrins de la chair et que l'âme est le refuge du cœur souffrant. Mais lorsqu'ils se tournent vers Dieu, la foi ou l'âme, nombreux sont ceux qui ne trouvent aucun soulagement – ou seulement le soulagement qu'ils auraient eu en parlant·à un psychothérapeute. Y a-t-il un pouvoir spécial qui ne se trouverait que dans la spiritualité ? Pour ceux qui y ont recours, la thérapie marche, et les formes de souffrance les plus courantes, l'anxiété et la dépression, réagissent à brève échéance aux drogues. Quand le moral remonte, y a-t-il une raison de se tourner vers l'esprit ?

Pour répondre à ces questions, nous devons prendre conscience, tout d'abord, que la douleur n'est pas la même chose que la souffrance. Laissé à lui-même, le corps élimine la douleur spontanément, en la faisant disparaître dès que la cause sous-jacente est guérie. La souffrance est une douleur à laquelle nous nous agrippons. Elle vient de la croyance mystérieuse du mental que la douleur est bonne ou qu'on ne peut y échapper ou bien que la personne la mérite. Sans cela, la souffrance n'existerait pas. Il faut que le mental ait de la force pour créer la souffrance, il faut qu'il y ait la croyance que la personne ne peut exercer sur elle le moindre contrôle. Mais si inévitable que la souffrance puisse paraître, ce qui apporte la délivrance, ce n'est pas d'attaquer la souffrance elle-même, mais de s'occuper de l'irréalité qui fait que l'on s'attache à la douleur.

La cause secrète de la souffrance est l'irréalité même. J'en ai vu récemment la preuve spectaculaire, d'une façon très ordinaire. Je suis tombé sur un de ces programmes télévisés qui présentent des personnes nées avec des difformités physiques et à qui on donne gratuitement la possibilité de se transformer grâce à la chirurgie plastique, l'art dentaire et les soins esthétiques. Dans ce cas particulier, les personnes qui voulaient désespérément changer de look étaient des jumelles. Mais seulement l'une des jumelles voulait changer ; l'autre ne voulait pas. À l'âge adulte, les jumelles ne se ressemblaient plus exactement. La « laide » d'une paire de jumelles donnée avait eu le nez cassé ou des dents abîmées, ou bien avait pris de l'embonpoint. Pour moi, ce qui était dramatique, c'était l'insignifiance de ces défauts esthétiques, comparée à la formidable croyance, partagée par les deux jumelles, que l'une était extrêmement belle et l'autre atrocement laide. Les « laides » avouaient qu'il ne se passait pas un jour sans qu'elles se comparent à leur « magnifique » sœur. Dans ce programme télévisé, on pouvait voir toutes les étapes qui mènent à la souffrance :

Ne pas voir les faits réels ;
Adopter une perception négative ;
Renforcer cette perception par une pensée obsessionnelle ;
Se perdre dans la douleur, sans chercher à en sortir ;
Se comparer aux autres ;
Cimenter la souffrance au moyen des relations.

Un manuel sur l'art de souffrir devrait inclure toutes ces étapes qui édifient un sentiment d'irréalité jusqu'à ce qu'il semble complètement réel. Et, implicitement, les mesures à prendre pour mettre un terme à la souffrance devraient inverser ces étapes et ramener la personne à la réalité.

Négliger les faits : Le commencement de la souffrance est souvent un refus de voir la réalité de la situation. Il y a quelques années, des chercheurs ont fait une étude sur le comportement des gens lors d'une crise inattendue. L'étude était sponsorisée par des thérapeutes qui souhaitaient savoir à quel moment on cherche de l'aide quand on a des ennuis. Quand le pire arrive – licenciement, départ du conjoint, découverte d'un cancer –, environ 15 % des personnes cherchent de l'aide auprès d'un conseiller, d'un thérapeute, d'un prêtre. Les autres regardent la télévision. Ils refusent même d'envisager d'examiner le problème ou d'en discuter avec quelqu'un qui pourrait les aider.
Les thérapeutes qui étaient derrière cette étude furent consternés par ce déni massif, mais je n'ai pas pu m'empêcher de penser : regarder la télé-

vision, n'est-ce pas une réaction naturelle ? Les gens essaient instinctivement de masquer la douleur avec le plaisir. Le Bouddha fit face à la même situation il y a bien longtemps. Les gens, à l'époque du Bouddha, essayaient eux aussi de masquer leur douleur – la mousson ne venait pas et les récoltes étaient mauvaises, la famille entière mourait du choléra. Ils n'avaient pas la télévision ; ils devaient trouver d'autres échappatoires, mais le postulat était le même : le plaisir est meilleur que la douleur ; il doit donc être la réponse à la souffrance.

Remplacer la douleur par le plaisir peut être efficace à court terme. Tous deux sont des sensations et si l'un est assez fort, il doit annuler l'autre. Mais le Bouddha n'a pas enseigné que c'est la douleur qui est cause de la souffrance de la vie ; le mal vient de ce que la cause de la souffrance n'a pas été examinée. Quelqu'un peut être assis au bord d'une piscine à Miami et regarder son feuilleton favori en mangeant du chocolat, tandis qu'on le chatouille avec une plume. Cette personne ne ressentira pas une grande douleur mais elle peut souffrir profondément. Et la seule façon de s'en sortir durablement consiste à prendre des mesures pour faire face à la source de la souffrance, la première étant la volonté de regarder ce qui se passe réellement.

Perceptions négatives : La réalité est perception, et celui qui souffre est enfermé dans les perceptions négatives qu'il a créées lui-même. La perception garde la douleur sous contrôle, non pas en la diminuant mais en libérant une *douleur encore plus grande.* C'est quelque chose que la plupart des gens ont du mal à comprendre. Le corps évacue automatiquement la douleur, mais le mental peut passer outre à cet instinct en faisant de la douleur quelque chose de « bon », en ce sens qu'elle est meilleure que d'autres possibilités, même si celles-ci ne sont pas pires. La confusion et les conflits intérieurs sont la raison qui fait que le mental a des difficultés à se guérir lui-même, malgré tous ses pouvoirs. Le pouvoir s'est retourné contre lui-même ; alors la perception, qui pouvait mettre un terme à la souffrance en un clin d'œil, au lieu de cela, verrouille la porte.

Renforcer une perception : Les perceptions sont fluides, à moins que nous ne les fixions. Le soi est comme un système en mutation constante, qui à chaque instant incorpore le nouveau dans l'ancien. Mais si vous êtes constamment obsédé par les vieilles perceptions, elles se renforcent à chaque répétition. Prenons un exemple. L'anorexie mentale est un terme médical, qui désigne un état dans lequel une personne, le plus souvent une fille de moins de vingt ans, décide de cesser de s'alimenter. Si vous interrogez une adolescente anorexique qui pèse moins de 40 kg et que vous lui montrez quatre images de corps, du plus mince au plus gros, elle dira que son corps correspond au gros bien qu'elle soit squelettique. Si, allant plus loin, vous faites un montage donnant son visage aux quatre images, l'anorexique choisira la photo du plus gros, comme étant la sienne. Cette représentation déformée du corps dépasse complètement l'imagination des autres personnes. Il est étrange de regarder son image squelettique dans un miroir et d'y voir à la place quelqu'un de gros (comme il est étrange que des jumelles très ressemblantes considèrent l'une d'elles comme très belle et l'autre comme très laide).

Dans ces cas, la perception a été déformée pour des raisons cachées, liées à l'émotionnel et à la personnalité. Une anorexique, si elle voit la photo de quatre chats, peut facilement déterminer lequel est le plus gros. La déformation se produit à un niveau profond, là où le « je » décide de ce qui est réel pour lui. C'est une réaction en circuit fermé. Une fois que le « je » a pris une décision à son propre sujet, tout dans le monde extérieur doit se conformer à cette décision. Dans l'esprit de l'anorexique, l'essentiel, c'est la honte de qui elle est, et le monde n'a d'autre choix que de lui renvoyer son image honteuse. Se laisser mourir de faim devient le seul moyen qu'elle peut imaginer pour faire partir la grosse fille du miroir. Ce dont on peut tirer une règle générale : *la réalité est tout ce à quoi on s'identifie.*

Partout où la vie fait mal, nous nous sommes enfermés dans une fausse identification, en nous racontant nos histoires personnelles, jamais mises à l'épreuve, au sujet de qui nous sommes. Le traitement de l'anorexie consiste à enfoncer un coin entre « je » et cette puissante et secrète identification. Le même procédé s'applique à toute souffrance parce que chacun s'identifie arbitrairement à une chose après l'autre, qui raconte une histoire inexacte au sujet de ce qu'il est. Même si vous étiez à même de vous entourer de plaisirs à chaque instant, l'histoire fausse de qui vous êtes finirait par vous causer une grande souffrance.

Se perdre dans la douleur : Les gens ont des seuils de tolérance à la douleur remarquablement différents. Des chercheurs ont soumis des sujets à des stimuli égaux, comme des chocs électriques au dos de la main, et leur ont demandé de noter le malaise qu'ils ressentaient, sur une échelle de 1 à 10. On a longtemps pensé qu'étant donné que la douleur est enregistrée le long de voies nerveuses identiques, les sujets enregistreraient un signal de douleur plus ou moins semblable (comme, par exemple, chacun, ou presque, serait capable de sentir la différence entre des lumières très fortes et de faibles rayonnements dans les yeux). Mais la douleur enregistrée à 10 pour certains ne valait que 1 pour d'autres. Cela montre que non seulement la douleur a une composante subjective, mais aussi que la façon dont nous évaluons la douleur est totalement personnelle. Il n'y a pas de voie universelle qui va du stimulus à la réaction. On peut se sentir profondément traumatisé par une expérience que quelqu'un d'autre aurait à peine remarquée.

Ce que ce résultat a de très étrange, c'est qu'aucun des sujets ne pensait qu'il créait une réaction. Si vous mettez accidentellement la main sur un poêle chaud, votre corps réagit instantanément. Mais à cet instant, votre cerveau évalue réellement la douleur et lui donne l'intensité que vous percevez comme objectivement réelle. Et, parce qu'ils ne renoncent pas au contrôle qu'ils ont sur elle, les gens se perdent dans leur douleur. « Que puis-je faire ? Ma mère vient de mourir et je suis anéanti. C'est à peine si je peux me lever le matin. » Dans une telle déclaration, il semble y avoir un lien direct entre la cause (la mort d'un être cher) et l'effet (la dépression). Mais, en fait, la voie qui va de la cause à l'effet n'est pas une ligne droite ; la personne entière entre en ligne de compte, riche de facteurs hérités du passé. C'est comme si la douleur entrait dans une boîte noire avant que nous ne la ressentions et que, dans cette boîte, elle était associée à tout ce que nous sommes – toute l'histoire de nos émotions, de nos souvenirs, de nos croyances et de nos espérances. Si vous êtes conscient de vous-même, la boîte noire n'est pas trop hermétique ni cachée. Vous savez que vous pouvez atteindre tout son contenu. Mais quand nous souffrons, nous nous « victimisons ». Pourquoi la douleur est-elle à 10 au lieu de 1 ? Parce que c'est comme ça, et c'est tout. En vérité, la souffrance ne persiste que dans la mesure où nous nous permettons de nous perdre dans notre propre création.

Se comparer aux autres : L'ego veut être le numéro un ; ainsi, il n'a d'autre choix que d'être pris dans un jeu sans fin de comparaisons entre lui-même et les autres. Comme toutes les habitudes enracinées, celle-ci est dure à briser. L'un de mes amis apprit récemment qu'une femme qu'il connaissait avait été tuée dans un accident de voiture. Il ne connaissait pas bien cette femme, mais connaissait tous ses amis. Quelques heures après sa mort, un voile de chagrin les enveloppa tous. Elle était très aimée et avait fait beaucoup de bonnes choses ; elle était jeune et pleine d'optimisme. C'est pourquoi les gens eurent encore plus de peine et mon ami fut pris par ce courant. « Je me suis vu sortir de ma voiture et être heurté par un chauffard, comme elle l'avait été. J'ai pensé que je devrais faire plus que d'envoyer des fleurs et une carte. Il se trouva que j'étais en vacances la semaine des obsèques et je fus incapable de m'amuser, à la pensée du choc et de la douleur d'une telle mort. »

Au milieu de toutes ces réactions, mon ami réalisa soudain : « J'allais m'enfoncer encore davantage dans le deuil et la tristesse quand cette pensée me vint : "Ce n'est pas ma vie. Elle n'est pas moi." La pensée semblait très étrange. Je veux dire : n'est-il pas bon d'être compatissant ? Ne devrais-je pas partager le chagrin ressenti par tous mes amis ? » À ce moment, il cessa de se comparer à quelqu'un d'autre – ce n'est pas chose facile, parce que c'est de nos parents, amis, conjoints, que nous tenons notre identité. Une communauté toute entière composée de morceaux et de fragments d'autres personnalités a établi en nous sa résidence fragmentaire.

Notre façon de souffrir s'inspire des autres. Que nous soyons stoïques ou faibles, maîtres de nous ou victimisés, désespérés ou optimistes, nous adhérons à des réactions établies par quelqu'un d'autre. Dévier de ce modèle semble étrange, voire menaçant. Dans le cas de mon ami, il n'y eut rupture de modèle que lorsqu'il réalisa qu'il s'agissait de quelque chose de seconde main. Avant, il voulait ressentir ce qui était convenable et attendu. Il voulait correspondre à la vision que les autres avaient de la situation. Aussi longtemps qu'on se compare aux autres, la souffrance persiste, comme moyen d'être convenable.

Cimenter la souffrance avec les relations : La douleur est une expérience universelle ; elle fait ainsi partie de toute relation. Personne ne souffre vraiment seul, et même si vous faites tout votre possible pour souffrir en silence, vous produisez quand même un effet sur ceux qui vous entourent. La raison pour laquelle il est si difficile d'entrer dans une relation qui guérit, c'est que la vie dans notre famille d'origine a souvent exigé une bonne dose d'inconscience. Nous négligeons ce que nous ne voulons pas voir ; nous gardons le silence sur ce dont il est trop difficile de parler, nous respectons des limites même quand elles emprisonnent quelqu'un. En bref, la famille est le lieu où nous apprenons à nier la douleur. Et la douleur niée est un autre nom de la souffrance.

S'ils avaient le choix, la plupart des gens préféreraient préserver leurs relations plutôt que de cesser de souffrir. On voit cela dans les familles abusives, où les victimes ne parlent ni ne partent. (Certains États ont promulgué des lois obligeant la police à arrêter les auteurs de violences domestiques, sur protestation de la conjointe battue et torturée. Sans ces lois, la victime reste avec son tortionnaire dans plus de la moitié des cas.) Une relation qui guérit est fondée sur la conscience ; les deux partenaires s'emploient à mettre un terme à de vieilles habitudes qui favorisent la souffrance. Ils doivent franchir une ligne subtile, tout comme le fit mon ami, parce que la compassion signifie que vous reconnaissez la souffrance que quelqu'un d'autre connaît aussi bien que la vôtre. Mais en même temps, il faut du détachement pour que la souffrance, si réelle soit-elle, ne soit pas la réalité *dominante*. Les attitudes qui contribuent à une relation de guérison font partie d'une vision de vous-même et de l'autre personne.

UNE VISION SANS SOUFFRANCE

Comment entrer en relation avec quelqu'un qui souffre

J'ai de la sympathie pour toi. Je sais que tu vas t'en sortir.
Tu n'es pas obligé de sentir d'une certaine façon, juste pour me faire plaisir.
Je vais t'aider à t'en sortir.
Tu n'as pas à avoir peur de m'éloigner.

Je ne m'attends pas à ce que tu sois parfait. Tu ne me déçois pas.
Cette douleur que tu ressens, ce n'est pas le toi véritable.
Tu peux avoir la place dont tu as besoin, mais je ne te laisserai pas seul.
Je serai aussi vrai que possible avec toi.
Je n'aurai pas peur de toi, même si toi tu peux avoir peur de ta douleur.
Je ferai tout ce qui est en mon pouvoir pour te montrer que la vie est encore belle, et la joie possible.
Je ne peux pas me sentir responsable de ta douleur.
Je ne vais pas te laisser te cramponner à ta douleur – nous sommes ici pour dépasser cela.
Je prends ta guérison au sérieux, autant que mon bien-être.

Comme on peut le voir, il y a des pièges subtils dans ces attitudes. Quand vous avez affaire à quelqu'un qui est dans la douleur, vous devez vous élargir tout en restant dans vos limites. « Je ressens ta douleur et cependant elle n'est pas mienne » est une phrase ambiguë. Vous pouvez être si impliqué dans la douleur que vous devenez incitateur. Ou bien vous pouvez vous cacher derrière vos propres limites et vous isoler de la personne qui souffre. Une relation de guérison maintient un juste équilibre. Vous restez tous deux vigilants, attentifs ; vous ne devez pas cesser d'envisager la vision spirituelle ; vous devez être disposés à avoir une réponse nouvelle chaque jour. Par-dessus tout, vous partagez une voie qui fait progressivement sortir de l'irréalité.

Le but ultime, si vous voulez vraiment être vrai, c'est de faire l'expérience de l'existence même. « Je suis » est cette expérience. Elle est à la fois courante et rare, parce que chacun sait comment être, mais rares sont ceux qui extraient la promesse complète de leur propre existence. « Je suis » est perdu quand on commence à s'identifier à « je fais ceci, je possède cela, j'aime A mais pas B ». Ces identifications deviennent plus importantes que la réalité de votre propre être pur.

Aussi, allons plus loin dans le lien entre souffrance et irréalité. Notre oubli de la paix et de la clarté de « je suis » peut se manifester sous cinq aspects. En sanskrit, nous appelons cela les *cinq klesha*, les racines de toute forme de souffrance.

1. Ignorer ce qui est réel.
2. Adhérer à l'irréel et s'y cramponner.
3. Avoir peur de l'irréel et le fuir.
4. S'identifier à un soi imaginaire.
5. Avoir peur de la mort.

En ce moment même, vous et moi sommes en train de faire l'une de ces cinq choses mais nous avons commencé il y a si longtemps que maintenant le processus est enraciné. Les cinq klesha sont solidaires. Une fois que vous avez cessé de savoir ce qui est réel (premier klesha), les autres se mettent automatiquement en place. Cela signifie que, pour la plupart des gens, seul le dernier – la peur de la mort – est une expérience consciente ; aussi devons-nous commencer par là et remonter l'échelle.

Avoir peur de la mort est une source d'angoisse qui affecte de nombreux domaines. La façon dont notre société valorise la jeunesse et méprise les anciens, notre besoin frénétique de distraction, la promotion des cosmétiques et des soins de beauté, la vogue de la gymnastique avec des miroirs sur tous les murs et la soif de célébrité sont des symptômes du refus de la mort. La théologie essaie de nous convaincre d'une vie après la mort mais, étant donné qu'il s'agit là d'un article de foi, la religion extorque l'obéissance en suspendant l'après-vie au-dessus de nos têtes. Si nous manquons de foi, si nous adorons le dieu qu'il ne faut pas ou si nous péchons contre le dieu correct, nos chances d'une récompense post mortem sont ruinées. Des guerres de Religion continuent d'éclater à ce sujet qui est une si grande source d'angoisse que des fanatiques préfèrent mourir pour la foi plutôt que de vivre en admettant que la foi d'un d'autre a le droit d'exister. « Je meurs pour que vous ne puissiez pas croire en votre dieu » est le legs le plus tordu du cinquième klesha.

On craint la mort non pour elle-même mais pour une raison plus profonde qui est le besoin de défendre un soi imaginaire. L'identification avec un soi imaginaire est le quatrième klesha, et c'est quelque chose que nous faisons tous. Même à un niveau superficiel, les gens bâtissent une image d'après le revenu et le statut social. Quand François d'Assise, fils d'un opulent marchand de soieries, se dépouilla de ses riches habits et renonça à l'argent de son père, il ne rejetait pas seulement les biens de ce monde mais aussi son identité – la façon dont on savait qui il était. Dans son esprit, Dieu ne pouvait être approché au moyen d'une fausse image de soi.

L'image de soi est étroitement liée à l'estime de soi et nous savons le prix qu'il faut payer quand l'estime de soi est perdue. Les enfants qui sont assis au fond de la classe et qui évitent le regard de l'institutrice n'étudieront probablement pas la politique étrangère ou l'art médiéval parce que, très tôt, l'image qu'ils ont d'eux-mêmes a incorporé un sentiment d'insuffisance. En revanche, des études ont montré que si l'on dit à un professeur que tel élève est exceptionnellement brillant, cet élève réussira beaucoup mieux en classe, même si le choix a été fait au hasard : des enfants avec un QI bas peuvent mieux réussir que des enfants avec un QI élevé, s'ils bénéficient de suffisamment de soutien de la part de leurs maîtres. L'image fixée dans le mental de l'enseignant suffit à transformer un élève faible en étudiant brillant.

S'identifier à une image fausse de ce que l'on est cause beaucoup de souffrance dans d'autres domaines. La vie demande toujours plus. Les exigences de notre époque, patience, capacité, et les émotions peuvent devenir si écrasantes qu'admettre son insuffisance semble la chose la plus honnête à faire. Mais dans la fausse image que l'on a de soi, est enterrée la vilaine histoire de tout ce qui a été de travers. « Je ne veux pas », « je ne peux pas », « j'abandonne », tout cela provient du quatrième klesha.

Le troisième klesha dit que même avec une image de soi saine, nous reculons devant ce qui menace notre ego. Ces menaces sont omniprésentes. J'ai peur de devenir pauvre, de perdre mon conjoint, d'enfreindre la loi. J'ai peur de perdre la face devant quelqu'un dont je veux conserver le respect. Chez certaines personnes, l'idée que leurs enfants pourraient tourner mal est une lourde menace pour leur ego. « On ne fait pas ça dans notre famille » est le plus souvent une traduction de « ton comportement menace qui je suis ». Mais les gens ne reconnaissent pas qu'ils parlent un langage codé. Une fois que je me suis identifié à l'image que j'ai de moi, la peur qu'elle pourrait se briser est instinctive. Le besoin de me protéger de ce que je crains fait partie de qui je suis.

Le deuxième klesha dit que l'on souffre à cause de l'attachement – l'attachement à n'importe quoi. Se cramponner à quelque chose est une façon de montrer que vous avez peur qu'on vous l'enlève. On se sent victime de violence quand un voleur à la tire s'enfuit avec notre bourse, par exemple, ou si l'on retrouve sa maison saccagée. L'importance de ces actes de violence n'est pas due à la nature de ce qui a été pris ; la bourse et les biens domestiques peuvent être remplacés. Mais le sentiment d'offense personnelle persiste souvent pendant des mois, voire des années. Vous faire voler votre porte-monnaie peut aller jusqu'à vous faire perdre entièrement votre sentiment de sécurité personnelle. Quelqu'un vous a dépouillé de l'illusion que vous étiez intouchable. (L'hystérie de l'Amérique après l'attaque du World Trade Center continue à jouer jusqu'au bout ce drame de « nous » contre « eux », à grande échelle. Le sentiment d'invulnérabilité entretenu par l'Amérique s'est révélé illusoire. Pourtant, au fond, ce n'est pas un problème national. C'est un problème individuel ressenti à une échelle énorme.)

La voie de la souffrance a de nombreux tours et détours. Elle va de la peur de la mort à un faux-sens du soi et au besoin de se cramponner. Finalement, pourtant, l'irréalité seule est la cause de toutes les souffrances. Le problème n'a jamais été la douleur ; c'est exactement le contraire : la douleur existe pour que l'illusion ne continue pas à venir jouer ses tours. Si l'irréalité ne faisait pas mal, elle semblerait réelle pour toujours.

Les cinq klesha peuvent être résolus ensemble en embrassant la réalité une. La différence entre « je suis blessé » et « je suis » est petite mais cruciale. Beaucoup de souffrance a résulté de cette seule erreur de perception. Croyant que je suis né, je ne puis éviter la menace de la mort. Croyant qu'il existe des forces extérieures, je dois accepter que ces forces extérieures puissent me blesser. Croyant que je suis une personne, je vois d'autres personnes partout. Toutes ces perceptions ont été créées, ce ne sont pas des faits. Une fois créée, une perception mène sa propre vie, jusqu'à ce qu'on revienne la modifier.

Il faut seulement un tout petit mouvement de conscience pour perdre le contact avec la réalité. En réalité, rien n'existe en dehors du Soi. Dès que vous commencez à accepter cette connaissance, tout le sens de la vie change. Le seul objectif qui vaille la peine d'être atteint, c'est la liberté complète d'être soi-même, sans illusions ni fausses croyances.

Changer sa réalité
pour percevoir le cinquième secret

Le cinquième secret concerne la cessation de la souffrance. Il y a un état de non-souffrance en vous ; c'est une conscience simple et ouverte. En revanche, l'état de souffrance est compliqué parce que, dans sa tentative de lutte contre la douleur, l'ego refuse de voir que la réponse pourrait être aussi simple que de simplement apprendre à être. Toutes les démarches qui vous font cesser de vous agripper aux complications vous rapprocheront de l'état de guérison, qui est simple. Les complications se produisent sous forme de pensées, de sentiments, de croyances et d'énergies subtiles, c'est-à-dire de dettes émotionnelles cachées et de résistances.

Pour cet exercice, prenez n'importe quoi dans votre vie, qui vous procure un sentiment de profond malaise, ou de souffrance. Vous pouvez choisir quelque chose qui dure depuis des années ou bien quelque chose qui revêt actuellement la plus grande importance. Or peu importe qu'il y ait ou non une composante physique, cependant si vous choisissez un trouble physique, ne considérez pas cet exercice comme un traitement – nous nous occupons des structures de perception qui vous encouragent à vous agripper à la souffrance.

Asseyez-vous, seul, au moins cinq minutes par jour, pendant un mois, avec l'intention de vous débarrasser des complications suivantes :

Désordre : Le chaos est compliqué, l'ordre est simple. Votre maison est-elle en désordre ? Votre bureau est-il encombré de piles de dossiers ? Laissez-vous les autres créer du désordre parce qu'ils savent que vous ne les en rendrez pas responsables ? Avez-vous accumulé tant de bric-à-brac que votre environnement ressemble à un rappel archéologique de votre passé ?

Stress : Chacun se sent stressé, mais si le soir vous ne pouvez pas complètement supprimer votre stress quotidien, revenir à un état intérieur agréable, centré, vous êtes trop stressé. Regardez de près ce qui vous stresse. Le trajet que vous faites pour vous rendre au travail est-il stressant ? Vous levez-vous trop tôt, après trop peu d'heures de sommeil ? Ignorez-vous les signes d'épuisement ? Votre corps est-il stressé par une surcharge pondérale ou une mauvaise forme ? Dressez la liste des principaux stress dans votre vie et employez-vous à les réduire jusqu'à ce que vous soyez sûr de ne pas être trop stressé.

Souffrance empathique : Être contaminé par la souffrance des autres vous fait souffrir. Vous avez franchi la ligne qui sépare l'empathie de la souffrance si vous vous sentez plus mal après avoir offert votre sympathie à quelqu'un. Honnêtement, si vous ne pouvez pas être en présence de situations négatives sans vous charger d'une douleur qui n'est pas vôtre, prenez le large. Perdre de vue vos limites ne fait pas de vous une « bonne personne ».

Négativité : Le bien-être est un état simple auquel le corps et le mental reviennent naturellement. La négativité empêche ce retour en vous faisant demeurer dans un état de malaise. Bavardez-vous parfois au sujet des autres, en vous divertissant de leurs mésaventures ? Passez-vous du temps avec des gens qui se plaignent et critiquent ? Êtes-vous un spectateur de tous les désastres et catastrophes qu'on nous sert aux informations du soir ? Il est préférable de ne pas entrer dans ces sources de négativité ! Passez votre chemin et portez votre attention sur quelque chose de plus positif.

Inertie : Inertie signifie donner dans de vieilles habitudes, de vieux conditionnements. Quelle que soit la cause de la dépression, de l'angoisse, du traumatisme, de l'insécurité, ou du chagrin, ces états demeurent si vous adoptez une attitude passive. « Les choses sont ainsi », telle est la devise de l'inertie. Ne rien faire, soyez-en conscient, est la façon dont vous vous êtes exercé pour que les choses restent dans le même état. Ressassez-vous votre souffrance ? Rejetez-vous tout conseil salutaire avant de l'avoir examiné ? Savez-vous la différence qu'il y a entre vous agripper à vos sentiments et les aérer dans l'intention de les guérir ? Examinez la routine de votre souffrance et rompez avec.

Relations toxiques : Il y a seulement trois sortes de gens dans votre vie : ceux qui ne s'occupent pas de vous, ceux qui vous aident et ceux qui vous font du mal. Les gens qui ne s'occupent pas de vous considèrent votre souffrance comme une nuisance ou une incommodité – ils préfèrent garder leurs distances pour leur propre confort. Ceux qui vous aident ont la force et la conscience de faire plus pour guérir votre souffrance que ce que vous pouvez faire vous-même. Ceux qui vous font du mal veulent que la situation reste la même parce qu'ils ne se soucient pas de votre bien-être. Comptez honnêtement le nombre de personnes de chaque catégorie que vous avez dans votre vie. Ce n'est pas la même chose que de dénombrer les amis et les membres de votre famille qui vous aiment. Examinez seulement le rapport qu'ils ont avec vos difficultés.

Après un dénombrement réaliste, adoptez l'attitude suivante :

- Je ne ferai plus part de mes problèmes à ceux qui désirent me voir me débrouiller tout seul. Ce n'est pas bon pour eux ou pour moi. Ils ne désirent pas m'aider, aussi, je ne le leur demanderai pas.

- Je ferai part de mes problèmes à ceux qui veulent m'aider. Je ne rejetterai pas les propositions sincères d'aide par orgueil, insécurité ou doute. Je demanderai à ces personnes de m'aider dans ma guérison et je leur accorderai une part plus grande dans ma vie.

- Je me tiendrai à distance de ceux qui me veulent du mal. Je n'ai pas à les affronter, à les culpabiliser ni à en faire une cause d'apitoiement sur moi-même. Mais je ne peux pas me permettre d'absorber l'effet toxique qu'ils exercent sur moi ; et si cela signifie garder mes distances, je le ferai.

Croyances : Examinez vos motifs possibles pour vouloir souffrir. Niez-vous qu'il y ait quelque chose qui ne va pas ? Pensez-vous que cela fait de vous une meilleure personne si vous ne montrez pas aux autres que vous souffrez ? Appréciez-vous l'attention dont vous bénéficiez quand vous êtes malade ou dans la détresse ? Est-ce qu'être seul et ne pas avoir à faire des choix difficiles vous donne un sentiment de sécurité ? Les systèmes de croyances sont complexes, ils assemblent le soi que nous voulons présenter au monde. Il est beaucoup plus simple de ne pas avoir de croyances, ce qui signifie être ouvert à la vie comme elle se présente à vous, en utilisant votre propre intelligence intérieure plutôt que des jugements tout faits. Si vous êtes coincé dans votre souffrance et revenez toujours aux mêmes vieilles pensées, c'est qu'un système de croyances vous a piégé. Vous ne pouvez vous échapper qu'en mettant un terme à votre besoin de vous agripper à ces croyances.

Énergie et sensations : Nous faisons confiance à notre corps, pour qu'il nous dise quand il éprouve de la douleur, et le corps, comme le mental, suit des structures familières. Les hypocondriaques, par exemple, considèrent que le premier signe de gêne est un message évident de maladie grave. Dans votre propre cas, vous vous emparez aussi de sensations familières et vous les utilisez pour confirmer votre souffrance. Beaucoup de déprimés, par exemple, interpréteront la fatigue comme de la dépression. Parce qu'ils n'ont pas eu une bonne nuit de sommeil ou qu'ils ont trop forcé sur le travail, ils interprètent leur sensation d'épuisement comme un symptôme de dépression. Le moyen de traiter ces sensations, c'est de laisser tomber l'interprétation. Au lieu d'être triste, considérez cet état comme l'énergie de la tristesse. Comme la fatigue, la tristesse a une composante corporelle qui peut être évacuée. Au lieu d'être angoissé, occupez-vous de l'énergie de l'angoisse. Toutes les énergies s'évacuent de la même façon :

- Prenez une profonde inspiration, asseyez-vous tranquillement et observez les sensations dans votre corps.

- Ressentez la sensation sans jugement. Soyez seulement avec elle.

- Laissez tous les sentiments, pensées, énergies qui veulent remonter le faire – cela signifie souvent écouter la voix de l'angoisse, de la colère, de la peur, de la vulnérabilité. Laissez les voix dire ce qu'elles veulent dire. Écoutez et comprenez ce qui se passe.

- Regardez les énergies se disperser du mieux qu'elles peuvent. N'exigez pas une évacuation complète. Sachez que votre corps libérera autant d'énergie emmagasinée qu'il le peut.

- Au bout de quelques heures ou le lendemain, recommencez tout le processus.

Ce régime peut sembler sévère, mais il n'est demandé que de passer cinq minutes par jour dans n'importe lequel de ces domaines. Les petits pas donnent de grands résultats. Ce simple état de conscience permet le retour à la nature ; souffrir, et les complications qui s'ensuivent, n'est pas naturel – le maintien de toute cette complexité est un gaspillage d'énergie. En œuvrant en faveur d'un état plus simple chaque jour, vous faites de votre mieux pour mettre un terme à la souffrance en extirpant les racines de l'irréalité.

SECRET N° 6

La liberté dompte le mental

Aimez-vous votre mental ? Je n'ai jamais rencontré personne qui l'aime. Ceux qui ont un beau corps ou un beau visage aiment fréquemment le don que leur a fait la nature (mais le contraire peut être vrai – les plus beaux physiquement peuvent aussi se mépriser, par insécurité ou peur d'être jugés vaniteux). Le mental est la partie de nous la plus difficile à aimer parce que nous avons l'impression d'être piégés à l'intérieur – pas tout le temps, mais dans les moments de trouble. La peur sait hanter le mental à volonté. La dépression obscurcit le mental ; la colère lui cause des accès d'agitation incontrôlables.

Les cultures anciennes savent que le mental est agité et sujet à caution. En Inde, c'est un lieu commun de comparer le mental à un éléphant sauvage, et calmer le mental est considéré comme attacher un éléphant à un pieu. Dans le bouddhisme, le mental est comparé à un singe percevant le monde au travers des cinq sens. Les singes sont impulsifs et agités, susceptibles de faire n'importe quoi sans qu'on s'en aperçoive. La psychologie bouddhiste vise moins à dompter le singe qu'à apprendre comment il procède, à l'accepter, puis à passer à une conscience supérieure qui est au-delà de l'agitation du mental.

Les métaphores ne vous conduiront pas en un lieu où vous pourriez aimer le mental ; vous devez trouver par vous-même l'expérience vraie de la paix et du calme. Le secret de cela, c'est de libérer le mental. Quand il est libre, le mental s'apaise. Il abandonne son agitation et devient un canal pour la paix. C'est une solution qui va à l'encontre de ce que l'on pourrait attendre parce que personne ne penserait qu'un éléphant sauvage ou un singe peut être dompté par le simple fait de le laisser en liberté. On penserait plutôt que l'animal ne ferait que s'agiter plus encore, plus sauvagement. Mais ce secret est fondé sur l'expérience réelle : le mental est « sauvage » parce que nous essayons de le confiner et de le contrôler. À un niveau plus profond, il y a une tranquillité parfaite. Là, les pensées et les impulsions sont en harmonie avec ce qui est le mieux pour chaque personne.

Comment, alors, pouvez-vous libérer votre mental ? Vous devez d'abord comprendre comment il a été piégé. La liberté n'est pas un état dans lequel vous pouvez entrer simplement en déverrouillant une porte ou en brisant un carcan. Le mental est son propre carcan, comme le releva le poète William Blake en observant les gens dans les rues de Londres :

> *Dans le cri de chaque homme*
> *Dans les pleurs d'effroi de chaque bébé*
> *Dans chaque voix, dans chaque interdit*
> *J'entends les chaînes forgées par le mental.*

Pour aider à mieux comprendre comment le mental se piège lui-même, les sages de l'Inde ancienne imaginèrent le concept de *samskâra* (de deux racines sanskrites qui signifient « couler ensemble »). Un samskâra est un sillon dans le mental, qui fait couler les pensées dans la même direction. La psychologie bouddhiste fait un usage complexe de ce concept quand elle dit que les samskâras sont des empreintes dans le mental, qui ont une vie propre. Vos samskâras personnels, édifiés sur des souvenirs du passé, vous contraignent à réagir de la même façon limitée, encore et encore, vous privant de votre liberté de choix (c'est-à-dire choisir comme si c'était la première fois).

La plupart des gens se bâtissent une identité sur la base des samskâras sans savoir qu'ils ont choisi de le faire. Mais les indices sont irréfutables. Considérez une personne sujette aux accès de colère. Pour ces personnes qu'on appelle colériques, l'impulsion coléreuse est comme un « ça », une chose qui les contrôle depuis un lieu de pouvoir secret. Les explosions incontrôlables se déroulent par étapes. D'abord, il y a le plus souvent un symptôme physique : oppression dans la poitrine, attaque de migraine, accélération du rythme cardiaque, respiration oppressée. Puis une impulsion apparaît. La personne peut sentir la colère monter, comme si c'était de l'eau derrière une digue. La pression est autant physique qu'émotionnelle ; le corps veut rejeter son malaise, le mental veut libérer les sentiments contenus. À ce stade, la personne cherche généralement un prétexte pour déclencher une attaque totale. La plus légère transgression peut en tenir lieu : un devoir que les enfants ont négligé de faire, une serveuse qui prend son temps, un employé de magasin peu aimable.

Enfin, l'explosion se produit et c'est seulement après qu'elle s'est calmée que la personne réalise le dommage qu'elle a causé – le cycle se termine dans le remords et par une promesse de ne pas recommencer. La honte et la culpabilité font leur entrée, avec le vœu de tempérer l'impulsion à l'avenir, et le mental réfléchit rationnellement sur l'inutilité de se mettre en colère et les risques que cela comporte.

Pour tout colérique, il est difficile de revendiquer un élément de choix. Quand l'impulsion commence à mettre la vapeur, la pression doit trouver un exutoire. Souvent, cependant, il y a collusion – un accord tacite pour donner libre cours à la colère. À un moment de leur passé, les colériques ont décidé d'adopter la colère comme mécanisme d'imitation. Ils ont vu la colère à l'œuvre dans leur famille ou à l'école. Ils ont lié le pouvoir à l'intimidation ; peut-être n'ont-ils pas eu d'autre accès au pouvoir. Ils se sentent incapables de s'exprimer verbalement et la colère remplace les mots et les pensées. Une fois qu'ils ont pris l'habitude de se mettre en rage, ils cessent de chercher d'autres exutoires. La colère qu'ils poussent à son paroxysme est liée à eux par le besoin et le désir – ils ne savent pas comment obtenir ce qu'ils veulent sans elle.

C'est l'anatomie des samskâras dans toutes leurs variétés. On peut remplacer *colère* par *angoisse*, *dépression*, *dépendance sexuelle*, *compulsion obsessionnelle* ; toutes témoigneront de la façon dont les samskâras privent les personnes de leur libre choix. Incapables d'échapper à leurs souvenirs toxiques, elles se les adaptent, superposant des couches d'impressions. Les couches inférieures, déposées pendant l'enfance, continuent d'envoyer leurs messages ; c'est pourquoi les adultes se regardent souvent dans la glace, et ont l'impression d'être des enfants impulsifs, effrayés. Le passé n'a pas été suffisamment travaillé ; les samskâras gouvernent la psyché avec un fouillis de vieilles expériences obsolètes.

Les souvenirs emmagasinés sont comme des puces électroniques qui envoient le même message encore et encore. Quand vous vous surprenez à avoir une réaction stéréotypée, c'est que le message a déjà été envoyé : il n'est pas bon d'essayer de changer le message. Mais c'est exactement ainsi que la vaste majorité des gens essaie de dompter le mental. Ils reçoivent un message qu'ils n'aiment pas et leur réaction est souvent triple :

Manipulation,
Contrôle,
Négation.

Si vous les considérez de près, il devient clair que ces trois comportements interviennent après les faits – ils font du désordre mental la cause de la détresse plutôt qu'un symptôme. Ces prétendues solutions ont de prodigieux effets négatifs.

Manipuler, c'est chercher à obtenir ce que l'on veut en ignorant les désirs des autres ou en leur nuisant. Les manipulateurs sont charmeurs, persuasifs, cajoleurs, rusés et trompeurs. L'idée sous-jacente est : « Je dois tromper les autres pour qu'ils me donnent ce que je veux. » Quand ils sont absorbés dans leurs intrigues, les manipulateurs imaginent même qu'ils font une faveur à leurs victimes – après tout, qui n'aimerait pas rendre service à quelqu'un d'aussi divertissant ? Vous pouvez vous surprendre à tomber dans ce comportement quand vous n'écoutez pas les autres, que vous ignorez ce qu'ils veulent et que vous prétendez que vos désirs ne coûtent rien à personne. Il y a aussi des signes extérieurs. La présence d'un manipulateur rend une situation tendue, conflictuelle, pleine de griefs. Certaines personnes utilisent les manipulations passives – ils montent des scénarios du type « pauvre de moi » pour extorquer aux autres sympathie et pitié. Ou bien ils les culpabilisent subtilement pour qu'ils pensent que ce qu'ils veulent est mauvais. La manipulation s'arrête quand vous cessez de supposer que vos désirs sont d'une importance capitale. Vous pouvez alors vous reconnecter aux autres et commencer à croire que leurs désirs pourraient bien coïncider avec les vôtres. Quand il n'y a pas de manipulation, les gens ont le sentiment que ce qu'ils veulent compte. Ils pensent que vous êtes de leur côté, pas que vous faites du cinéma ou que vous voulez leur vendre quelque chose. Personne n'a le sentiment d'être roulé.

Contrôler, c'est forcer les événements et les gens à agir à votre manière. Le contrôle est le grand masque de l'insécurité. Les gens qui adoptent ce comportement sont morts de peur à l'idée de laisser les autres être ce qu'ils sont : ainsi, le « contrôleur » essaie toujours de déstabiliser les autres. L'idée sous-jacente est : « S'ils continuent à me prêter attention, ils ne partiront pas. » Quand vous vous surprenez à vous trouver des excuses et à adresser des reproches aux autres, ou que vous sentez intérieurement que personne ne vous montre assez de gratitude ou de reconnaissance, la faute ne leur incombe pas – vous faites preuve d'un besoin de contrôler. Les signes extérieurs de ce comportement viennent de ceux que vous essayez de contrôler : ils sont tendus et ils résistent, ils se plaignent de ne pas être écoutés, ils vous traitent de perfectionniste ou de patron exigeant. Le contrôle prend fin quand vous admettez que votre façon de faire n'est pas forcément la bonne. Vous pouvez prendre conscience de votre besoin de contrôler en vous surprenant en train de vous plaindre, de faire des reproches ou d'affirmer que personne n'est correct avec vous, et de trouver excuse sur excuse pour prouver que vous-même êtes sans reproche. Une fois que vous avez cessé de les contrôler, ceux qui sont autour de vous commencent à mieux respirer. Ils se détendent et rient. Ils se sentent libres d'être qui ils sont sans chercher votre approbation.

Refuser, nier consiste à ignorer le problème au lieu d'y faire face. Les psychologues considèrent que le refus est le plus enfantin des trois comportements parce qu'il est très intimement lié à la vulnérabilité. La personne qui refuse se sent incapable de résoudre les problèmes, de la même façon qu'un petit enfant. La peur est liée au refus, et est donc un besoin enfantin d'amour face à l'insécurité. L'idée sous-jacente est : « Je n'ai pas à remarquer tout d'abord ce que je ne peux changer. » Vous pouvez vous surprendre à adopter une attitude de refus quand vous souffrez d'un manque de concentration, de mémoire, quand vous êtes enclin à la procrastination, quand vous refusez d'affronter ceux qui vous agressent, quand vous prenez vos désirs pour des réalités, quand vous entretenez faux espoirs et confusion. Le principal signe extérieur, c'est que les gens ne vous font pas confiance ou n'ont pas recours à vous quand il faut trouver une solution. Le détournement de votre attention justifie le déni par votre cécité. Comment pourriez-vous être accusé de négliger quelque chose que vous ne voyez pas ? Faire face à des vérités douloureuses vous permet de dépasser le refus. L'expression honnête de votre état actuel est le premier pas. Si vous êtes dans un déni profond, tout sentiment qui vous fait vous sentir en insécurité est à affronter. Le refus touche à sa fin quand vous vous sentez centré, vigilant, et prêt à participer malgré vos peurs.

Chacun de ces comportements essaie de démontrer une chose impossible. La manipulation est fondée sur la supposition que n'importe qui peut être amené à faire ce que « je » veux. Le contrôle est une attitude qui suppose que personne ne peut vous rejeter ou vous quitter, à moins que vous ne le demandiez vous-même. Le refus n'est que la croyance que les mauvaises choses disparaîtront si l'on n'y prête pas attention. La vérité, c'est que les autres peuvent refuser de faire ce que vous voulez, peuvent s'éloigner de vous sans avoir à fournir d'explication et peuvent être source d'ennui pour vous, que vous y prêtiez attention ou non. On ne sait pas combien de temps nous nous acharnerons à vouloir prouver le contraire, mais ce sera seulement quand nous admettrons la vérité que ce comportement cessera totalement.

Il faut aussi savoir que les samskâras ne sont pas silencieux. Ces impressions profondes dans le mental ont une voix ; nous entendons leurs messages répétés, sous forme de paroles dans notre tête. Est-il possible de savoir quelles voix disent la vérité et lesquelles sont mensongères ? C'est une question importante car il n'est pas possible de penser sans entendre des mots dans sa tête.

Au début du XIXe siècle, un obscur pasteur, du nom de maître Adler, fut renvoyé de son Église. Il était accusé d'avoir désobéi aux autorités ecclésiastiques parce qu'il prétendait avoir reçu une révélation directe de Dieu. En chaire, il proclama que lorsqu'il parlait d'une voix perchée, aiguë, il parlait selon la révélation, alors qu'avec sa voix normale, grave, il ne parlait qu'en son propre nom.

Ce comportement bizarre amena ses paroissiens à penser que leur pasteur devait être fou ; aussi l'Église choisit-elle de le congédier. Or, il advint que le grand philosophe danois Søren Kierkegaard eut vent de l'histoire ; il posa alors la question vraiment cruciale : Est-il *bien* possible de prouver que quelqu'un a entendu la voix de Dieu ? Quel comportement ou quel autre signe extérieur pourrait permettre à quelqu'un de discerner une vraie révélation d'une fausse ? L'ecclésiastique tombé en disgrâce aurait probablement été déclaré schizophrène s'il avait présenté les mêmes symptômes aujourd'hui. Kierkegaard conclut qu'Adler ne parlait pas avec la voix de Dieu, mais il fit aussi remarquer que personne ne sait d'où viennent ses voix intérieures. Nous les acceptons simplement, aussi bien que le flot de paroles qui remplit notre tête.

Une personne très religieuse pourrait prétendre que toute voix intérieure est une version de la voix de Dieu. En tout cas, une chose est sûre : nous entendons tous les voix intérieures d'un chœur vociférant. Elles harcèlent, louent, cajolent, jugent, mettent en garde, soupçonnent, refusent de croire, font confiance, se plaignent, espèrent, aiment et craignent – sans ordre particulier. Il est par trop simpliste de dire que chacun a un bon et un mauvais côté – nous avons des milliers d'aspects configurés par nos expériences passées. Il est impossible pour moi de savoir combien de voix j'écoute en réalité. J'ai l'impression que certaines sont enfouies depuis l'enfance ; on dirait les voix orphelines de mes premières expériences qui me demandent de les recueillir. D'autres sont adultes et dures – chez elles j'entends ceux qui, dans mon passé, m'ont jugé et puni. Chaque voix croit qu'elle mérite toute mon attention, sans se soucier des autres qui croient la même chose. Il n'y a pas de soi central qui s'élèverait au-dessus du vacarme pour mater cette querelle d'opinions, d'exigences, de besoins. À un moment donné, la voix à laquelle je prête le plus d'attention devient *ma* voix, seulement pour être chassée de la scène quand mon attention se déplace. C'est l'indiscipline qui me fait être ainsi et c'est la preuve vivante de l'état fragmentaire dans lequel je suis tombé.

Comment ce chœur vociférant peut-il être dompté ? Comment puis-je recouvrer un sens du soi compatible avec la réalité une ? La réponse, une fois encore, est la liberté, mais d'une façon très particulière. *Vous devez vous libérer des décisions.* La voix dans votre tête mourra une fois que vous aurez cessé de faire des choix. Un samskâra est un choix du passé, dont on se souvient. Chaque choix vous a imperceptiblement changé. Le processus a commencé à la naissance et continue aujourd'hui. Au lieu de le combattre, nous pensons que nous devons continuer à faire des choix ; en conséquence, nous continuons à ajouter de nouveaux samskâras et à renforcer les anciens. (Dans le bouddhisme, on appelle cela la *roue des samskâras*, parce que les mêmes vieilles réactions continuent à se présenter encore et encore. Au sens cosmique, la roue des samskâras est ce qui conduit une âme d'une vie à la suivante – les vieilles empreintes nous contraignent à faire face aux mêmes problèmes, même au-delà de la mort.) Kierkegaard a écrit que celui qui a trouvé Dieu s'est libéré des choix. Mais que peut être cet état où Dieu prend vos décisions pour vous ? Je pense qu'il faut être étroitement connecté à Dieu pour trouver ne serait-ce qu'un élément de réponse à cette question.

Mais dans un état de simple conscience, les choix qui font le plus évoluer semblent venir spontanément. Tandis que l'ego s'épuise à examiner chaque détail d'une situation, une partie de votre conscience sait déjà ce qu'il faut faire et son choix apparaît avec une subtilité stupéfiante et au meilleur moment. N'avons-nous pas tous fait l'expérience d'éclairs de lucidité dans lesquels nous savions soudain ce que nous devions faire ? La *conscience sans choix* est un autre nom de la conscience libre. En rendant sa liberté au faiseur de choix intérieur, vous revendiquez votre droit de vivre sans limites et d'agir selon la volonté de Dieu, avec une confiance totale.

Avons-nous été piégés simplement par l'acte de choisir ? C'est une idée surprenante, parce qu'elle contredit le comportement de toute une vie. Nous avons tous vécu en faisant un choix à la fois. Le monde extérieur est comme un immense bazar offrant un éventail éblouissant de possibilités et chacun parcourt ce bazar en prenant avec circonspection ce qui est bon pour lui. La plupart des gens se connaissent eux-mêmes par ce qu'ils ont ramené chez eux dans leur sac à provisions – maison, travail, conjoint, voiture, enfants, argent. Mais chaque fois que vous choisissez A de préférence à B, vous êtes contraint d'abandonner une partie de la réalité une. Vous vous définissez par des préférences sélectives (et complètement arbitraires).

On peut en revanche cesser de se concentrer sur les résultats et considérer les causes. Qui est-ce qui fait des choix en vous ? Cette voix est une relique du passé, l'accumulation de vieilles décisions anachroniques qui se prolongent indûment au-delà de leur temps. Actuellement, vous vivez accablé par le fardeau de votre soi passé, qui n'est plus vivant. Vous devez protéger les milliers de choix qui constituent ce soi mort. Mais celui qui choisit doit avoir une vie beaucoup plus libre. Si les choix étaient faits dans l'instant et pleinement appréciés à ce moment-là, il ne resterait plus rien à quoi s'accrocher et le passé ne pourrait pas s'accumuler en un fardeau écrasant.

Le choix devra être fluide. Votre corps indique déjà que c'est la façon naturelle d'exister. Comme nous l'avons vu plus haut, chaque cellule ne garde en elle que la réserve de nourriture et d'oxygène suffisante pour survivre quelques secondes. Les cellules n'emmagasinent pas d'énergie parce qu'elles ne savent jamais ce qui va se passer. La souplesse de réaction est beaucoup plus importante pour la survie que l'accumulation de provisions. D'un certain point de vue, cela fait que vos cellules ont l'air complètement vulnérables ; mais, si fragile qu'une cellule puisse paraître, on ne peut nier deux milliards d'années d'évolution.

Chacun sait comment choisir ; rares sont ceux qui savent lâcher prise. Mais c'est seulement en lâchant prise à chaque expérience qu'on laisse de la place pour la suivante. La technique du lâcher prise peut être apprise ; une fois apprise, vous apprécierez de vivre avec beaucoup plus de spontanéité.

LÂCHER PRISE

Comment choisir sans être piégé

Tirez le meilleur parti de chaque expérience.
Ne soyez pas obsédé par les bonnes et les mauvaises décisions.
Cessez de défendre votre propre image.
Allez au-delà des risques.
Ne prenez aucune décision quand vous êtes dans le doute.
Voyez les possibilités dans tout ce qui arrive.
Trouvez le courant de la joie.

Tirer le meilleur parti d'une expérience : Dans toutes les cultures populaires, on exalte le fait de vivre pleinement. Il suffit d'allumer la télévision sur n'importe quelle chaîne pour être assailli par les messages suivants : « C'est le meilleur qu'un homme puisse avoir », « C'est comme avoir un ange à côté de soi », « Chaque mouvement est sans heurt, chaque parole est calme. Je ne veux pas perdre cette sensation », « Vous regardez, ils sourient. Vous avez gagné, ils vont se rhabiller. » Que vend-on ici ? Des plaisirs sensuels, du statut social, de l'attraction sexuelle et l'image d'un gagnant. Toutes ces phrases viennent de la même publicité pour des lames de rasoir, mais « vivre pleinement » fait partie de presque toutes les campagnes publicitaires. Ce qui n'est pas pris en compte, cependant, c'est la réalité de ce que signifie réellement vivre pleinement quelque chose. Au lieu de chercher une surcharge sensorielle éternelle, vous trouverez des expériences qui doivent être faites au niveau du sens et de l'émotion.

Le sens est essentiel. Si ce moment vous importe vraiment, vous en ferez pleinement l'expérience. L'émotion apporte une dimension de lien et d'accord : une expérience qui vous touche le cœur rend la signification beaucoup plus personnelle. La sensation purement physique, la position sociale, l'attraction sexuelle, la sensation d'être un vainqueur, sont généralement superficielles – c'est pourquoi les gens en sont continuellement affamés. Si vous passez du temps avec des athlètes qui ont remporté des centaines de victoires ou des célibataires à l'activité sexuelle débordante, qui ont couché avec des centaines de partenaires, vous vous apercevrez rapidement de deux choses. (1) Le nombre ne compte pas beaucoup. L'athlète ne se sent pas profondément vainqueur, le conquérant sexuel, le plus souvent, ne se sent pas profondément séduisant ou intéressant. (2) Chaque expérience produit un choc en retour qui diminue ; l'excitation de gagner ou de coucher devient de moins en moins forte et de moins en moins durable.

Faire l'expérience de cet instant, ou de n'importe quel instant, signifie s'engager pleinement. Rencontrer un inconnu, par exemple, peut être éphémère et insignifiant, à moins que vous n'entriez dans son monde en découvrant quelque chose de significatif pour sa vie, et que vous échangiez au moins un sentiment authentique. Se brancher sur les autres est un courant circulaire : vous vous « envoyez » vous-même vers les autres, et vous les « recevez » quand ils répondent. Remarquez combien de fois vous ne le faites pas. Vous vous tenez en retrait et vous vous isolez, en n'envoyant que les signaux les plus superficiels, et, en retour, vous ne recevez que peu de chose ou rien.

Le même cercle doit être présent même quand quelqu'un d'autre n'est pas impliqué. Examinez la façon dont trois personnes peuvent considérer le même coucher de soleil. La première pense à ses affaires et ne voit même pas le coucher de soleil, même si ses yeux enregistrent les photons qui tombent sur sa rétine. La deuxième pense : « Joli coucher de soleil. Cela fait un moment que je n'en ai pas vu d'aussi beau. » La troisième est un artiste qui se met immédiatement à faire un croquis de la scène. La différence entre les trois, c'est que la première personne n'a rien envoyé et n'a rien reçu ; la seconde a permis à sa conscience de recevoir le coucher de soleil, mais n'a pas eu la conscience de lui renvoyer quelque chose – sa réaction a été mécanique ; la troisième personne a été la seule à faire un cercle complet : elle a reçu le coucher de soleil et a eu une réaction créative qui a renvoyé sa conscience dans le monde avec quelque chose à donner.

Si vous voulez faire pleinement l'expérience de la vie, vous devez choisir le cercle.

Bonnes et mauvaises décisions : Si, pour vous, savoir si vous prenez ou non les bonnes décisions est une obsession, c'est que vous supposez à la base que l'univers vous récompensera pour une chose et vous punira pour une autre. Ce postulat n'est pas exact parce que l'univers est flexible – il s'adapte à toute décision que vous prenez. Bon ou mauvais, ce n'est que construction mentale. J'entends déjà de fortes objections. Et M. Parfait ? Et l'emploi parfait ? Et l'achat de la meilleure voiture ? Nous avons tous l'habitude de considérer les gens, les emplois et les voitures d'un point de vue de consommateurs qui en veulent pour leur argent. Mais en réalité, les décisions que nous qualifions de bonnes ou mauvaises sont arbitraires. M. Parfait est l'une des centaines ou des milliers de personnes avec qui vous pourriez passer une vie satisfaisante. Le meilleur emploi est impossible à définir, étant donné que ce qui fait qu'il sera bon ou mauvais dépend d'un grand nombre de facteurs qui n'entrent en jeu qu'après entrée en fonction. (Qui sait à l'avance qui seront ses collègues, quelle sera l'ambiance de la société, s'il aura la bonne idée au bon moment ?) Et la meilleure voiture peut être accidentée deux jours après que vous l'aurez achetée.

L'univers n'a pas de programme fixe. Une fois que vous avez pris une décision, il travaille avec. Il n'y a pas de bien ou de mal, seulement une série de possibilités qui changent à chaque pensée, chaque sentiment, chaque action que vous vivez. Si cela vous semble trop mystique, revenez à votre corps. Chaque signe physiologique significatif – température du corps, rythme cardiaque, consommation d'oxygène, niveau hormonal, activité cérébrale, etc. – modifie le moment où vous décidez de faire quelque chose. Le métabolisme d'un coureur ne peut pas se permettre d'être aussi bas que celui de quelqu'un qui lit un livre parce que, sans une ventilation accrue et un rythme cardiaque accéléré, le coureur suffoquerait et s'effondrerait avec des spasmes musculaires.

Les décisions sont des signaux qui disent à votre corps, votre mental et votre environnement d'aller dans une certaine direction. Il se peut que par la suite vous ne soyez pas satisfait de la direction que vous avez prise, mais être obsédé par les bonnes ou mauvaises décisions, cela revient à ne prendre aucune direction. Gardez à l'esprit que c'est vous qui faites le choix, ce qui signifie que ce que vous êtes est beaucoup plus qu'un simple choix que vous avez fait ou que vous ferez jamais.

Défendre l'image de soi : Au fil des ans, vous avez bâti de vous-même une image idéale que vous défendez comme étant « moi ». Dans cette image, il y a tout ce que vous voulez considérer comme vrai à votre sujet ; en sont bannis les aspects honteux, coupables et effrayants qui menaceraient votre confiance en vous-même. Mais ce sont justement les aspects que vous essayez d'écarter qui reviennent sous la forme des voix les plus insistantes, les plus exigeantes dans votre tête. L'acte de bannissement crée le chaos de votre dialogue intérieur et, ainsi, votre idéal s'érode alors que vous faites tout ce qui est en votre pouvoir pour garder une belle image et vous sentir bien avec vous-même.

Pour vous sentir bien avec vous-même, renoncez à votre image. Vous serez immédiatement plus ouvert, plus détendu, moins sur la défensive. Il est utile d'avoir à l'esprit cette observation saisissante du grand maître indien Nisargadatta Mahâraj : « Si vous regardez bien, c'est juste une affaire d'identité quand vous êtes en difficulté. » Si cela semble incroyable, imaginez que vous traversez un quartier dangereux. Les gens qui vous regardent vous rendent nerveux ; les accents qui ne vous sont pas familiers vous rappellent que vous êtes différent de ces gens ; et, dans cette différence, vous sentez un danger. La perception d'une menace vous fait vous contracter intérieurement. Cela élargit le fossé entre vous et ce qui vous fait peur. Mais ce retrait dans un soi isolé, resserré, ne vous défend en réalité contre rien. Il est imaginaire. En élargissant le fossé, vous faites seulement en sorte que ce qui pourrait vous servir – avoir l'air confiant et à l'aise – ne puisse pas se produire. Mahâraj veut dire que ce que vous appelez soi est une contraction autour d'un centre vide, alors qu'en réalité, nous sommes censés être libres et ouverts dans notre conscience.

On passe beaucoup de temps à essayer de transformer une mauvaise image de soi en une bonne. Or, toutes les images de soi ont le même défaut : elles vous rappellent qui vous étiez, non qui vous êtes. L'idée de je, de moi, de mien, a été construite sur des souvenirs, et ces souvenirs ne sont pas vraiment vous. Si vous vous libérez de l'image de vous-même, vous serez libre de choisir, *comme si c'était la première fois*.

L'image de soi éloigne la vérité, particulièrement au niveau émotionnel. Nombreux sont ceux qui ne veulent pas admettre ce qu'ils ressentent vraiment. L'image qu'ils ont d'eux-mêmes leur dicte qu'être en colère, par exemple, ou manifester de l'angoisse, n'est pas admissible. Ces sentiments ne s'accordent pas avec « le genre de personne que vous voulez être ». Certaines émotions vous paraissent trop dangereuses pour faire partie de l'image idéale que vous vous faites de vous-même. Alors vous adoptez un déguisement qui exclut ces sentiments. La fureur profonde et la peur appartiennent à cette catégorie, mais aussi, hélas, la joie immense, l'extase ou la spontanéité. On cesse d'être gouverné par son image quand :

- On sent ce que l'on sent.
- On n'est plus blessé par les choses.
- On cesse de se demander de quoi on a l'air.
- On n'exclut plus les gens auxquels on se sent supérieur ou inférieur.

- On cesse de se tracasser au sujet de ce que les gens pensent de nous.
- On n'est plus obsédé par l'argent, la position sociale, les biens.
- On ne ressent plus le besoin de défendre ses opinions.

Aller au-delà des risques : Tant que l'avenir reste imprévisible, toute décision comporte une certaine part de risque. C'est du moins l'histoire qui semble universellement acceptée. On nous dit, par exemple, que certains aliments peuvent favoriser les maladies cardiaques ou le cancer, et, par conséquent, il est raisonnable de quantifier le risque et de rester du côté du taux le plus faible. Mais la vie ne peut être quantifiée. Pour chaque étude qui montre un fait quantifiable au sujet des maladies cardiaques (par exemple : les hommes qui boivent un litre de lait par jour ont deux fois moins de troubles cardiaques graves), il y a une autre étude qui montre que le stress augmente les risques de maladie de cœur – si, naturellement, on est susceptible de stresser (on se penche en ce moment là-dessus).

Le risque est mécanique. Il suppose qu'il n'y a aucune intelligence en coulisse, seulement un certain nombre de facteurs qui produisent un résultat donné. Vous pouvez aller au-delà du risque en sachant qu'il y a une intelligence infinie à l'œuvre dans la dimension cachée de votre vie. Au niveau de cette intelligence, vos choix sont toujours soutenus. Pour ce qui est des risques, il convient de voir si votre ligne d'action est raisonnable ; on ne peut se fier à une analyse des risques sans tenir compte d'autres facteurs beaucoup plus importants, les facteurs mêmes qui sont pesés au niveau de la conscience profonde :

Ce choix me semble-t-il judicieux ?
La finalité de ce choix m'intéresse-t-elle ?
Est-ce que j'aime les gens qui y sont impliqués ?
Ce choix est-il bon pour l'ensemble de ma famille ?
Ce choix est-il pertinent, à ce stade de ma vie ?
Ai-je une justification morale pour faire ce choix ?
Ce choix m'aidera-t-il à grandir ?
Ai-je une chance d'être plus créatif et inspiré par ce que je me propose de faire ?

C'est quand ces points sont négligés que les choix ne marchent pas. Les risques peuvent être importants mais ils ne sont pas décisifs. Ceux qui peuvent évaluer leurs choix au plus profond niveau de la conscience se mettent en harmonie avec l'intelligence infinie, et ont ainsi une plus grande chance de réussir que celui qui se nourrit de chiffres.

Quand on est dans le doute : Il est dur de lâcher prise quand on ne sait pas si on a fait le bon choix. Le doute subsiste et nous maintient dans le passé. Beaucoup de relations finissent par un divorce, à cause d'un manque d'engagement, mais ce manque d'engagement n'est pas venu avec le temps ; il était présent dès le début et n'a jamais été résolu. Il est important de ne pas prendre de décisions importantes quand on est dans le doute. L'univers soutient les actions une fois qu'elles ont commencé, ce qui revient à dire qu'en prenant une décision, vous mettez en mouvement un mécanisme très difficile à inverser. Une femme mariée peut-elle se sentir non mariée simplement parce qu'elle le veut ? Pouvez-vous avoir le sentiment de ne pas être l'enfant de vos parents, simplement parce que vous pensez qu'il serait préférable que vous ayez des parents différents ? Dans les deux cas, les liens qui fixent une situation, une fois qu'elle est en place, sont forts. Cependant, quand vous êtes dans le doute, vous mettez l'univers en suspens pendant un moment. Il ne favorise aucune direction particulière.

Cette pause a un bon côté et un mauvais côté. Le bon côté, c'est que vous vous accordez de l'espace pour prendre conscience de plus de choses, et, avec plus de conscience, l'avenir peut vous apporter des raisons nouvelles d'agir d'une façon ou de l'autre. Le mauvais côté, c'est que l'inertie n'est pas productive – sans choix, vous ne pouvez ni grandir ni évoluer. Si les doutes persistent, vous devez mettre un terme à la pause. La plupart des gens le font en plongeant sur le choix suivant, saisissant la vie au rebond : « Cela n'a pas marché, je ferais donc mieux de faire n'importe quoi d'autre. »

Généralement, les gens qui cessent de faire des choix totalement arbitraires – changer sans cesse de maison, d'emploi, de relations – deviennent exagérément calculateurs. Ils passent tant de temps à imaginer les risques, à chercher tous les arguments pour et contre, à examiner les pires scénarios possibles, qu'aucun choix ne leur semble bon, et c'est la frustration qui les pousse à sortir de l'impasse. Curieusement, ces bonds irrationnels donnent parfois de bons résultats. L'univers a plus de choses en réserve à notre intention que nous ne pouvons le soupçonner, et fréquemment les mauvais choix finissent par s'arranger, parce que nos aspirations cachées savent où nous allons.

Cependant, le doute est destructeur pour la qualité unique que la conscience essaie de vous apporter : la connaissance. À un niveau profond, vous êtes le connaissant de la réalité. Le doute est un symptôme indiquant une absence de contact avec le connaissant intérieur. Il signifie le plus souvent que vous regardez à l'extérieur de vous-même quand vous devez faire un choix. Votre décision sera alors fondée sur des éléments extérieurs. Pour la plupart des gens, l'élément extérieur le plus fort est l'opinion des autres, parce que l'accord est la voie de moindre résistance. Mais l'accord revient à l'inertie. L'acceptation sociale est le plus petit commun dénominateur du soi – c'est vous en tant qu'unité sociale, plutôt que comme personne unique. Découvrez qui vous êtes vraiment ; que l'approbation soit le dernier de vos soucis. Elle se fera ou ne se fera pas, mais quoi qu'il en soit, vous n'aurez plus le moindre doute sur vous-même.

Il n'y a pas de formule pour ôter les doutes, parce que la découverte du connaissant intérieur est personnelle. Vous devez vous engager à élargir votre conscience. N'ayez aucun doute à ce sujet. Si vous vous tournez vers l'intérieur et que vous suivez la voie qui conduit à votre intelligence intérieure, le connaissant sera là, qui vous attendra.

Voir les possibilités : Il serait beaucoup plus facile de se désintéresser des résultats si chaque choix se révélait être le bon. Et pourquoi ne le serait-il pas ? Dans la réalité une, il n'y a pas de mauvais tournants ; il n'y a que de nouveaux tournants. Mais l'ego aime que les choses soient connectées. Être second aujourd'hui est mieux qu'être troisième hier et, demain, je veux être premier. Ce genre de pensée linéaire reflète une conception grossière du progrès.

La croissance véritable est multidimensionnelle. Ce qui vous arrive peut affecter votre manière de penser, de sentir, d'être en relation avec les autres, de vous comporter dans une situation donnée, d'être en accord avec votre environnement, de percevoir l'avenir ou de vous percevoir vous-même. Toutes ces dimensions doivent évoluer pour que vous évoluiez.

Essayez de voir les possibilités dans tout ce qui arrive. Si vous n'obtenez pas ce à quoi vous vous attendiez ou ce que vous souhaitiez, demandez-vous : « Où suis-je censé regarder ? » C'est une attitude très libératrice. D'une façon ou d'une autre, chaque événement de la vie ne peut avoir que l'un des deux effets suivants : soit il est bon pour vous, soit il vous apporte ce que vous avez besoin de voir pour vous faire du bien. L'évolution est positive ; nous ne disons pas cela par optimisme aveugle, mais, encore une fois, en nous référant au corps. Tout ce qui se produit à l'intérieur d'une cellule est soit une partie de son activité normale, soit un signe qu'une correction doit avoir lieu. L'énergie ne se dépense pas au hasard ou par fantaisie, pour voir ce qui va se passer.

La vie se corrige elle-même de cette façon. En tant que faiseur de choix, vous pouvez agir par fantaisie ; vous pouvez suivre des voies arbitraires ou déraisonnables. Mais la machinerie sous-jacente de la conscience ne change pas. Elle continue à suivre les mêmes principes qui sont :

- S'adapter à vos désirs.
- Tout garder en équilibre.
- Harmoniser votre vie individuelle avec la vie du cosmos.
- Vous rendre conscient de ce que vous faites.

- Vous montrer les conséquences de vos actions.
- Rendre votre vie aussi vraie que possible.

Parce que vous avez votre libre arbitre, vous pouvez complètement ignorer ces principes – nous le faisons tous à un moment ou à un autre. Mais vous ne pouvez les faire dévier. La vie dépend d'eux. Ils sont la base de l'existence, et même quand vos désirs vont et viennent, la base de l'existence reste inchangée. Une fois que vous avez intégré cette vérité, vous pouvez vous harmoniser avec n'importe quelle possibilité qui se présente sur votre route, sûr que le positif est l'attitude que la vie même adopte depuis des milliards d'années.

Trouver le courant de la joie : J'ai été captivé par un épisode des aventures de Carlos Castaneda, quand son maître Don Juan l'envoie auprès d'une sorcière capable d'adopter le mode de perception de n'importe quel être vivant. La sorcière permet à Castaneda de sentir exactement comme un ver de terre. Et que perçoit-il ? Une exultation et un pouvoir énormes. Au lieu d'être la petite créature aveugle que le ver semble être aux yeux humains, Castaneda avait l'impression d'être un bulldozer écartant des rochers [les particules de terre] ; il était fort, puissant. Au lieu d'être une corvée, les travaux d'excavation du ver furent cause d'exaltation, l'exaltation de quelqu'un qui peut déplacer des montagnes avec son corps.

Dans notre vie, il y a un élément de joie qui est aussi élémentaire et inébranlable. Un ver ne connaît que lui-même ; aussi ne peut-il dévier de ce courant de joie. Vous pouvez disperser votre conscience dans n'importe quelle direction et, ce faisant, dévier du courant. Vous ne vous départirez pas de l'image que vous avez de vous-même et de votre mental agité tant que vous n'aurez pas senti, sans l'ombre d'un doute, une joie palpable en vous-même. Krishnamurti a fait une remarque que je trouve très émouvante. On ne réalise pas, dit-il, combien il est important de se réveiller chaque matin avec une chanson au cœur. Après avoir lu ces mots, je m'imposai un test. Je demandai intérieurement d'entendre la chanson et, pendant quelques semaines, sans autre acte de volonté de ma part, je remarquai que la première chose qui me venait à l'esprit quand je me réveillais le matin était une chanson.

Mais je sais aussi que Krishnamurti parlait par métaphores : la chanson représente un sentiment de joie dans l'existence, une joie qui est libre de tout choix, bon ou mauvais. Demander cela pour soi-même est à la fois la chose la plus simple et la plus difficile. Mais ne la laissez pas échapper, si compliquée que devienne votre vie. Gardez devant vous la vision de la libération de votre esprit et, quand vous aurez réussi, attendez-vous à être accueilli par un courant de joie.

Changer sa vie pour percevoir le sixième secret

Le sixième secret concerne la vie sans choix. Étant donné que nous prenons nos choix très au sérieux, adopter cette attitude requiert un changement important. Aujourd'hui, vous pouvez commencer par un exercice simple. Restez assis quelques minutes et réexaminez quelques-uns des choix importants que vous avez faits au fil des années. Prenez une feuille de papier et faites deux colonnes ; en tête écrivez « Bon choix » et « Mauvais choix ».

Dans chaque colonne, dressez la liste d'au moins cinq choix ayant trait aux moments que vous considérez comme les plus mémorables et décisifs de votre vie – vous commencerez probablement, comme la plupart des gens, par des événements cruciaux (une relation sérieuse qui n'a pas tenu, l'emploi que vous avez refusé ou que vous n'avez pas eu, la décision d'adopter une profession ou une autre), mais veillez à inclure des choix intimes que personne ne connaît à part vous (le combat que vous avez fui, la personne que vous avez eu peur d'affronter, le moment de courage où vous avez vaincu une peur profonde).

Une fois que vous avez dressé cette liste, pensez au moins à une bonne chose qui est ressortie des mauvais choix et à une mauvaise chose qui est ressortie des bons choix. C'est un exercice de destruction des étiquettes, d'apprentissage de la souplesse de la réalité. Si vous faites attention, vous pouvez être à même de voir que ce n'est pas une, mais de nombreuses bonnes choses qui sont sorties de vos mauvaises décisions, alors que vos bonnes décisions ont donné lieu à beaucoup de mauvaises choses. Par exemple, vous pouvez avoir un travail merveilleux, mais vous retrouver avec des relations de travail exécrables, ou avoir un accident de voiture en vous rendant au bureau. Vous pouvez apprécier votre rôle de mère, tout en sachant que cela a beaucoup restreint votre liberté personnelle. Vous pouvez être célibataire et très heureux d'avoir évolué seul, mais le développement né de la relation avec quelqu'un que l'on aime profondément peut aussi vous manquer.

Aucune de vos décisions ne vous a conduit tout droit à l'endroit où vous êtes maintenant. Vous avez jeté un coup d'œil sur d'autres routes où vous avez fait quelques pas avant de faire demi-tour. Vous avez suivi des routes qui ont fini en impasses et d'autres qui se perdaient dans trop d'intersections. Finalement, chaque route est connectée à toutes les autres routes. Aussi, abandonnez l'idée que votre vie est faite de bons et de mauvais choix qui placent votre destinée dans une direction constante. Votre vie est le produit de votre conscience. Chaque choix en découle et de même, chaque étape de croissance.

SECRET N° 7

TOUTE VIE EST SPIRITUELLE

L'une des particularités de la vie moderne, c'est que les gens sont en violent désaccord avec les croyances religieuses, et continuent à vivre de même. À la place du fameux « Dieu est mort » de Nietzsche, on devrait dire « Dieu est facultatif ». Si l'on examinait les vies, d'une part, de ceux qui pensent qu'ils observent la loi divine et, d'autre part, de ceux qui n'ont jamais accordé la moindre pensée au livre des commandements divins, je crois que la somme totale des vertus et des vices, de l'amour et de la haine, serait exactement la même pour les deux catégories. S'il devait y avoir une différence, on peut penser que le plateau de l'intolérance et du manque d'amour pencherait du côté de ceux qui manifestent le plus bruyamment leur religion, dans n'importe quelle société.

Je ne dis pas cela par esprit polémique. C'est plutôt pour souligner l'humour de l'univers car, à un niveau profond, il est impossible de ne pas mener une vie spirituelle. Vous et moi sommes profondément engagés dans la sanctification du monde. Vous ne pouvez être renvoyé de votre emploi de créateur du monde, ce qui est l'essence de la spiritualité. Et vous ne pouvez pas démissionner de votre emploi, même si vous refusez de faire acte de présence. L'univers vit grâce à vous en ce moment. Avec ou sans croyance en Dieu, la chaîne des événements qui conduit de la conscience silencieuse à la réalité physique demeure intacte. Le mode opératoire de l'univers s'applique à tous de la même façon et il fonctionne selon des principes qui ne requièrent pas votre coopération.

Cependant, si vous décidez de mener consciemment une vie spirituelle, un changement se produit. Les principes du système opérant, à savoir les règles de la création, deviennent personnels. Nous avons déjà évoqué de nombreuses règles de la création ; voyons comment nous pouvons aligner l'universel et le personnel.

Universel

1. L'univers est un miroir de la conscience.

Personnel

1. Les événements de votre vie reflètent qui vous êtes.

Rien dans ces affirmations n'a un goût de religion ; aucun vocabulaire spirituel n'est utilisé. Mais ce premier principe est la base qui permet de dire que la religion (du latin relier) unit le Créateur à sa création. Le monde physique reflète un esprit ; il met intention et intelligence dans chaque atome.

Universel

2. La conscience est collective. Nous la tirons tous d'une source commune.

Personnel

2. Ceux que vous côtoyez reflètent des aspects de vous-même.

Dans ce principe, nous voyons le commencement de tous les mythes, tous les archétypes, tous les héros, toutes les quêtes. La psyché collective partage un niveau de conscience qui va au-delà des individus. Quand vous voyez les autres comme des aspects de vous-même, vous voyez en réalité des visages de types mythiques. Nous sommes un unique être humain portant d'innombrables masques. Quand tous les masques sont arrachés, ce qui demeure, c'est l'essence, l'âme, l'étincelle divine.

Universel

3. La conscience se développe à l'intérieur d'elle-même.

Personnel

3. Tout ce à quoi vous prêtez attention se développera.

Dans la réalité une, la conscience se crée elle-même, ce qui revient à dire que Dieu est dans sa création. Il n'y a pas d'endroit où la divinité pourrait se tenir hors de la création – *omniprésence* signifie que si un lieu existe, Dieu y est. Mais alors que Dieu peut être attentif à une infinité de mondes, les êtres humains utilisent l'attention de façon sélective. Nous la mettons quelque part, et l'enlevons d'ailleurs. En prêtant attention, nous ajoutons l'étincelle créatrice, et cette partie de notre expérience, positive ou négative, se développera. La violence engendre la violence, mais aussi l'amour engendre l'amour.

Universel

4. La conscience crée selon un dessein.

Personnel

4. Rien n'est hasard – votre vie est pleine de signes et de symboles.

La guerre entre religion et science est vieille et presque épuisée, mais sur un certain point, aucune des deux ne veut bouger. La religion voit le dessein de la nature comme preuve d'un créateur. La science voit le hasard dans la nature comme preuve de l'inexistence d'un dessein. Cependant, il n'y a jamais eu de culture fondée sur le chaos, pas même la sous-culture scientifique. La conscience considère l'univers et voit partout un plan, même si les espaces intermédiaires semblent désorganisés et soumis au hasard. Pour l'individu, il est impossible de ne pas voir l'ordre – chaque aspect de la vie, de la famille à la société, est fondé dessus. Votre cerveau est organisé pour percevoir des structures (même une tache d'encre ressemble à une image, même si vous vous donnez du mal pour n'en voir aucune) parce qu'il faut des structures cellulaires pour faire un cerveau. Le mental est finalement une machine à fabriquer de la signification, même quand il flirte avec l'insignifiance, comme notre siècle a pu en témoigner.

Universel

5. Les lois physiques opèrent avec efficacité, avec le moindre effort.

Personnel

5. À n'importe quel moment, l'univers vous donne les meilleurs résultats possibles.

La nature aime l'efficacité, ce qui est très curieux de la part d'une chose censée opérer au hasard. Quand vous lâchez une balle, elle tombe tout droit, sans faire de détours inattendus. Quand deux molécules qui ont un potentiel de liaison se rencontrent, elles se lient toujours – il n'y a pas de place pour l'indécision. Cette faible dépense d'énergie, appelée aussi *la loi du moindre effort*, intéresse également les humains. Il est certain que notre corps ne peut échapper au fonctionnement des processus chimiques qui se produisent dans chaque cellule ; aussi est-il probable que notre être entier soit enveloppé dans le même principe. Cause et effet ne sont pas simplement liés ; ils sont liés pour un maximum d'efficacité. Cet argument s'applique aussi à la croissance personnelle – l'idée est que chacun fait de son mieux selon son propre niveau de conscience.

Universel

6. Les formes simples deviennent des formes plus complexes.

Personnel

6. Votre conscience intérieure évolue toujours.

Ce principe est aussi déconcertant pour le religieux que pour le scientifique. Beaucoup de religieux croient que Dieu a créé le monde à son image, ce qui implique que la création n'a eu ensuite nulle part où aller (sauf peut-être à déchoir de sa perfection originelle). Les scientifiques reconnaissent que l'entropie est inexorable, l'entropie étant la tendance de l'énergie à se dissiper. Ainsi, dans les deux systèmes, le fait que l'ADN soit un milliard de fois plus complexe que les atomes primordiaux, que le cortex humain se soit considérablement développé au cours des 50 000 dernières années, que la vie soit apparue à partir de produits chimiques inertes et que de nouvelles pensées apparaissent chaque jour à partir de rien, pose un vrai problème. L'entropie nous fait vieillir ; elle fait rouiller les voitures, éteint les étoiles et les fait mourir. Mais la dynamique de l'évolution est également inexorable. La nature a décidé d'évoluer, quelles que soient les opinions que l'on ait à ce sujet.

Universel

7. La connaissance embrasse de plus en plus le monde.

Personnel

7. La direction de la vie va de la dualité à l'unité.

Selon une idée communément admise, les cultures anciennes voyaient une création unifiée, tandis que les modernes considèrent un monde fragmenté et divisé. Cela a été attribué au déclin de la foi, ainsi qu'à l'absence de mythes, de traditions et de lien social. Mais je crois que c'est le contraire qui est vrai : les anciens, avec leur compréhension, pouvaient à peine expliquer une infime portion de tous les phénomènes de la nature, alors que la physique, aujourd'hui, est à deux doigts d'une « théorie de toutes choses ». L'éminent physicien John Wheeler soulève un point crucial : avant Einstein, les êtres humains pensaient qu'ils regardaient la nature « à l'extérieur », comme à travers une vitre, et essayaient de se représenter ce que la réalité extérieure faisait. Grâce à Einstein, nous réalisons que nous sommes « encastrés » dans la nature ; l'observateur change la réalité par l'acte même d'observer. Ainsi, en dépit d'un sentiment très répandu d'aliénation psychologique (parce que la technologie dépasse notre capacité de garder une signification vivante), la dualité de l'homme et de la nature diminue à chaque génération.

Universel

8. L'évolution développe des caractères de survie parfaitement adaptés à l'environnement.

Personnel

8. Si vous vous ouvrez à la force de l'évolution, elle vous conduira là où vous voulez aller.

L'adaptation est une chose miraculeuse parce qu'elle procède par sauts quantiques. Quand certains dinosaures acquirent des plumes, ils trouvèrent une adaptation parfaite pour le vol. Les cellules de l'extérieur de leur corps, qui étaient dures et écailleuses, étaient utiles comme armure, mais ne pouvaient pas contribuer à leur envol. C'est comme si l'évolution s'était posé un nouveau problème, et avait fait un saut créateur pour en arriver là. Les écailles furent abandonnées, pour un monde nouveau de plumes permettant le vol (et ces mêmes écailles feraient un saut dans une autre direction, quand elles se transformeraient en poils, permettant le développement des mammifères à fourrure). La science et la religion se posent des questions à ce sujet. La science n'aime pas l'idée que l'évolution pourrait savoir où elle va ; les mutations darwiniennes sont censées se produire au hasard. La religion n'aime pas l'idée que la parfaite création de Dieu change quand quelque chose de nouveau est nécessaire. Indubitablement, le monde physique s'adapte par sauts créateurs qui se produisent à un niveau profond – on peut appeler ce niveau génétique ou conscient, comme on veut.

Universel

9. Le chaos sert l'évolution.

Personnel

9. Le mental fragmenté ne peut vous conduire à l'unité, mais vous devez l'utiliser tout au long du chemin.

Le chaos tourbillonnant est une réalité, mais l'ordre et la croissance aussi. Qu'est-ce qui est dominant ? La science n'est pas encore parvenue à une conclusion, parce que 90 % de l'univers sont composés d'une matière noire mystérieuse. Étant donné qu'elle n'a pas encore été observée, le destin du cosmos est une question ouverte. La religion est fermement du côté de l'ordre, pour la simple raison que Dieu a fait le monde à partir du chaos. Selon la science, il y a un équilibre délicat entre création et destruction, des millions d'années s'étant écoulées dans le maintien de cet équilibre. Cependant, étant donné que les forces cosmiques, sur une immense échelle, n'ont pas été capables de mettre en pièces le tissu délicat que les commencements de la vie ont tissé, on peut raisonnablement conclure que l'évolution utilise le chaos comme un peintre utilise les couleurs mélangées dans sa boîte. Au niveau personnel, on ne peut atteindre l'unité tant qu'on reste gouverné par les tourbillons de pensées et d'impulsions dans sa tête, mais l'on doit toujours utiliser son mental pour trouver sa propre source. L'unité est le dessein caché vers lequel œuvre l'évolution, en utilisant le mental fragmenté comme outil tout au long du chemin. Comme le cosmos, la surface du mental semble chaotique, mais il y a dessous une marée de progrès à l'œuvre.

Universel

10. Beaucoup de niveaux invisibles sont enveloppés dans le monde physique.

Personnel

10. Vous vivez dans de nombreuses dimensions simultanément ; être piégé dans le temps et l'espace est une illusion.

Les premiers pionniers de la physique quantique, y compris Einstein, ne voulaient pas créer de nouvelles dimensions au-delà du temps et de l'espace. Ils voulaient expliquer l'univers tel qu'il apparaît. Mais les théories de pointe actuelles, inspirées plus ou moins d'Einstein, utilisent au moins onze dimensions pour expliquer le monde visible. La religion a toujours soutenu que Dieu habitait un monde au-delà des cinq sens ; la science a besoin du même monde transcendant pour expliquer comment des particules séparées par des millions d'années-lumière peuvent se comporter comme des jumelles, comment la lumière peut se comporter à la fois comme particule et comme onde, et comment les trous noirs peuvent transférer la matière au-delà de l'emprise de la gravité et du temps. Enfin, l'existence de dimensions multiples est irréfutable. Au niveau le plus simple, il a fallu un *quelque part* dont l'espace et le temps sont venus lors du Big Bang et, naturellement, ce *quelque part* ne peut être dans le temps et l'espace. Reconnaître qu'en tant que citoyen d'un univers multidimensionnel, on est un être multidimensionnel, est très éloigné de la mystique. C'est la meilleure hypothèse que l'on puisse faire, à partir des faits.

On peut dire que ces dix principes représentent des façons de concevoir le système opérant qui permet à la réalité de continuer. En vérité, tout cela est inconcevable, et notre cerveau n'est pas conçu pour opérer dans des directions inconcevables. Il peut s'adapter, cependant, à la vie inconsciente. Chaque créature sur terre est assujettie aux lois de la nature ; seuls les humains pensent : « En quoi tout cela peut-il me concerner ? » Si vous décidez de vivre comme si la dualité était réelle, vous ne verrez pas le rapport de ces dix principes avec vous. La plaisanterie cosmique, c'est que les mêmes lois continueront à soutenir votre vie, que vous les reconnaissiez ou non.

Le choix consiste à être conscient ou non, ce qui nous conduit à la possibilité de transformation. Personne ne conteste le fait que la vie consiste en changements. Mais peut-on, simplement en modifiant sa conscience, provoquer une transformation profonde, et non pas simplement un autre changement superficiel ? La transformation et le changement sont deux choses différentes, comme on peut le voir dans n'importe quel conte de fées. La pauvre fille obligée par sa méchante marâtre à nettoyer l'âtre tandis que ses demi-sœurs vont au bal n'améliore pas sa situation en suivant des cours du soir. Cendrillon est touchée par une baguette magique et emmenée au palais à la vitesse de l'éclair, totalement transformée.

Dans la logique du conte de fées, le changement est trop lent, trop graduel, trop mondain, pour satisfaire le désir symbolisé par la grenouille qui sait qu'elle est un prince, ou le vilain petit canard qui devient un cygne magnifique. Il y a plus qu'un élément de fantaisie dans le contact magique qui produira immédiatement une vie sans troubles. Plus important, cette fantaisie déguise la façon dont la transformation véritable se produit.

La clé de la transformation véritable, c'est que la nature n'avance pas « pas à pas ». Elle fait des sauts quantiques tout le temps et, quand elle les fait, les vieux ingrédients ne sont pas simplement recombinés. Quelque chose de nouveau apparaît pour la première fois dans la création, une *propriété émergente*. Par exemple, l'hydrogène et l'oxygène sont légers, gazeux, invisibles et secs. Il a fallu une transformation pour que ces deux éléments se combinent et forment de l'eau ; et, quand cela s'est produit, un nouvel ensemble de possibilités émergea en même temps, le plus important, de notre point de vue, la vie même.

L'humidité de l'eau est un exemple parfait de propriété émergente. Dans un univers sans eau, l'humidité ne peut être obtenue en mélangeant des propriétés qui existent déjà. Le mélange ne produit que du changement ; ce n'est pas suffisant pour la transformation. Il a fallu que l'humidité émerge comme quelque chose de complètement nouveau dans la création. Si vous regardez bien, vous vous apercevrez que tout lien chimique produit une propriété émergente. (J'ai donné l'exemple du sodium et du chlore – deux poisons qui, lorsqu'ils sont combinés, produisent du sel, un autre élément de base de la vie.) Votre corps, qui lie des millions de molécules à chaque seconde, dépend de la transformation. Respiration et digestion, pour ne mentionner que deux processus, manient la transformation. La nourriture et l'air ne sont pas simplement mélangés ; ils subissent plutôt le lien chimique exact nécessaire pour que vous restiez vivant. Le sucre extrait d'une orange voyage jusqu'au cerveau et alimente une pensée. La propriété émergente est dans ce cas la nouveauté de la pensée : dans l'histoire de l'univers, il n'y a jamais eu de combinaison de molécules qui ait produit ce résultat. L'air qui entre dans vos poumons se combine de milliers de façons pour produire des cellules qui n'ont jamais existé auparavant de la façon dont elles existent en vous, et quand vous utilisez l'oxygène pour vous mouvoir, vos muscles accomplissent des actions qui, même si elles peuvent ressembler à celles d'autres gens, sont des expressions uniques de vous-même.

Si la transformation est la norme, alors, la transformation spirituelle se produit comme une extension du lieu où la vie s'est déployée. Tout en restant où vous êtes, vous pouvez provoquer un bond quantique dans votre conscience, et le signe qui indique que le saut est réel sera une propriété émergente dont vous n'avez jamais fait l'expérience dans le passé.

PROPRIÉTÉS SPIRITUELLES ÉMERGENTES

Clarté de conscience,
Connaissance,
Respect pour la vie,
Absence de violence,
Absence de peur,
Non-attachement,
Intégrité.

Ce sont des transformations spirituelles, parce qu'aucune ne peut être réalisée uniquement en recombinant les anciens ingrédients du soi. Comme l'humidité de l'eau, chacune apparaît comme par alchimie – les déchets de la vie quotidienne se changent en or.

Clarté signifie être conscient de vous-même tout le temps, en marchant, dormant et rêvant. Au lieu d'être dominée par les choses extérieures, votre conscience est toujours ouverte à elle-même. La clarté est un état de vigilance et d'insouciance totales.

Connaissance signifie être en contact avec le niveau du mental où il est fourni une réponse à chaque question. Elle est apparentée au génie, même si elle ne se concentre pas sur la musique, les mathématiques, ou d'autres sujets spécifiques. Votre domaine de connaissance est la vie même et le mouvement de la conscience à tous les niveaux. La connaissance est sagesse, conscience, inébranlabilité et, cependant, humilité.

Respect pour la vie signifie être en contact avec la force vitale. Vous sentez le même pouvoir circuler à travers vous, qu'à travers toute autre entité vivante ; même la poussière dans un rayon de soleil danse au même rythme. Ainsi, la vie ne se limite pas aux plantes et aux animaux – chaque chose possède une vitalité rayonnante, animée. Le respect pour la vie signifie chaleur, connexion et joie.

Non-violence signifie être en harmonie avec chaque action. Il n'y a pas d'opposition entre ce que vous faites et ce que fait quelqu'un d'autre. Vos désirs n'entrent pas en conflit avec le bien-être d'une autre personne. Quand vous regardez autour de vous, vous voyez les conflits dans le monde au sens large, mais pas dans votre monde. Vous émanez la paix comme un champ de force qui maîtrise le conflit dans votre environnement. La non-violence est paix, calme, et non-résistance totale.

Non-peur signifie totale sécurité. La peur est une secousse du passé ; elle nous rappelle le moment où nous avons quitté un lieu où nous nous sentions chez nous, pour un endroit où nous nous sentions vulnérables. La *Bhagavad Gîtâ* dit que la peur est née de la séparation, ce qui implique que la cause originelle de la peur est la perte de l'unité. En fait, la séparation n'est pas une chute depuis la grâce, mais une perte de ce que vous êtes réellement. Ainsi, être sans peur, c'est être soi-même.

Intégrité signifie tout inclure, ne rien laisser à l'extérieur. À présent, nous faisons l'expérience de la vie découpée en tranches de temps, d'expérience, d'activité. Nous nous accrochons à notre sens limité du soi pour empêcher les tranches de se désintégrer. Mais il est impossible de trouver la continuité de cette façon, quels que soient les efforts que nous fassions pour rendre la vie cohérente. L'intégrité est un état au-delà de la personnalité. Elle émerge quand « je suis » qui s'applique à vous est le même que « je suis » partout. L'intégrité est solidité, éternité, absence de commencement et de fin.

La transformation véritable, à mon avis, dépend de l'émergence de ces propriétés en tant qu'expérience personnelle. Elles sont les qualités primordiales enchâssées dans la conscience ; elles n'ont pas été inventées par des êtres humains, ou projetées par indigence, besoin, ou faim. On ne peut en expérimenter aucune en acquérant plus que ce que l'on a déjà. Être aussi gentil que possible avec les autres et ne leur faire aucun mal n'est pas la même chose que la non-violence au sens spirituel. Montrer du courage face au danger n'est pas la même chose qu'être sans peur. Se sentir à la fois stable et à l'aise n'est pas la même chose que l'intégrité.

On doit souligner que, quelque inatteignables que ces choses paraissent, elles sont totalement naturelles – elles sont des extensions d'un processus de transformation qui a été avec vous toute votre vie durant. Chacun est déjà une propriété émergente de l'univers, une création totalement nouvelle à partir des gènes de ses parents. Et, cependant, il y a une magie plus profonde à l'œuvre. Au niveau chimique, les gènes de vos parents n'ont été que recombinés ; vous en avez obtenu quelques-uns d'une personne et quelques-uns d'une autre. La survie d'un certain pool génétique s'est étendue à une nouvelle génération ; cela ne s'est pas soudain transformé en une substance nouvelle et inconnue.

La nature a utilisé ces vieux matériaux de construction pour accomplir un exploit alchimique, parce que vous n'êtes pas une réplique génétique reconfigurée. Vos gènes sont juste une structure de soutien pour une expérience unique. L'ADN est la façon unique dont l'univers devient conscient de lui-même. Il faut des yeux à l'univers, pour voir à quoi il ressemble, des oreilles, pour entendre le son qu'il produit, etc. Pour faire en sorte d'être toujours intéressant, l'univers nous a créés, pour pouvoir être conscient de lui-même d'une façon totalement nouvelle. Ainsi, vous êtes une expression de l'éternité et de cet instant même, simultanément.

Se transformer, c'est comme être enceinte. Chaque femme qui décide d'être enceinte prend une décision personnelle et, cependant, se soumet à une prodigieuse force de la nature. D'une part, elle met en œuvre son libre arbitre ; d'autre part, elle est prise dans des événements inexorables. Une fois qu'elle a dans sa matrice une graine fécondée, la nature prend le dessus ; produire un enfant est quelque chose que vous faites et, en même temps, c'est quelque chose qui vous arrive. On peut dire la même chose de n'importe quelle transformation véritable. Vous pouvez prendre une décision personnelle pour être « spirituel », mais quand l'esprit s'empare vraiment de vous, vous êtes pris dans des forces qui vous dépassent largement. C'est comme si un chirurgien, convoqué pour pratiquer une opération essentielle, s'apercevait, en regardant le patient, qu'il s'agit de lui-même.

Nous avons parlé des dix principes qui servent de système opérationnel de la réalité une. Mais la plupart des gens sont fermement enracinés dans un autre système opérationnel – le système de la dualité. Ils vivent en supposant qu'ils sont des individus séparés, isolés, dans un cosmos hasardeux où ce qui se produit « ici, à l'intérieur », ne se reflète pas « là, à l'extérieur ». Comment, alors, peut-on passer d'un système opérationnel à l'autre ? L'unité est totalement différente de la dualité, mais on n'a pas à attendre la fin de ce voyage pour vivre *comme si* on était dans l'autre système. Maintenant, nous vivons comme si la limitation et la séparation étaient vraies ; aussi, nous ne laissons pas de place pour qu'elles *ne* soient *pas* vraies. Cependant, une intelligence cachée préserve l'ordre incroyable de la vie tout en permettant au changement de tourbillonner, dans un chaos apparent. Si elle est exposée à la lumière solaire par un jour frais de printemps, une cellule vivante dépérit et tombe en poussière, et son ADN est emporté par le vent. Mais cette apparente fragilité a survécu deux milliards d'années à l'assaut constant des éléments. Pour voir que votre existence est protégée par la même intelligence, vous devez d'abord vous aligner dessus. Alors, une loi universelle se révèle : *l'intégrité reste la même, quels que soient les changements*.

Votre tâche est de rendre l'intégrité plus réelle dans votre vie. Tant que vous restez au niveau où le changement est dominant, il n'y a pas de possibilité de devenir vraiment nouveau. La dualité maintient son système opérationnel d'instant en instant, et tant que vous êtes branché dessus, ce système semble réel, exploitable, fiable et valide. L'autre système opérationnel, fondé sur l'intégrité, la totalité, opère beaucoup mieux que le système auquel vous êtes habitué. L'intégrité est également réelle, exploitable, fiable et valide. Pour nous aider à prendre nos marques, examinons quelques situations habituelles, et voyons comment chaque système les traiterait.

Vous arrivez un jour à votre travail, et la rumeur vous apprend que votre société licencie. Personne ne vous dit si votre emploi est menacé, mais il pourrait bien l'être. Dans le système opérationnel de la dualité, les implications suivantes commencent à entrer en jeu :

Je pourrais perdre la seule chose qui me permet de vivre.
Quelqu'un d'autre contrôle ma destinée.
Je suis face à quelque chose d'imprévisible et d'inconnu.
Je ne mérite pas d'être ainsi tenu dans l'ignorance.
Cela pourrait m'être préjudiciable si les choses allaient mal pour moi.

Ce sont des pensées que l'on a le plus souvent quand on se trouve en situation de crise. Certaines personnes font mieux face à la menace que d'autres ; vous-même vous êtes retrouvé dans des situations semblables, avec plus ou moins de succès. Mais ces soucis font seulement partie d'un système opérationnel. Ils sont programmés sur le disque dur de l'ego, avec sa fixation totale sur le contrôle de tout. Ce qui, ici, est réellement menacé, ce n'est pas l'emploi, mais le contrôle ; c'est le contrôle, en réalité, et non l'emploi, que l'on a peur de perdre. Cela révèle la fragilité de l'emprise de l'ego.

Maintenant, replaçons la situation dans le cadre du système opérationnel programmé à partir de l'intégrité, de la totalité, c'est-à-dire de la réalité une. Vous vous rendez à votre travail, pour vous apercevoir que la société réduit ses effectifs, et les implications suivantes commencent à entrer en jeu :

Mon soi profond a créé cette situation.
Quoi qu'il arrive, il y a une raison.
Je suis surpris, mais ce changement n'affecte pas ce que je suis.
Ma vie se déroule pour le mieux et la meilleure évolution pour moi.
Je ne peux perdre ce qui est réel. Les choses extérieures se mettront en place quand elles le devront.
Quoi qu'il arrive, je ne peux être affecté.

Vous pouvez voir immédiatement que le fait de vous brancher sur le second système opérationnel apporte un sentiment de sécurité bien plus grand. L'intégrité est sûre ; la dualité ne l'est pas. La protection contre les menaces extérieures est permanente quand il n'y a pas de choses extérieures, mais seulement vous qui vous déployez dans deux mondes, l'intérieur et l'extérieur, qui s'engrènent complètement.

Un sceptique pourra objecter que ce nouveau système opérationnel n'est qu'une affaire de perception, et que se considérer comme le créateur de sa réalité ne signifie pas qu'on le soit. Mais c'est pourtant le cas. La réalité change quand vous changez, et quand vous changez votre perception d'être séparé, la réalité une réagit en changeant avec vous. La raison pour laquelle on ne le remarque pas, c'est que le monde fondé sur l'ego, avec toutes ses exigences, ses pressions, ses drames et ses excès, génère une forte dépendance, et, comme toute dépendance, elle donne le besoin de sa dose quotidienne, comme la négation de toute porte de sortie. En donnant, à la place, votre allégeance à la réalité une, vous ne mettrez pas immédiatement un terme à la dépendance, mais vous commencerez votre sevrage. Votre ego et votre personnalité, qui vous donnent une conscience limitée de qui vous êtes, seront avertis que l'attachement et l'avidité doivent prendre fin. Votre conditionnement du passé, qui vous a dit comment triompher du monde extérieur, ne vous aidera plus à survivre. Le soutien sur lequel vous comptiez, celui de sources extérieures comme la famille, les amis, la position sociale, les biens et l'argent, ne vous donnera plus de sentiment de sécurité.

Soyez assuré que la perception est assez flexible pour laisser aller la dépendance à la dualité. Tout événement peut être vu comme venant du centre créateur en soi-même. En ce moment même, je peux considérer ma vie et dire : « J'ai fait cela. » Ce n'est qu'une étape vers les questions suivantes : « Pourquoi ai-je fait cela ? » et « Qu'est-ce que je veux faire à la place ? »

Prenons un autre exemple : vous vous arrêtez à un feu rouge, mais la voiture qui est derrière vous ne s'arrête pas et vous rentre dedans. Vous sortez pour vous expliquer avec l'autre conducteur, et il ne s'excuse pas. C'est de mauvaise grâce qu'il vous donne ses références d'assurance. Dans un système opérationnel, les implications suivantes entrent en jeu :

Cet inconnu ne pense pas à mes intérêts.
S'il ment, je peux rester avec la facture des dommages sur les bras.
Je suis dans mon droit et il doit le reconnaître.
Je vais peut-être devoir le contraindre à coopérer.

Tandis que ces idées se présentent, envisagez la possibilité que ce n'est pas l'accident qui les a provoquées – elles étaient déjà imprimées dans votre mental, attendant le moment propice pour se manifester. Vous ne voyez pas la situation comme elle est vraiment, mais seulement au travers d'une perception programmée. Dans un système opérationnel différent, les implications suivantes sont également valables :

Cet accident n'était pas un accident ; c'est le reflet de moi-même.
Ce conducteur est un messager.
Quand je découvrirai pourquoi cet événement s'est produit, c'est un aspect de moi-même que j'aurai découvert.
Je dois être plus attentif aux énergies cachées ou coincées. Quand j'aurai réglé cela, je serai content d'avoir eu cet accident.

Le second point de vue semble-t-il possible, ou est-ce prendre ses désirs pour des réalités ? En fait, c'est la façon naturelle de percevoir la situation du point de vue de la réalité une. Le premier point de vue a été imprimé par les circonstances dès le début de votre vie – vous avez été exercé à considérer les autres comme des inconnus, des étrangers, et à supposer que les accidents sont des événements dus au hasard. Mais au lieu de vous appuyer sur cette conscience limitée, vous pouvez vous ouvrir à des possibilités élargies. Le point de vue le plus large est plus généreux, pour vous et pour l'autre conducteur. Vous n'êtes pas des adversaires, mais des acteurs, égaux, dans une scène qui a quelque chose à vous apprendre à tous les deux. Le point de vue large ne comporte pas de reproches. Il attribue aux deux acteurs des responsabilités égales et leur permet une croissance égale. Un accident de voiture n'est ni bien, ni mal – il est une occasion de revendiquer ce que vous êtes, un créateur. Si vous en sortez avec un résultat qui vous rapproche de votre soi véritable, vous avez grandi ; même l'exigence de gagner qui est celle de l'ego est satisfaite par l'expérience de la réalité une.

Vous pouvez soutenir que le seul enjeu, ici, est l'argent, et que l'affrontement est le meilleur moyen d'être payé, ce point de vue n'est pas une réalité, mais le renforcement d'une perception. Est-ce que l'argent neutralise ce qui va avec – la colère, les reproches et le sentiment d'être victime ?

L'intégrité apporte un monde continu, unifié, mais vous ne saurez pas à quoi ce monde ressemble tant que vous n'aurez pas eu recours à un nouveau système opérationnel. Le passage de l'ancien système au nouveau est un processus dans lequel nous devons nous engager nous-mêmes chaque jour. Notre dépendance commune à la dualité est totale ; elle n'oublie rien à l'extérieur. La bonne nouvelle, c'est qu'aucun aspect de la vie n'est réfractaire à la transformation. Chaque changement que vous faites, si petit soit-il, se communiquera à toute l'existence – littéralement, l'univers entier sera à votre écoute et vous accordera son soutien. De ce point de vue, la formation d'une galaxie n'est pas plus importante que l'évolution d'une seule personne.

Changer votre réalité pour percevoir le septième secret

La septième leçon concerne l'alchimie. L'alchimie est magique. Vous ne pouvez changer le plomb en or en le chauffant, en le battant, en le moulant en différentes formes, ou en le combinant avec une autre substance connue. Ce sont simplement des changements physiques. De même, vous ne provoquerez jamais une transformation intérieure en martelant votre ancien moi de critiques, en le chauffant avec des expériences excitantes, en remodelant votre apparence physique ou en nouant de nouvelles relations. Alors, comment la magie opère-t-elle ?

Elle opère selon les principes qui constituent le système opérationnel de l'univers. Quand vous vous mettez consciemment en accord avec eux, vous vous donnez une ouverture pour la transformation. Écrivez les dix principes tels qu'ils s'appliquent à vous personnellement, et commencez à les vivre. Emportez-les avec vous ; reportez-vous-y souvent. Il est préférable de vous concentrer attentivement sur un seul principe, plutôt que d'essayer d'en inclure trop à la fois. Voici des exemples de la façon dont vous pourriez appliquer quotidiennement ces principes universels :

Les événements de ma vie reflètent qui je suis : J'appliquerai aujourd'hui une expérience à moi-même. Tout ce qui capte mon attention essaie de me dire quelque chose. Si je suis en colère contre quelqu'un, je verrai si ce que je déteste dans cette personne existe aussi en moi. Si une conversation attire mon attention, je prendrai ces paroles comme un message personnel. Je veux découvrir le monde qui est en moi.

Les gens qui sont dans ma vie reflètent des aspects de moi-même : Je suis un assemblage de toutes les personnes qui sont importantes pour moi. Je vais considérer mes amis et ma famille comme une photo de groupe de moi. Chacun représente une qualité que je désire voir en moi-même, ou que je veux rejeter, mais en réalité je suis l'image totale. C'est de ceux que j'aime et que je déteste intensément que j'apprendrai le plus : les uns reflètent mes aspirations supérieures, les autres reflètent mes peurs les plus profondes de ce qui demeure en moi.

Tout ce à quoi je prête attention croîtra : Je ferai l'inventaire de la façon dont j'utilise mon attention. Je noterai le temps que je passe avec la télévision, les jeux vidéo, l'ordinateur, les hobbies, le bavardage, le travail qui ne m'intéresse pas, le travail qui me passionne, les activités qui me fascinent, et les rêves d'évasion ou de réalisation. Je découvrirai ainsi quels aspects de ma vie vont se développer. Puis je me demanderai : « Qu'est-ce que je veux voir se développer dans ma vie ? » Cela m'indiquera où mon attention a besoin de se porter.

Rien n'est dû au hasard – ma vie est pleine de signes et de symboles : Je chercherai des modèles dans ma vie. Ces modèles peuvent être n'importe où : dans ce que les autres me disent, la façon dont ils me traitent, la façon dont je réagis aux situations. Je tisse la tapisserie de mon monde tous les jours, et j'ai besoin de savoir quel motif je fais. Je chercherai des signes qui me montrent mes croyances cachées. Est-ce que je trouve des occasions de succès ou d'échec ? Ce sont des symboles de ma croyance en ce que j'ai ou non un pouvoir personnel. Je chercherai des signes au sujet de ma croyance que je suis aimé, et mérite de l'être – ou non.

À tout instant, l'univers me donne les meilleurs résultats possibles : Je me concentrerai aujourd'hui sur les dons de ma vie. Je me concentrerai sur ce qui marche, et non sur ce qui ne marche pas. J'apprécierai ce monde de lumière et d'ombre. Je recevrai avec reconnaissance le remarquable don de la conscience. Je remarquerai comment mon propre niveau de conscience me fait percevoir le monde que je contribue à créer.

Ma conscience intérieure évolue toujours : Où suis-je en ce moment ? Jusqu'où suis-je allé sur le chemin que j'ai choisi ? Même si je ne vois pas de résultats immédiats à l'extérieur, est-ce que je sens que je grandis intérieurement ? Aujourd'hui, je ferai face à ces questions et je demanderai honnêtement où je me trouve. Je ferai l'expérience de ma conscience, non pas comme un torrent de pensées, mais comme le potentiel pour devenir ce que je veux être. Je regarderai mes limitations avec l'intention d'aller au-delà.

La direction de la vie va de la dualité à l'unité : Aujourd'hui, je veux me sentir chez moi, en sécurité. Je veux être conscient de ce que c'est que d'être simplement, sans défenses ni désirs. Je reconnaîtrai le courant de la vie pour ce qu'il est – mon propre soi véritable. Je remarquerai ces moments d'intimité avec moi-même, quand je sentirai que « je suis » suffit à me soutenir à jamais. Je m'allongerai dans l'herbe, je regarderai le ciel, et me sentirai en union avec la nature et me dilaterai jusqu'à ce que mon être disparaisse dans l'infini.

Si je m'ouvre à la force d'évolution, elle me portera où je veux aller : Aujourd'hui est un jour pour penser à long terme à mon sujet. Quelle est ma vision de la vie ? Comment cette vision s'applique-t-elle à moi ? Je veux que ma vision se déploie sans lutte. Est-ce que c'est ce qui se passe ? Si ce n'est pas le cas, où opposé-je de la résistance ? J'examinerai les croyances qui semblent le plus me retenir. Suis-je dépendant des autres au lieu d'être responsable de ma propre évolution ? Me suis-je laissé aller à viser des récompenses extérieures, comme substitut de ma croissance intérieure ? Aujourd'hui, je me vouerai de nouveau à la conscience intérieure, sachant qu'elle est la demeure de l'impulsion évolutive qui conduit l'univers.

Le mental fragmenté ne peut me mener à l'unité, mais je dois l'utiliser tout au long du chemin : Qu'est-ce que l'unité signifie réellement pour moi ? Quelles expériences d'unité puis-je voir en regardant en arrière ? Aujourd'hui, je me rappellerai la différence qu'il y a entre être en accord avec moi-même et être éparpillé. Je trouverai mon centre, ma paix, ma capacité de suivre le courant. Les pensées et les désirs qui me dirigent ne sont pas la vérité ultime. C'est juste un moyen de me ramener à l'unité. Je garderai à l'esprit que les pensées vont et viennent comme des feuilles au gré du vent, mais que l'essence de la conscience est éternelle. Mon but est de vivre à partir de cette essence.

Je vis dans de nombreuses dimensions à la fois : le sentiment d'être piégé dans le temps et l'espace est une illusion : Aujourd'hui, je ferai l'expérience de moi-même au-delà des limitations. Je prendrai le temps d'être avec moi en silence. Tandis que je respirerai, je verrai mon être se répandre dans toutes les directions. Tandis que je m'installerai dans mon silence intérieur, toute image me venant à l'esprit sera priée de rejoindre mon être. J'inclurai toute personne et toute chose me venant à l'esprit, en disant : « Toi et moi sommes un au niveau de l'être. Viens, rejoins-moi au-delà du drame de l'espace et du temps. » De même, j'éprouverai l'amour comme une lumière qui commence dans mon cœur et se répand aussi loin que ma conscience peut aller ; tandis que des images apparaîtront dans mon mental, j'enverrai amour et lumière dans leur direction.

SECRET N° 8

Le mal n'est pas votre ennemi

C'est quand on est confronté au mal, que la spiritualité subit son échec le plus douloureux. Des idéalistes remplis d'amour qui ne feraient de mal à personne se retrouvent pris dans le maelström de la guerre. Des croyances qui prêchent l'existence d'un Dieu unique organisent des campagnes pour tuer les infidèles. Les religions de l'amour sont en proie à une haine fanatique des hérétiques et de ceux qui menacent la foi. Même si vous pensez que vous êtes détenteur de la vérité ultime, il n'est nulle garantie que vous échapperez au mal. Plus de violences ont été commises, au nom de la religion, que pour toute autre raison. D'où cet aphorisme amer : *Dieu a donné la vérité, et le Diable a dit : « Laissez-moi l'organiser. »*

Il y a aussi l'échec plus subtil de la passivité – se tenir à l'écart et laisser faire le mal. Cela trahit peut-être une croyance secrète, que le mal est en fin de compte plus puissant que le bien. Quand on demanda à l'apôtre de la non-violence comment l'Angleterre devrait faire face au nazisme, il répondit :

> Je souhaite que vous combattiez le nazisme sans armes. J'aimerais que vous déposiez les armes que vous avez, les considérant comme inutiles pour vous sauver, vous ou l'humanité. Vous inviterez Herr Hitler et le Signor Mussolini à prendre ce qu'ils veulent des pays que vous appelez vos possessions. Laissez-les s'emparer de votre belle île, avec vos édifices, nombreux et beaux. Vous leur donnerez tout cela, mais pas vos âmes, ni vos esprits.

L'auteur de ce passage était le Mahatma Gandhi, et point n'est besoin de dire que sa « lettre ouverte » aux Britanniques fit scandale. Mais Gandhi respectait le principe de l'*ahimsa*, la non-violence. Il utilisa avec succès la non-violence passive pour persuader les Britanniques d'accorder la liberté à l'Inde ; aussi, en refusant de faire la guerre à Hitler – une position qu'il maintint pendant toute la Seconde Guerre mondiale –, il était cohérent avec ses croyances spirituelles. L'*ahimsa* serait-il parvenu à persuader Hitler, un homme qui déclarait que « la guerre est le père de toutes choses » ? Nous ne le saurons jamais. La passivité comporte elle-même un aspect obscur. L'Église catholique considère comme l'une de ses périodes les plus sombres les années où elle a permis, à l'époque du nazisme, que des millions de Juifs soient tués, au point que des Juifs italiens étaient arrêtés sous les fenêtres du Vatican.

Reconnaissons donc que la spiritualité a déjà échoué, en d'innombrables occasions, quand il s'est agi de faire face au mal. Se détournant des enseignements qui n'ont fait que permettre sa propagation, la réalité une ouvre une voie nouvelle : parce qu'il n'y a qu'une unique réalité, le mal n'a pas de pouvoir spécial, ni d'existence séparée. Il n'y a pas de Satan cosmique pour rivaliser avec Dieu, et même la guerre entre le bien et le mal est seulement une illusion née de la dualité. En fin de compte, le bien et le mal sont des formes que la conscience choisit de prendre. En ce sens, le mal n'est pas différent du bien. Leur ressemblance remonte à la source. Deux bébés nés le même jour peuvent avoir des destins différents, l'un faisant le bien, l'autre, le mal, mais il ne peut pas être vrai que l'un ait été créé mauvais. Le potentiel pour le bien et le mal existe dans leur conscience, et tandis que les bébés grandiront, leur conscience sera modelée par de nombreuses forces.

Ces forces sont si complexes qu'il est absurde de qualifier quelqu'un de purement mauvais. Voici la liste des forces qui façonnent chaque nouveau-né :

- L'éducation parentale, ou son absence,
- La présence ou l'absence d'amour,
- Le contexte de la famille entière,
- La pression des camarades à l'école et la pression sociale pendant toute la vie,
- Les tendances et réactions personnelles,
- L'endoctrinement et l'enseignement religieux,
- Le karma,
- Le cours de l'histoire,
- Les modèles,
- La conscience collective,
- L'attrait des mythes, des héros et des idéaux.

Chaque force mentionnée ci-dessus influence vos choix et vous pousse à l'action de façon invisible. Parce que la réalité est emmêlée dans toutes ces influences, le mal l'est aussi. Il revient à ces forces de mal et de bien d'émerger. Si le héros de votre enfance était Staline, vous ne percevrez pas le monde de la même façon que si c'était Jeanne d'Arc. Si vous êtes protestant, votre vie pendant les guerres de Religion n'aurait pas été la même que celle que vous pouvez mener dans une banlieue américaine de nos jours. Considérez qu'une personne est semblable à un immeuble pourvu de centaines de lignes électriques qui y alimentent d'innombrables messages et énergétisent une multitude de projets. Quand vous regardez un bâtiment, vous le voyez comme une seule chose, un seul objet qui se dresse là. Mais sa vie intérieure dépend des centaines de signaux qui y parviennent.

La vôtre aussi.

En soi, aucune des forces qui nous alimentent n'est mauvaise. Mais sous cette multitude d'influences, chacun fait des choix. Je crois qu'une inclination mauvaise est un choix fait en toute conscience. *Et ces choix semblaient bons quand ils ont été faits*. C'est le paradoxe central derrière les mauvaises actions, parce qu'à de rares exceptions près, les gens qui font le mal font remonter leurs motivations à des décisions qui étaient les meilleures qu'ils pouvaient prendre, étant donné la situation. Les enfants qui subissent des sévices, par exemple, deviennent fréquemment des adultes qui en font subir à leur tour à leurs propres enfants. On pourrait penser qu'ils seraient les derniers à recourir à la violence familiale, eux qui en ont été victimes. Mais pour eux, les autres options, non-violentes, ne sont pas disponibles. Le contexte des sévices, qui agit sur leur mental depuis leur plus tendre enfance, est trop puissant, et ne laisse aucune place à la liberté de choix.

Les gens qui sont dans des états de conscience différents ne partageront pas la même définition du bien et du mal. Un exemple important en est fourni par la servitude sociale des femmes, dans le monde entier, qui paraît totalement mauvaise dans le monde moderne, mais qui est entretenue dans de nombreux pays par la tradition, la sanction religieuse, les valeurs sociales et les pratiques familiales qui remontent à de nombreux siècles. Jusqu'à une époque très récente, même les victimes de ces forces considéraient le rôle de la femme réduite à l'impuissance obéissante, infantilisée, comme « bon ».

Le mal dépend complètement du niveau de conscience de chacun.

Vous pouvez examiner ce message, en considérant sept définitions différentes du mal. Avec laquelle êtes-vous instinctivement en accord ?

QUEL EST LE PLUS GRAND MAL ?

Sept perspectives

1. Le pire mal, c'est faire souffrir quelqu'un physiquement, ou mettre sa survie en danger.
2. Le pire mal, c'est réduire économiquement les gens en esclavage, en les privant de toute chance de réussir ou de prospérer.
3. Le pire mal, c'est détruire la paix et provoquer le désordre.
4. Le pire mal, c'est piéger l'esprit des gens.
5. Le pire mal, c'est détruire la beauté, la créativité et la liberté d'explorer.

6. Le pire mal est souvent difficile à différencier du bien, étant donné que dans la création tout est relatif.
7. Il n'y a pas de mal ; il n'y a que les structures changeantes de la conscience, dans une danse éternelle.

La plupart des gens choisiront probablement les deux premières définitions, parce que le mal physique et la privation sont très menaçants. À ce niveau de conscience, le mal signifie ne pas être à même de survivre ou de gagner sa vie, et le bien signifie la sécurité physique et économique. Dans les deux définitions suivantes, le mal n'est plus physique mais mental. La pire terreur, ce n'est pas d'être privé de nourriture, mais que l'on nous dise ce que nous devons penser, et que l'on soit contraint de vivre de façon chaotique et agitée. Le bien signifie paix intérieure et libre circulation de l'intuition. Les deux significations suivantes sont encore plus raffinées ; elles ont trait à la créativité et à la vision. La peur la plus grande, c'est de ne pas pouvoir s'exprimer ou d'être forcé de qualifier les autres de mauvais. Une personne profondément spirituelle ne considère pas le bien et le mal comme des catégories rigides, mais a commencé à reconnaître que Dieu avait un dessein en créant les deux. Le bien est l'expression libre, l'ouverture aux choses nouvelles, le respect des aspects obscurs et lumineux de la vie. Enfin, le dernier niveau voit le jeu entier du bien et du mal, de la lumière et de l'ombre, comme une illusion. Chaque expérience apporte l'union avec le créateur ; on est un cocréateur immergé dans la conscience de Dieu.

La réalité une accepte toutes ces définitions, comme il se doit, parce que tout ce que la conscience peut percevoir est réel pour le percevant. Le mal fait partie d'une hiérarchie, d'une échelle de croissance, dans laquelle toute chose change selon l'échelon sur lequel vous vous trouvez. Le processus de croissance est incessant. Il est à l'œuvre en vous en ce moment même.

Si vous vous réveillez un matin, pour découvrir soudain que vous haïssez quelqu'un, qu'il n'est d'autre moyen que la violence pour sortir d'une situation, que l'amour n'est pas une option, voyez de quelle façon subtile vous en êtes arrivé là. Il a fallu un monde entier pour vous jeter, vous ou n'importe qui d'autre, dans les bras de ce qui est étiqueté bien ou mal. Ayant intériorisé ces forces, vous reflétez le monde, tout comme le monde vous reflète. C'est ce que signifie, de façon pratique, avoir le monde en soi.

Mais le mal ne peut pas être votre ennemi si le monde est en vous ; il ne peut être qu'un autre aspect de vous-même. Chaque aspect du soi est digne d'amour et de compassion. Chaque aspect est nécessaire à la vie, et aucun n'est exclu ou renvoyé aux ténèbres extérieures. Au premier abord, ce point de vue peut sembler encore plus naïf que la passivité de Gandhi, car il semble qu'on nous demande d'aimer et de comprendre un meurtrier autant qu'un saint. Le Christ enseignait exactement cette doctrine. Mais mettre l'amour et la compassion dans des situations difficiles a été au cœur de l'immense faillite de la spiritualité : la violence fait que l'amour se brise et se transforme en peur et en haine. *Mais, en réalité, le mal ne fait pas cela.* Ce sont les forces formatrices qui sont dans la conscience qui le font. Voilà pourquoi le bien et le mal deviennent égaux. Je peux donner un exemple frappant de ce que je veux dire.

En 1971, on demanda à des étudiants de l'université de Stanford de se porter volontaires pour une expérience singulière. Un groupe d'étudiants devait feindre d'être des gardiens de prison chargés de surveiller un autre groupe d'étudiants qui jouaient le rôle de prisonniers. Le caractère fictif de cela était bien compris, mais une prison fut installée, et les deux groupes cohabitèrent pendant la durée de l'expérience. Selon les prévisions, cela devait durer deux semaines, mais l'expérience dut être interrompue au bout de six jours. La raison ? D'une part, les garçons choisis pour leur santé mentale et leurs valeurs morales étaient devenus des gardiens sadiques, ayant perdu tout contrôle, et d'autre part, les prisonniers, des victimes excessivement déprimées.

Les professeurs qui dirigeaient l'expérience furent choqués mais ne purent nier ce qui était arrivé. Le directeur de recherche, Philip Zimbardo, écrivit : « À plusieurs reprises, mes gardes dépouillèrent les prisonniers de leurs vêtements, leur recouvrirent la tête d'un capuchon, les enchaînèrent, leur refusèrent toute nourriture ou le droit de se coucher, les mirent en isolement et leur firent nettoyer leurs pots de chambre à mains nues. » Ceux qui ne s'abaissèrent pas à ce comportement atroce ne firent rien pour arrêter les autres. (Les actes infâmes des gardiens de prison américains en Irak, en 2004, amenèrent Zimbardo à reparler de l'expérience de Stanford, plus de trente années après.) Il n'y eut pas d'excès auquel les gardes étudiants ne se livrèrent. Zimbardo rappelle : « Comme l'ennui de leur travail grandissait, ils se mirent à traiter les prisonniers comme leurs jouets, inventant des jeux de plus en plus humiliants et dégradants pour eux. Ces amusements prirent bientôt un tour sexuel, comme exiger que les prisonniers se sodomisent entre eux. Dès que je pris connaissance de ce comportement déviant, je fermai la prison de Stanford. »

Quelle était l'origine de cette attitude sadique ? Pour le confort de notre esprit, nous avons coutume de dire qu'il y a quelques « pommes pourries », mais l'expérience de Stanford suggère quelque chose de plus dérangeant : Le mal existe en chacun comme une ombre, pour la simple raison que le monde est en chacun. Être bien élevé, c'est bien sûr contrecarrer l'ombre du mal, et si nous nous reportons à notre liste de forces qui modèlent la conscience, chacun montrera une carte d'influences différentes. Mais si vous avez la chance d'avoir fait des choix du bon côté de l'équation, vous devez cependant reconnaître que l'ombre existe quelque part en vous.

L'ombre a été formée par les mêmes situations quotidiennes qui modèlent notre conscience, et elle est libérée par des situations nouvelles qui leur sont parallèles. Si vous avez fait l'objet de sévices dans votre enfance, le fait d'être entouré d'enfants peut faire remonter ces souvenirs. Les expérimentateurs de Stanford ont imaginé une série de conditions qui font que les gens accomplissent des choses que nous qualifierions de mauvaises, ou, du moins, de très étrangères à notre soi véritable. J'ai développé ce point à la lumière de ce que nous savons au sujet du dualisme et de la séparation.

COUVER LE MAL

Conditions qui libèrent les énergies obscures

Supprimer un sens de la responsabilité,
Anonymat,
Environnements déshumanisants,
Mauvais exemples donnés par des pairs,
Spectateurs passifs,
Niveaux de pouvoir rigides,
Chaos et désordre dominants,
Manque de signification,
Permission implicite de faire du mal,
Mentalité « nous-contre-eux »,
Isolement,
Pas de comptes à rendre.

Est-ce que l'une de ces conditions est intrinsèquement mauvaise ? Cette liste, comparée à la première, donne l'impression qu'une composante mauvaise a été intégrée. Outre les prisons, où l'on peut s'attendre à voir émerger le pire de la nature humaine, on peut voir des abus semblables en milieu hospitalier ; en tant que médecin, j'ai pu en être témoin. Certes, les hôpitaux ne sont pas mauvais ; c'est pour faire du bien qu'ils ont été créés. Mais l'ombre n'est pas une question de qui est bon ou mauvais. Elle a trait aux énergies enfermées qui cherchent un exutoire, et un hôpital regorge des conditions dont la liste a été dressée ci-dessus : les patients sont livrés à l'autorité de médecins et d'infirmières, ils sont déshumanisés par la froide routine mécanique, isolés de la société quotidienne, considérés comme des cas plus ou moins anonymes parmi des milliers, etc.

Si les conditions sont favorables, l'énergie obscure de chacun émergera.

Concentrons-nous, alors, sur l'ombre comme espace où la conscience a été déformée au point que de mauvais choix pourraient être faits. (« Pourraient », car, même dans les conditions les plus déshumanisées, il y a des femmes et des hommes bons qui restent bons, ce qui signifie qu'ils sont capables de résister à la libération des énergies obscures, ou de la contrôler.) Le célèbre psychologue suisse C. G. Jung fut le premier à introduire le mot « ombre » dans la littérature clinique, mais ici, je désigne en général par ce terme les endroits cachés où nous refoulons ce qui nous donne un sentiment de culpabilité ou de honte. J'appellerai ce lieu l'ombre, et je crois qu'il y a quelques vérités à dire à ce sujet :

L'ombre est personnelle et universelle en même temps.
N'importe quoi peut y être entreposé.
Tout ce qui est entreposé dans l'obscurité devient déformé.
L'intensité des énergies de l'ombre est un moyen de se faire remarquer.
Prendre conscience d'une énergie la désamorce.
L'ombre en elle-même n'est pas mauvaise et, donc, n'est pas votre ennemie.

En examinant chaque point, nous sommes plus susceptibles de congédier le terrible démon que nous qualifions – presque toujours chez les autres – de mal incarné.

L'ombre est personnelle et universelle en même temps : Chacun possède une structure propre de honte et de culpabilité. Des choses simples comme la nudité, le rapport sexuel, la colère et l'anxiété, provoquent des sentiments considérablement complexes. Dans une société, voir sa mère nue peut être chose banale, alors que dans une autre, ce peut être une expérience traumatisante qu'on ne peut que pousser dans l'ombre. Il n'y a pas de distinction entre sentiments personnels, sentiments familiaux et sentiments sociaux. Ils s'unissent et s'entrecroisent. Mais même si vous avez honte d'avoir frappé un petit tyran dans la cour de récréation, alors que vous aviez sept ans, et qu'une autre personne pense que faire cela était un moment précieux du développement de son courage personnel, avoir une ombre est universel, aussi bien que personnel. La psyché humaine a été conçue avec une cachette, et pour la plupart des gens, cette cachette est totalement nécessaire, étant donné l'énorme difficulté qu'il y a à faire face à ses impulsions les plus sombres et ses humiliations les plus profondes.

N'importe quoi peut y être entreposé : Un coffre de banque où vous gardez vos biens les plus précieux est un lieu caché, autant que la prison d'un château fort. Il en va de même pour l'ombre. Le terme est utilisé la plupart du temps pour décrire une cachette pour les énergies négatives, mais on a le pouvoir de passer du positif au négatif, et vice versa. J'ai connu deux sœurs qui étaient proches quand elles étaient petites, mais qui devinrent des adultes très différentes ; l'une devint professeur d'université, l'autre, employée intérimaire, deux fois divorcée. La sœur qui a réussi fait une description enthousiaste de son enfance, alors que l'autre la considère comme traumatisante. « Tu te souviens quand Papa t'avait enfermée dans la salle de bains pendant six heures parce que tu avais fait quelque chose de mal ? » entendis-je la sœur malheureuse dire à l'autre. « Ce fut pour le moins un moment critique. J'imaginais combien tu pouvais être en colère et désespérée. »

La sœur heureuse sembla très étonnée. « Pourquoi ne m'as-tu pas interrogée à ce sujet ? J'aimais être seule ; alors je suis rentrée en moi-même, et me suis raconté des histoires imaginaires. Cet incident n'a rien été. » C'est ainsi que nos histoires suivent des voies séparées, très idiosyncrasiques. L'incident n'eut pas de charge émotionnelle pour une sœur, mais, pour l'autre, il fut source de colère et de honte. Le grand art peut être tiré de scènes de violence (comme *Guernica* de Picasso), et des horreurs peuvent être tramées à partir de la sainteté (comme la crucifixion de Jésus). Dans l'inconscient, il y a toute une population d'impulsions non examinées. L'étudiant de Stanford qui pouvait se rabaisser au niveau de gardien de prison sadique pouvait aussi faire preuve de talents artistiques qui n'émergeront jamais, si une situation favorable ne permet pas à l'inconscient de libérer ce qu'il recèle.

Tout ce qui est entreposé dans l'obscurité se déforme : La conscience, comme l'eau fraîche, doit couler, circuler, et quand elle ne le peut, elle devient stagnante. Dans votre monde intérieur, il y a d'innombrables souvenirs et impulsions refoulés. Vous ne leur permettez pas de circuler, c'est-à-dire d'être libérés ; aussi n'ont-ils d'autre choix que de stagner. Les bonnes impulsions meurent, faute d'être animées. L'amour devient peureux et timide quand il n'est pas exprimé. La haine et l'anxiété deviennent plus grandes que la vie. La propriété fondamentale de la conscience, c'est de pouvoir s'organiser en structures et motifs nouveaux. Mais si vous ne laissez pas votre conscience aller là où il le faut, il en résulte une énergie désorganisée. Par exemple, si vous demandez à des gens de décrire ce qu'ils ressentent au sujet de leurs parents, un sujet que la plupart des adultes délaissent comme appartenant au passé, vous vous apercevez que leurs souvenirs d'enfance sont un embrouillamini. Des événements ordinaires apparaissent comme des traumatismes énormes, les autres membres de la famille deviennent des personnages de bande dessinée, les sentiments véritables sont difficiles ou impossibles à déterrer. Ainsi, quand un patient perturbé vient voir un psychiatre pour être guéri d'une blessure d'enfance, il faut des mois, voire des années, pour séparer les faits de l'imaginaire.

L'intensité des énergies de l'ombre est un moyen de les remarquer : Cacher quelque chose n'est pas pareil que le tuer. Les énergies obscures restent en vie. Même si vous refusez de les regarder, elles ne dépérissent pas – en fait, leur désir de vivre s'exacerbe. Si vous le négligez, pour attirer votre attention, votre enfant adoptera un comportement de plus en plus extrême : il cherchera d'abord à attirer votre attention, puis il criera, puis il piquera une colère. Les énergies de l'ombre suivent le même modèle. Il ne semble que raisonnable de considérer les crises de panique, par exemple, comme une peur cachée qui pique une colère. Cette même peur a d'abord voulu être remarquée d'une façon ordinaire, mais quand la personne a refusé de la voir, l'appel est devenu un cri et s'est terminé par une crise. La peur et la colère s'entendent tout particulièrement à augmenter le voltage, au point que nous avons l'impression qu'elles sont des forces étrangères diaboliques, démoniaques, qui agissent hors de notre volonté. En fait, ce sont juste des aspects de la conscience, poussés à une intensité inhumaine par le refoulement. Le refoulement dit : « Si je ne te regarde pas, tu me laisseras tranquille. » Ce à quoi l'ombre répond : « Je peux faire des choses qui te forceront à me regarder. »

Rendre une énergie consciente la désamorce : Cela découle naturellement du point précédent. Si une énergie exige votre attention, la lui prêter commencera à la satisfaire. Un enfant dont on ne s'occupe pas n'est pas apaisé par un coup d'œil. Il faut du temps pour rendre un comportement bon ou mauvais, et, comme les enfants, nos énergies obscures sont assujetties à des modèles et des habitudes. Mais cela ne modifie pas la vérité générale selon laquelle, si vous éclairez l'ombre, ses distorsions commencent à diminuer, et finissent par guérir. Dispose-t-on d'assez de temps et de patience pour mener à bien tout ce travail ? À cela, il n'y a pas de réponse fixe. La dépression, par exemple, est une réaction complexe qui peut être guérie par la perspicacité, la compassion, la patience, une attention aimante de la part des autres, la bonne volonté et la thérapie professionnelle. Ou bien vous pouvez prendre un cachet et ne pas vous tracasser. Le choix est personnel, et varie d'une personne à l'autre. Des affections apparemment aussi insolubles que l'autisme des enfants ont été guéries par des parents qui ont consacré d'énormes quantités de temps et d'attention à faire sortir leur enfant de l'obscurité. L'obscurité était une distorsion dans la conscience, qui avait besoin de lumière pour disparaître. L'ombre sous toutes ses formes requiert de la conscience sous forme de lumière et d'amour, et la seule limite à la guérison, c'est celle de notre volonté de coopérer au projet.

L'ombre en elle-même n'est pas mauvaise et, donc, n'est pas votre ennemie : Si les points précédents sont vrais, il doit en aller de même avec celui-ci. Je me rends compte que pour beaucoup de gens, il y a une énorme barrière sous la forme de « l'autre », quelqu'un d'extérieur à eux-mêmes dont le mal n'est pas remis en question. Il y a soixante ans, « l'autre » vivait en Allemagne et au Japon ; il y a quarante ans, il vivait en Union Soviétique ; aujourd'hui, il vit au Moyen-Orient. Ces personnes trouvent que le mal est plus facile à expliquer si l'on ne perd pas « l'autre » de vue – sans ennemi, ils devraient faire face à la présence du mal à l'intérieur d'eux-mêmes. Comme il est plus commode d'être persuadé que l'on est du côté des anges !

Voir l'ombre en soi-même désamorce la notion de « l'autre », et rapproche de l'aphorisme du dramaturge romain Térence : « *Rien de ce qui est humain ne m'est étranger.* » Le mal absolu peut-il être si rapidement congédié ? Les élections montrent qu'une majorité de gens croit en l'existence de Satan, et beaucoup de sectes religieuses croient fermement que le diable est lâché dans le monde et influe secrètement sur l'histoire par ses manigances. Il ne semble pas que le bien ait la moindre chance de vaincre le mal – leur combat est peut-être éternel, sans conclusion possible. Mais on peut encore choisir le côté où l'on veut être. Ce fait même supprime l'absolu du mal, étant donné que, par définition, le mal absolu gagnerait à tous les coups, ne trouvant aucun obstacle dans la fragilité du choix humain. Cependant, la plupart des gens n'acceptent pas cette conclusion. Ils regardent le drame du bien et du mal comme si lui, et non eux, avait le pouvoir, hypnotisés par les images des dernières épidémies de crimes, guerres, désastres.

Vous et moi, en tant qu'individus, ne pouvons résoudre le problème du mal à une grande échelle, et ce sentiment d'impuissance magnifie la croyance que le bien ne l'emportera pas. Mais pour lutter corps à corps avec le mal, vous devez le regarder, non pas avec horreur, ou comme un spectacle, mais avec la même attention que vous accorderiez à n'importe quel problème qui vous intéresse vraiment. Beaucoup de gens considèrent qu'il ne faut pas regarder le mal, que c'est tabou ; le thème de beaucoup de films d'horreur, c'est que si vous vous en approchez trop, vous méritez ce qu'il vous arrive. Mais ce qui concerne le mal personnel est plus mondain qu'horrible. En chacun de nous, il y a des pulsions nourries par un sentiment d'injustice. Ou bien nous pensons que quelqu'un nous a causé un préjudice impardonnable, cause de notre rancune et de nos griefs.

Quand nous avons été traités injustement ou que nous avons subi des préjudices personnels, l'émotion naturelle est la colère. Si cette colère ne peut sortir, elle s'envenime et grandit dans l'ombre ; qu'on lui donne libre cours ou qu'on la contienne, rien n'y fait ; elle génère un cycle de violence. La culpabilité peut vous donner le sentiment d'être quelqu'un de mauvais, simplement en ayant une impulsion ou une pensée. C'est un dilemme : si vous donnez libre cours à votre colère et que vous rendiez le mal qui vous a été fait, vous faites quelque chose de mal, mais si vous gardez et hébergez la colère en vous, vous avez le même sentiment d'être mauvais.

Cependant la violence peut être domptée si on la brise en morceaux maniables. Les émotions négatives se nourrissent de certains aspects de l'ombre que l'on peut très bien gérer :

L'ombre est *sombre*. Chacun a une ombre à cause du contraste naturel entre obscurité et lumière.

L'ombre est *secrète*. Nous y emmagasinons des pulsions et des sentiments que nous voulons garder secrets.

L'ombre est *dangereuse*. Les sentiments refoulés ont le pouvoir de nous convaincre qu'ils peuvent nous tuer ou nous rendre fous.

L'ombre est *enveloppée dans le mythe*. Pendant des générations, elle a été considérée comme le repaire de dragons et de monstres.

L'ombre est *irrationnelle*. Ses pulsions combattent contre la raison ; elles sont explosives et obstinées.

L'ombre est *primitive*. Il est au-dessous de la dignité d'une personne civilisée d'explorer ce domaine qui sent le charnier, la prison, l'asile de fous et les toilettes publiques.

La négativité tire son pouvoir écrasant du fait qu'elle se nourrit de toutes ces qualités à la fois : un mal secret, obscur, primitif, irrationnel, dangereux, mythique, est beaucoup moins convaincant si vous le divisez qualité par qualité, en isolant une qualité à la fois. Mais ce procédé de démystification du mal ne sera pas convaincant jusqu'à ce que vous vous l'appliquiez à vous-même.

Alors, faites-le. Prenez quelque chose à la mode : le terrorisme. Terroriser des innocents est un acte mauvais, lâche et méprisable. Maintenant, examinez cela de plus près. Imaginez que vous êtes vous-même si enflammé par l'intolérance et la haine religieuse que vous avez une envie folle de tuer. (Si pour vous le terrorisme n'a pas un impact personnel suffisant, imaginez une situation à base de racisme, de vengeance ou de sévices domestiques – tout ce qui peut créer en vous une pulsion meurtrière.)

Si mauvaise que soit votre pulsion, elle peut être divisée en étapes pour être résolue :

Obscurité : Demandez-vous si c'est vous qui avez réellement cette pulsion, le vous que vous voyez dans le miroir chaque matin.

Pour venir à bout de l'obscurité, il faut la mettre en pleine lumière. Freud appelait ce processus « remplacer le ça par le moi », ce qui signifie que le ça (la chose non nommée à l'intérieur de nous) doit être ramené dans le monde du « je » (la personne que vous pensez être). Plus simplement, la conscience doit aller dans un endroit d'où elle a été exclue.

Secret : Confiez votre impulsion à quelqu'un en qui vous avez confiance.

Le secret est réglé par l'honnêteté face à des choses qui donnent un sentiment de honte ou de culpabilité. Vous regardez en face n'importe quel sentiment, sans refus ni déni.

Danger : Donnez libre cours à votre colère et accompagnez-la tandis qu'elle décroît. Ayez l'intention que cette libération ne soit pas simplement un épanchement, mais un abandon véritable de votre rage.

Le danger est traité en désamorçant la bombe ; vous trouvez la colère explosive qui se cache à l'intérieur, et vous la chassez. La colère est la base des pulsions mauvaises. Comme toutes les pulsions, elle a différents degrés, et même une rage paroxystique peut être transformée en colère contrôlée, puis en colère justifiée, pour retomber encore au niveau de l'indignation vertueuse, puis de l'offense personnelle. Cette dernière n'est pas très difficile à dissiper, une fois que vous avez réussi à évacuer l'intensité accumulée qui se transforme en rage incontrôlable.

Mythe : Nommez un héros qui agirait selon vos sentiments d'une façon différente, tout en restant héroïque. La violence fait partie de l'héroïsme, mais beaucoup d'autres qualités positives aussi.

Le mythe est imaginatif et créatif. Vous pouvez ainsi prendre n'importe quel mythe et le modeler de différentes façons – Satan lui-même devient un personnage comique dans les miracles médiévaux, trait qui mène aux méchants comiques des films de James Bond. Le mythe n'est que métamorphoses ; ainsi, ce niveau nous donne un excellent moyen de transformer les démons en auxiliaires des dieux, ou en ennemis vaincus des anges.

Irrationalité : Trouvez le meilleur argument pour ne pas agir à partir de votre colère. Ne le faites pas émotionnellement : considérez-vous vous-même comme le conseiller adulte d'un adolescent égaré sur le point de ruiner sa vie. Que diriez-vous pour lui faire entendre raison ?

L'irrationalité est résolue par la persuasion et la logique. Les émotions sont beaucoup plus captivantes et puissantes que la raison, mais elles ne pourront échapper à leur monde, où seuls les sentiments prévalent, tant que le processus de la pensée ne leur donne pas une raison d'agir différemment. Livrés à eux-mêmes, sans le mental, les sentiments restent les mêmes et deviennent plus intenses avec le temps. (Un exemple courant : Imaginez que vous piquez une rage parce qu'un gamin avec une casquette de base-ball rouge essaie de vous voler votre voiture. Il s'enfuit. Le lendemain, vous le voyez et vous vous précipitez vers lui, mais vous vous apercevez que ce n'est pas le même garçon. La rage se transforme en excuses parce que le mental a été capable d'introduire une simple idée : ce n'est pas la bonne personne.)

Primitivisme : Sans excuses ni rationalisation, exprimez votre rage comme une bête déchaînée – grognez, hurlez, gesticulez, laissez votre corps agir. Laissez ce qui est primitif être primitif, dans des limites sûres.

Les sentiments primitifs sont traités à leur niveau propre, en tant qu'hôtes du cerveau inférieur. Vous ôtez le masque de la personne civilisée. Ce niveau de conscience est encore plus profond que l'émotion – la région primitive la plus profonde, appelée le cerveau reptilien, interprète tout le stress comme une lutte acharnée pour la survie. À ce niveau, votre sentiment « raisonnable » de l'injustice est ressenti comme une panique et une férocité aveugles.

Vos pulsions peuvent ne jamais franchir la porte qui mène à la violence, mais les pulsions ordinaires s'intensifient dans l'ombre, là où vous ne pouvez les voir. Chaque fois que vous avez du ressentiment ou de la colère sans motif, chaque fois que vous êtes au bord des larmes sans raison, chaque fois que vous prenez soudain une décision inconsidérée, vous ressentez en fait les effets de l'énergie qui s'accumule secrètement dans l'ombre.

L'ombre est habituée à être refoulée ; aussi, accéder à cette région de l'esprit n'est pas chose aisée. L'assaut direct n'est pas non plus efficace. L'ombre sait comment résister ; elle peut claquer la porte et cacher son énergie obscure encore plus profondément. Vous vous rappelez peut-être le concept de catharsis de la tragédie grecque : on pensait que seule une profonde frayeur pouvait faire ressentir au public empathie et compassion. La catharsis est une forme de purification. Cette purification se produisait indirectement par la vision d'actions effrayantes dans la vie d'un personnage de théâtre. Mais ce moyen n'est pas toujours efficace. Vous pouvez aller voir un film d'horreur aujourd'hui, et revenir sans émotion aucune, le cerveau supérieur murmurant : « J'ai déjà vu ces effets spéciaux. » (De même, les informations télévisées, au bout d'un demi-siècle d'images de guerre et de violence, n'ont guère fait plus qu'habituer les spectateurs à ces images, ou, pire, en ont fait un divertissement.) Le corps a une tendance naturelle à se libérer et, simplement en observant ces énergies obscures, nous leur donnons accès au niveau conscient de l'esprit.

Les gens supposent que le côté obscur de la nature humaine a un pouvoir irrésistible ; Satan a été élevé au rang de dieu négatif. Mais quand il est fragmenté, le mal se révèle être une réaction déformée à des situations quotidiennes. Imaginez-vous assis seul le soir dans une maison vide. Vous entendez un bruit. Vous reconnaissez le grincement d'une porte. Chacun de vos sens est en alerte ; votre corps est glacé. Vous avez peine à résister au besoin d'appeler, mais une angoisse énorme est sortie de l'ombre. *Un voleur ! Un assassin !* Nous avons tous connu ces moments terrifiants où le craquement se révèle n'être que celui d'une planche, où le grincement est dû à l'entrée de quelqu'un que l'on n'attendait pas. Mais qu'est-il vraiment arrivé dans ce moment de terreur ?

Votre mental a saisi un fragment insignifiant de données de votre environnement, et lui a donné un sens.

En soi, le bruit d'une porte qui grince ou craque est ordinaire, mais si vous hébergez des peurs inconscientes d'être attaqué dans l'obscurité – et personne ne peut s'empêcher d'avoir de telles peurs –, le saut d'un fragment de donnée sensorielle à une angoisse avérée semble automatique. Mais dans l'espace entre le bruit et votre réaction, une interprétation s'est immiscée, et c'est l'intensité de l'interprétation (« Quelqu'un entre ! Je vais être tué ! ») qui a créé le danger.

Ce que je veux dire ici, c'est que le mal est né dans l'espace qui sépare le corps du mental. Il n'y a pas de puissant maître du royaume du mal. Satan a débuté comme instant d'entrée sensorielle qui a échappé au contrôle. Prenez la peur de prendre l'avion, l'une des phobies les plus courantes. Les gens qui en souffrent ont le plus souvent un souvenir vivace du moment où elle a commencé. Ils étaient dans un avion et, soudain, tout comme avec la porte grinçante, un bruit de l'avion, ou une secousse brusque, a rendu leur conscience hypersensible. Des sensations insignifiantes, comme la vibration de la cabine, une intensification et une décrue du bruit du moteur ont tout à coup semblé inquiétantes.

Entre ces sensations et la réaction de peur, il y a eu un espace qui a duré une fraction de seconde. Si petit soit-il, cet espace a permis une interprétation (« Nous allons nous écraser ! Je vais mourir ! ») qui s'est surimposée à ce que le corps a ressenti. Un instant après, les signes typiques de l'angoisse – mains moites de transpiration, bouche sèche, pouls accéléré, vertiges et nausée – ont accru le caractère persuasif de la menace.

Les personnes souffrant de phobie se souviennent du premier moment de panique incontrôlable, sans être capables de le séparer par étapes. Ainsi, ils ne voient pas que leur réaction s'est auto-induite. Cette peur a été un produit secondaire des ingrédients suivants :

Situation : À une situation banale vient se mêler quelque chose d'inhabituel et de légèrement stressant.
Réaction corporelle : Nous éprouvons une réaction physique qui est associée au stress.
Interprétation : Ces signaux physiques sont interprétés comme des signes de danger et, inconsciemment, le mental saute à la conclusion que le danger doit être réel (l'inconscient est très concret, c'est pourquoi les cauchemars semblent aussi menaçants que les événements réels.)
Décision : La personne choisit de penser : « J'ai peur maintenant. »

Parce que ces ingrédients s'amalgament si rapidement, ils semblent être une réaction unique, alors qu'en fait, il y a une chaîne de minuscules événements. Chaque maillon de la chaîne implique un choix. La raison pour laquelle nous ne pouvons nous empêcher d'interpréter la sensation brute, c'est que, pour des raisons de survie, le mental humain a été conçu pour trouver du sens partout. Les phobies peuvent être traitées en ramenant la personne qui en souffre à la chaîne formatrice des événements et en lui permettant de faire de nouvelles interprétations. En freinant la réaction et en donnant à la personne le temps de l'examiner, on peut défaire le nœud de la peur. Graduellement, les bruits associés au vol aérien retournent à leur neutralité, à leur place inoffensive.

L'espace variable entre sensation et interprétation est le lieu de naissance de l'ombre. Quand vous entrez dans cet espace et que vous voyez l'intangibilité de toutes choses, les fantômes commencent à se dissiper.

Parce que le terrorisme pèse maintenant si lourdement sur les esprits, la question du mal collectif ne peut être évitée. Les deux questions les plus troublantes sont : « Comment des gens ordinaires acceptent-ils de participer à un mal aussi grand ? » et « Comment des personnes innocentes peuvent-elles être victimes de ces atrocités ? »

L'expérience de la prison de Stanford et notre examen de l'ombre sont des réponses à ces questions, mais je ne peux pas donner une unique réponse qui satisfasse tout le monde – à chaque instant le mal est nourri, nous sommes nous-mêmes visités par notre propre ombre. *Qu'est-ce que j'aurais pu faire à propos d'Auschwitz ?* nous dit une voix intérieure, d'un ton accusateur, habituellement chargé d'un sentiment de culpabilité. Aucune réponse ne changera jamais le passé, mais il faut bien réaliser qu'il n'y a aucune réponse à attendre.

La meilleure réponse au mal collectif n'est pas de continuer à le garder à l'esprit, mais d'y renoncer si complètement en soi-même que le passé est purifié. Ma meilleure réponse à « Comment des gens ordinaires acceptent-ils de participer à un mal aussi grand ? » se trouve dans les pages que vous venez de lire. Le mal est né dans cet espace. Cet espace intermédiaire n'est pas un bien privé. Il contient des réponses collectives et des thèmes collectifs. Quand une société entière accepte le thème des « étrangers » qui causent tous les troubles, le mal a alors chacun pour père et mère.

Mais dans tous les cas de mal collectif, il y a eu des milliers de gens qui ne se sont pas identifiés à l'impulsion collective – qui ont résisté, qui se sont échappés, qui se sont cachés et qui ont essayé de sauver les autres. C'est le choix individuel qui détermine si vous adhérez au thème collectif et acceptez de le mettre en œuvre.

La seconde question : « Comment des personnes innocentes peuvent-elles être victimes de ces atrocités ? » est plus difficile, parce que presque tous les esprits sont déjà fermés. Le questionneur ne veut pas de réponse nouvelle. Il y a trop de colère vertueuse, trop de certitude que Dieu s'est détourné, que personne ne voulait risquer sa vie pour arrêter le mal énorme qui allait être fait aux autres. Êtes-vous certain de ces choses ? Être certain est le contraire d'être ouvert. Quand je me demande pourquoi six millions de juifs et des populations innocentes sont morts au Rwanda, au Cambodge, en Russie stalinienne, mon motif est d'abord de libérer mon propre sentiment d'angoisse.

Tant que je suis sous l'emprise de l'angoisse, de la colère vertueuse ou de l'horreur, ma capacité de choisir est fermée. Ce que je serais libre de choisir, c'est la purification, un retour à l'innocence rendu possible par le choc de ce qui arrive quand l'innocence n'est pas l'objet d'attention. Vous et moi sommes responsables de notre participation aux éléments du mal, même si nous n'agissons pas à partir de ces éléments à une échelle collective. Croire en eux permet la continuation de notre participation. Aussi est-il de notre devoir de cesser de croire en une colère, une jalousie et un jugement des autres qui seraient inoffensifs.

Y a-t-il une raison mystique pour laquelle une personne innocente devient la cible du mal ? Non, bien sûr. Ceux qui parlent du karma des victimes comme si un destin caché provoquait une pluie de destruction parlent avec ignorance. Quand une société entière s'engage dans le mal collectif, le chaos extérieur reflète l'agitation intérieure. L'ombre a grandi à une échelle collective. Quand cela arrive, les victimes innocentes sont prises dans la tourmente, non à cause d'un karma caché, mais parce que la tempête est si énorme qu'elle emporte tout le monde.

Je ne considère pas la relation entre le bien et le mal comme une lutte d'absolus ; le mécanisme que j'ai décrit, dans lequel les énergies obscures accumulent un pouvoir caché en privant une personne de son libre choix, est trop convaincant pour moi. Je peux voir en moi-même que des énergies obscures sont à l'œuvre, et cette prise de conscience est la première étape vers l'illumination des ténèbres. La conscience peut refaire toute pulsion. Aussi, je ne reconnais pas l'existence de gens mauvais ; je ne vois que des gens qui n'ont pas affronté leurs ombres. Il y a toujours un moment pour le faire, et nos âmes ouvrent constamment de nouvelles voies pour apporter la lumière. Tant que ce sera vrai, le mal ne pourra jamais être fondamental dans la nature humaine.

Changer sa réalité pour percevoir le huitième secret

Le huitième secret concerne « l'énergie noire » de l'esprit, pour emprunter une expression à la physique. L'ombre existe hors de notre vue. Pour la trouver, on doit entreprendre une descente. Considérez ce voyage comme un retour en arrière pour retrouver des parties de votre vie qui ont été abandonnées, parce que vous en avez eu honte ou vous êtes senti coupable. La colère qui sourd de l'ombre est attachée aux événements passés qui n'ont jamais été résolus. Maintenant ces événements sont révolus, mais leur résidu émotionnel ne l'est pas.

On ne peut avoir accès à la honte, au sentiment de culpabilité et à la peur par la pensée. L'ombre n'est pas une région de pensées et de mots. Même quand vous avez un éclair de mémoire et que vous vous rappelez ces émotions, vous utilisez une partie du cerveau supérieur – le cortex – qui ne peut toucher l'ombre. Le voyage de descente commence seulement quand vous trouvez la porte d'accès au cerveau inférieur, là où l'expérience est classée non pas selon la raison, mais selon l'intensité des sentiments.

Il y a un drame continuel à l'intérieur de votre cerveau inférieur (identifié au système limbique, qui traite les émotions, et au cerveau reptilien, qui réagit en termes de menace et de survie). Dans ce drame, beaucoup de problèmes qui pourraient être raisonnablement interprétés par le cerveau supérieur – être coincé dans les embouteillages, laisser échapper une affaire, se laisser dépasser par les autres au travail, essuyer le refus d'un rendez-vous de la part d'une fille – déclenchent des réactions irrationnelles. Sans qu'on s'en rende compte, les événements quotidiens font que notre cerveau inférieur tire les conclusions suivantes :

Je suis en danger. Je pourrais être tué.
Je dois prendre l'offensive.
Je suis tellement blessé, jamais je ne guérirai.
Ces gens méritent la mort.
Ils me mettent dans tous mes états.
Je ne mérite pas d'exister.

Il n'y a pas d'espoir – je suis définitivement perdu dans les ténèbres.
Je suis maudit.
Personne ne m'aime.

Pour communiquer ces sentiments sur le papier, j'ai dû les mettre sous forme verbale, mais, en réalité, la façon la plus appropriée de les considérer, c'est sous forme d'énergie – forces puissantes, impulsives, qui ont leur propre élan. Soyez-en assuré, si libre que vous puissiez vous sentir de ces énergies obscures, elles existent en vous. Si ce n'était pas le cas, vous seriez dans un état de liberté et de joie totales, vous n'auriez plus la moindre entrave. Vous seriez dans l'unité, dans l'état d'innocence retrouvée quand l'énergie cachée de l'ombre a été purifiée.

Aujourd'hui, vous pouvez commencer à apprendre à trouver votre chemin dans l'ombre. Les énergies obscures se manifestent chaque fois que :

Vous ne pouvez parler de vos sentiments.
Vous perdez votre contrôle.
Vous sentez un éclair de panique ou de peur.
Vous voulez sentir avec force, mais votre esprit reste vide.
Vous fondez en larmes sans raison.
Vous éprouvez une aversion irrationnelle pour quelqu'un.
Une discussion raisonnable tourne à la guerre.
Vous attaquez quelqu'un sans qu'il vous ait provoqué.

Il y a une multitude d'autres façons dont l'ombre peut être impliquée dans les situations quotidiennes, mais celles-ci sont les plus courantes. Ce qu'elles

ont en commun, c'est qu'une frontière est franchie
– une situation contrôlée devient une source d'angoisse
inattendue, ou bien cause une colère ou une frayeur
soudaines. La prochaine fois que vous ferez cette
expérience, voyez si vous avez un sentiment de culpabilité ou de honte après ; si c'est le cas, c'est que vous
avez frôlé l'ombre, si brièvement que ce soit.

Une explosion de sentiments irrationnels n'est pas
la même chose que leur libération. Se laisser aller à
ses sentiments n'est pas purifier. Aussi, ne prenez pas
un éclat pour une purification. L'énergie obscure se
purifie selon les étapes suivantes :

- Le sentiment négatif surgit (colère, chagrin, angoisse, hostilité, ressentiment, apitoiement sur soi-même, désespoir).
- Vous demandez qu'il parte.
- Vous faites l'expérience du sentiment et le suivez là où il veut aller.
- Le sentiment s'évacue par le souffle, le son ou les sensations corporelles.
- Après, vous avez un sentiment de libération, accompagné de la compréhension de ce que le sentiment signifiait.

C'est la dernière étape qui est décisive : quand une
énergie obscure part vraiment, il n'y a plus de résistance, et vous voyez quelque chose que vous ne voyiez
pas auparavant. Intuition et libération vont de pair. Le
voyage de descente consiste à rencontrer votre ombre
de nombreuses fois. Des émotions aussi intenses que la
honte et la culpabilité n'abandonnent qu'un morceau à
la fois – et vous ne pouvez en demander plus. Soyez
patient avec vous-même, et aussi peu que vous pensiez

avoir libéré, dites-vous : « C'est là toute l'énergie qui a bien voulu lâcher prise pour le moment. »

Vous n'avez pas à attendre d'explosions spectaculaires de la part de l'ombre. Ménagez-vous un peu de temps pour faire une « méditation de l'ombre », dans laquelle vous vous donnez la permission de sentir tout ce qui veut bien remonter. Ensuite vous pouvez commencer à demander à ce qui est remonté de partir.

Exercice n° 2 : Écrire pour catalyser

L'écriture automatique est un autre moyen d'avoir accès aux énergies obscures : prenez un morceau de papier, écrivez la phrase « je sens vraiment _____ maintenant. » Écrivez dans l'espace le nom du sentiment qui se présente – de préférence un sentiment négatif que vous avez dû héberger ce jour-là – et continuez d'écrire. Ne vous arrêtez pas, écrivez le plus vite que vous pouvez, en mettant sur le papier tous les mots qui vous viennent.

Autres phrases que vous pouvez utiliser pour commencer cet exercice :

« Ce que j'aurais dû dire, c'était _____. »
« Je brûle d'impatience de dire à quelqu'un que je _____. »
« Personne ne peut m'empêcher de dire la vérité au sujet de _____. »
« Personne ne veut m'entendre dire cela, mais _____. »

Grâce à ces catalyseurs, vous vous accordez la permission de vous exprimer ; mais le plus important, c'est de parvenir à un sentiment interdit. C'est pourquoi les mots n'ont pas d'importance. Une fois que vous avez accédé au sentiment, le vrai travail de libération peut commencer. Vous devez continuer et le ressentir complètement, demander la libération et continuer jusqu'à ce que vous obteniez un nouveau morceau de compréhension de vous-même. Il faudra peut-être de la pratique avant qu'une véritable libération profonde ne se réalise, mais, petit à petit, les murs de résistance seront abattus. L'ombre est subtilement impliquée dans la vie quotidienne. Elle n'est jamais si cachée qu'on ne puisse l'amener à la lumière.

SECRET N° 9

Votre vie est multidimensionnelle

La semaine dernière, j'ai rencontré deux personnes qui auraient pu déclencher une guerre spirituelle, si elles n'avaient pas été si gentilles. La première était une femme qui avait un problème de conscience. Ayant fait fortune dans le commerce de vêtements, elle savait qu'une grande partie du linge que nous mettons sur notre dos est fabriquée dans des conditions lamentables dans le tiers-monde où des enfants travaillent seize heures par jour pour trois fois rien. Ayant une connaissance de première main de ces conditions, la dame devint une activiste acharnée.

« Nous devons mettre un terme à l'esclavage, me dit-elle avec passion. Je n'arrive pas à comprendre pourquoi chacun n'est pas révolté par ce qui se passe. » Je savais que ce qu'elle voulait vraiment savoir, c'était pourquoi *je* n'étais pas révolté. Elle me fixa intensément, fiévreusement ; ses yeux disaient : « Vous particulièrement. » Quand vous menez une vie publiquement associée à la spiritualité, les gens veulent savoir pourquoi leur voie spirituelle n'est pas celle que vous adoptez. Dans ce cas, la dame au problème de conscience pensait que la forme de spiritualité la plus élevée était l'humanitarisme ; elle pensait qu'on ne peut pas être spirituel sans aider les pauvres et combattre l'injustice et l'inégalité.

Quelques jours après, je rencontrai son contraire, en la personne d'un homme qui gagne sa vie en pratiquant des guérisons à distance. Il était né en Amérique du Sud et avait découvert, au travers d'expériences mystérieuses dans son enfance, qu'il pouvait voir le monde subtil des auras et des champs d'énergie. Pendant longtemps, il n'exploita pas ce don ; il travailla jusqu'à la quarantaine dans une maison d'import-export. Puis, un jour, il tomba malade et alla chez un guérisseur qui le soigna sans imposition des mains – simplement en déplaçant son énergie psychiquement. À partir de ce moment, l'homme désira ardemment faire ce genre de travail. Et il voulait, lui aussi, savoir pourquoi je ne suivais pas sa version de la spiritualité.

« Des changements sont sur le point de survenir sur le plan astral, dit-il sur un ton confidentiel. La science a été au pouvoir sur le plan matériel, mais il va y avoir un revirement en 2012 – mes guides spirituels me l'ont dit. À partir de cette date, la science va décliner, détruite par ses propres excès. La planète recouvrera alors l'esprit. »

Au lieu d'un humanitarisme passionné cet homme préconisait un détachement et un retrait du monde matériel. Comme la dame, il ne pouvait comprendre pourquoi je n'y adhérais pas – il était évident pour lui qu'essayer de changer le monde en l'affrontant était sans espoir.

Assez étrangement, j'étais d'accord avec ces deux personnes. Ce qu'elles représentaient était un secret :

chacun a une vie pluridimensionnelle. Nous pouvons choisir où concentrer notre attention, et là où cette concentration se porte, une nouvelle réalité s'ouvre. Ces deux personnes, bien qu'elles fussent en désaccord, essayaient de résoudre le même problème, à savoir : comment être spirituel malgré les exigences du matérialisme. Et les réponses qu'elles avaient trouvées étaient toutes deux viables, sans que l'une d'elles fût *la* réponse.

Quand je parle d'autres dimensions, je me réfère aux domaines de la conscience. C'est la conscience qui fabrique la réalité – nous en avons déjà parlé – mais *fabriquer* signifie en réalité *choisir*. La réalité une possède déjà toutes les dimensions possibles ; personne n'a besoin d'en faire de nouvelles, ni, d'ailleurs, ne le pourrait s'il le voulait. Mais par notre attention, nous amenons ces dimensions à la vie : nous les peuplons, y infusons une signification nouvelle et peignons des tableaux uniques. Parlons d'abord de ces domaines.

LES DOMAINES INVISIBLES

*Comment la conscience
se déploie à partir de la source*

Être pur : Domaine de l'absolu, la pure conscience avant qu'elle n'acquière aucune qualité. L'état d'avant la création. Ce n'est pas en réalité un domaine séparé, étant donné qu'il est présent en toutes choses.

Félicité conditionnée : Domaine de la conscience quand elle commence à prendre conscience de son propre potentiel.

Amour : Force motivante dans la création.
Connaissance : Domaine de l'intelligence intérieure.
Mythes et archétypes : Modèles collectifs de la société. C'est le domaine des dieux et des déesses, des héros et des héroïnes, de l'énergie masculine et féminine.
Intuition : Domaine où l'esprit comprend la mécanique subtile de la vie.
Imagination : Domaine de l'invention créative.
Raison : Domaine de la logique, de la science et des mathématiques.
Émotion : Domaine des sentiments.
Corps physique : Domaine de la sensation et des cinq sens.

Lequel de ces domaines est réellement spirituel ? Ils sont tous interconnectés, mais on peut voir très souvent des personnes adhérer à tel ou tel monde, s'y installer ; et, ayant trouvé leur place particulière, elles y trouvent aussi l'esprit.

La femme avec un problème de conscience avait trouvé sa place dans les émotions et le corps physique – c'était la lutte physique contre la pauvreté au jour le jour qui émouvait son cœur. Mais, bien sûr, on ne peut exclure l'amour de ses motifs ; peut-être savait-elle aussi intuitivement que ce genre d'humanitarisme était pour elle la voie de la croissance la plus grande.

L'homme qui guérissait à distance avait trouvé sa place dans le monde de l'intuition. C'est là que jouent les énergies subtiles. Sa variété de spiritualité demandait la manipulation de ces forces invisibles qui maintiennent la cohésion du monde physique. On ne peut non plus exclure l'amour de ses motifs, et il y a aussi le monde du mythe et de l'archétype, étant donné qu'il avait recours aux anges et aux guides spirituels pour faire son travail.

Un sceptique pourrait avancer que ces mondes n'existent tout simplement pas. C'est un argument difficile à établir, parce qu'il signifie que, si quelque chose n'existe pas *pour vous*, c'est que ça n'existe pas du tout. Nous pouvons prendre un exemple très simple.

On découvre une voiture rentrée dans un mur de neige après une tempête hivernale. Le conducteur est inconscient. Les gens s'arrêtent pour voir ce qui se passe et se demandent les uns aux autres : « Comment est-ce arrivé ? » Quelqu'un fait remarquer les traces de pneus dans la neige : « La voiture a dérapé ; c'est comme ça que c'est arrivé. » Un autre observateur montre le volant qui est tourné d'un côté : « Le mécanisme de direction de la voiture était défectueux ; c'est comme ça que c'est arrivé. » Un troisième observateur renifle l'haleine du conducteur : « Il était ivre, c'est comme ça que c'est arrivé. » Enfin, un neurologue muni d'un appareil d'IRM vient à passer, s'arrête, scanne et dit : « Son cortex moteur montre des anomalies, c'est comme ça que c'est arrivé. »

Chaque réponse dépend entièrement de la preuve utilisée. La même question a été posée à des niveaux de réalité différents, et, à chaque niveau, une seule réponse était logique. Le neurologue n'est pas ennemi de la mécanique automobile ; il pense juste que sa propre réponse est plus profonde et, ainsi, plus vraie.

Quand on soutient qu'il n'y a pas de preuve scientifique de ce que l'univers est conscient, je réponds : « Je suis conscient, et ne suis-je pas une activité de l'univers ? » Le cerveau, qui opère selon des impulsions électromagnétiques, est autant une activité de l'univers que les orages électromagnétiques dans l'atmosphère ou sur une étoile éloignée. Par conséquent, la science est une forme d'électromagnétisme qui passe son temps à étudier une autre forme. J'aime cette remarque que me fit un jour un physicien : « La science ne devrait jamais être considérée comme l'ennemie de la spiritualité, parce que c'est sa plus grande alliée. La science est Dieu expliquant Dieu au moyen d'un système nerveux humain. La spiritualité n'est-elle pas la même chose ? »

Un philosophe pourrait objecter que la réalité n'est pas vraiment connue tant qu'on n'a pas inclus toutes les couches d'interprétation. En ce sens, la théorie de la réalité une ne combat pas le matérialisme – elle l'élargit. Le conducteur qui est rentré dans le mur de neige pouvait avoir eu de nombreux niveaux de motivation. Peut-être était-il déprimé et a-t-il quitté la route à dessein (émotions). Peut-être pensait-il à un poème qu'il voulait écrire, et son attention s'est alors égarée (imagination). Peut-être a-t-il vu avec l'œil de son esprit qu'une autre voiture allait faire une embardée et se trouver face à lui (intuition).

Pour obtenir un nouveau niveau d'explication, vous devez dépasser le niveau auquel vous êtes. Si vous pouvez reconnaître que ce dépassement est quelque chose que vous faites chaque jour, il n'y a guère de raisons d'utiliser le matérialisme comme bâton pour taper sur la tête de la spiritualité. Il se peut que le monde matériel soit votre niveau d'expérience de base. Les autres niveaux sont accessibles en allant au-delà de votre niveau de base, comme vous le faites en ce moment, alors que votre cerveau transforme la chimie en pensées.

Ainsi, la vraie question, c'est : dans quel domaine vous souhaitez vivre. Pour moi, la vie idéale est vécue à tous les niveaux de conscience. Votre attention n'est ni limitée ni étroite ; vous vous ouvrez à l'ensemble de la conscience. Vous avez l'occasion de mener une telle vie, mais, en ne vous concentrant que sur un ou deux niveaux, vous avez fait que les autres se sont atrophiés. Ils ont été expulsés de votre conscience et, ainsi, votre capacité de transcender est très diminuée. (Au niveau mondain, c'est souvent une affaire de temps à trouver. Je rencontre rarement des scientifiques qui ont accordé une seconde pensée à la conscience – ils sont trop pris par le travail de laboratoire. Comme la plupart des gens, leur assiette est pleine, et si le monde pouvait avoir une base profondément différente de ce qu'ils ont appris en médecine ou en physique quantique, ces scientifiques typiques l'étudieraient demain.)

Chaque dimension de votre existence a son propre dessein, présentant un niveau de réalisation qui n'est disponible nulle part ailleurs (ce sont les « parfums de la création »). Dans une conscience complètement élargie, chaque dimension est accessible.

QUAND LES PORTES SONT OUVERTES

*Vivre dans toutes les directions
de la conscience*

Être pur : Quand cette porte est ouverte, vous vous connaissez en tant que « Je suis », l'état simple d'existence éternelle.

Félicité conditionnée : Quand cette porte est ouverte, vous ressentez vivacité et animation au milieu de toute activité. La félicité est au-delà du plaisir et de la douleur.

Amour : C'est le domaine de la félicité en tant qu'expérience personnelle. Quand cette porte est ouverte, vous éprouvez de l'amour dans chaque aspect de la vie. L'amour est votre motivation fondamentale dans chaque relation, à commencer avec vous-même. À un niveau plus profond, l'amour vous met en harmonie avec le rythme de l'univers.

Connaissance : Elle est la source de l'esprit. Quand cette porte est ouverte, vous pouvez accéder à la sagesse et à la connaissance au sujet de toutes choses de la création.

Mythes et archétypes : Quand cette porte est ouverte, vous faites de la vie une quête. Vous parvenez aux mêmes réalisations que les héros et héroïnes que vous révérez. Vous mettez aussi en scène la dynamique éternelle entre masculin et féminin.

Intuition : Quand cette porte est ouverte, vous pouvez modeler ces forces subtiles pour la guérison, la clairvoyance et la vision perspicace de la nature humaine. L'intuition vous guide aussi sur votre propre chemin, vous montrant comment décider quel chemin emprunter quand votre vie change de cours.

Imagination : Quand cette porte est ouverte, les images de votre esprit ont un pouvoir créateur. Elles insufflent l'existence dans des possibilités qui n'ont jamais existé auparavant. À ce niveau, vous acquérez aussi une passion pour l'exploration de l'inconnu.

Raison : Quand cette porte est ouverte, vous pouvez faire des systèmes et des modèles pour la réalité. La pensée rationnelle peut résoudre une infinité de possibilités en faisant usage de la logique qui découpe la réalité en tranches pour les analyser séparément.

Émotion : Quand cette porte est ouverte, vous avez des sensations corporelles que vous interprétez comme plaisir et douleur, sensations désirables et indésirables. Le domaine émotionnel est si puissant qu'il neutralise la logique et la raison.

Corps physique : Quand cette porte est ouverte, vous vous retrouvez comme un être séparé dans le monde physique.

Comment tous ces niveaux se sont-ils produits ? Comme un fait de l'existence : l'Être pur les a conçus, les a projetés hors de lui-même, puis est entré en eux. C'est la carte des circuits cosmiques, et votre propre système nerveux est branché dessus. En prêtant attention à n'importe quelle dimension de la vie, vous y envoyez un courant de conscience. Si vous n'y prêtez pas attention, le circuit est fermé pour cette dimension. Nous utilisons des mots comme *portes, circuits* et *niveaux*, mais ils ne traduisent pas la réalité qui vibre à chaque impulsion. Vous avez un effet à chaque dimension, même quand vous n'avez pas envoyé votre attention pour explorer et comprendre ce qu'il y a là.

On dit en sanskrit que quelqu'un qui a pleinement exploré une dimension a réalisé *vidyâ*, mot qui signifie littéralement « connaissance », mais qui implique beaucoup plus – maîtrise d'un ensemble de lois naturelles. Imaginez que vous entriez dans un atelier, où les outils et les techniques sont inconnus de vous. Dès l'instant où vous mettez un pied à l'intérieur, vous saisissez tout d'un regard global, mais il faut de l'entraînement pour maîtriser tous les détails. Vous en sortez finalement transformé, avec une perception totalement modifiée. Ainsi, un musicien sortant de l'école de musique Juilliard entend chaque note de musique diffusée à la radio avec un système nerveux différent de celui qui vient juste d'obtenir son brevet d'électricien. Tous deux ont acquis *vidyâ*, le genre de connaissance que l'on devient plutôt que celui que l'on étudie passivement.

Ceux qui ont des visions très diverses de la spiritualité ont en commun une quête de *vidyâ*. Ils veulent être transformés par la connaissance qui jaillit directement de la source – que la source d'une personne soit Dieu, Brahman, le Nirvana, Allah ou l'Être importe peu. Ce qui divise vraiment les gens, c'est de garder les portes de la perception fermées. Cet état est appelé *avidyâ*, le manque de conscience.

AVIDYÂ

Se couper de la conscience

Être pur : Quand cette porte est fermée, nous sommes dans la séparation. Il y a une terreur sous-jacente de la mort, une perte de connexion et l'absence de toute présence divine.

Félicité conditionnée : Quand cette porte est fermée, la vie est sans joie. Le bonheur est seulement un état passager. Il n'y a pas d'ouverture pour des expériences supérieures.

Amour : Quand cette porte est fermée, la vie est dépourvue de cœur. Nous nous sentons isolés dans un monde gris où les autres sont des silhouettes distantes, séparées. Il n'y a pas le sentiment d'une main aimante dans la Création.

Connaissance : Quand cette porte est fermée, les lois de la nature sont inexplicables. La connaissance n'est obtenue qu'à travers les faits et une expérience personnelle limitée, sans accès à un sens plus profond.

Mythes et archétypes : Quand cette porte est fermée, il n'y a pas de modèles supérieurs, pas de héros ni de dieux, pas de quête passionnée à mener. Nous ne voyons aucune signification mythique dans notre vie. Il n'y a pas de dimension profonde dans les relations entre hommes et femmes, au-delà de ce qui se trouve en surface.

Intuition : Quand cette porte est fermée, la vie perd de sa subtilité. La personne manque de perspicacité, n'a pas d'éclairs de génie, pas de moments exaltants. Le réseau subtil de la connectivité qui maintient l'univers est complètement caché à sa vue.

Imagination : Quand cette porte est fermée, l'esprit est dénué de fantaisie. Nous prenons tout au pied de la lettre – l'art et la métaphore comptent très peu. L'approche des décisions importantes se fait par le biais d'une analyse technique et il n'y a aucun espoir d'un brusque saut créateur.

Raison : Quand cette porte est fermée, la vie est absurde. Nous sommes livrés au hasard. Aucune activité ne peut être suivie jusqu'à sa conclusion, et les décisions sont prises de façon irrationnelle.

Émotion : Quand cette porte est fermée, les sentiments sont gelés. Il n'y a pas de place pour la compassion ou l'empathie. Les événements semblent incohérents, sans fluidité, et les autres n'offrent aucune occasion de créer des liens.

Corps physique : Quand cette porte est fermée, la vie est entièrement mentale. La personne pense que son corps est inerte, un poids mort à traîner. Le corps n'existe que comme système de soutien de la vie, rien de plus. Il n'y a pas de « sève » pour agir dans le monde.

Comme vous pouvez le voir, il n'y a pas qu'un seul état d'*avidyâ*, mais beaucoup. Traditionnellement, en Inde, la distinction n'était pas ainsi : les gens étaient classés soit comme étant dans l'ignorance, soit comme étant illuminés. Si l'on n'était pas dans l'unité, on était considéré comme étant dans l'ignorance (un équivalent grossier en Occident pourrait être que vous étiez soit perdu, soit sauvé.) Le nombre de ceux qui étaient considérés comme ayant *vidyâ* était minuscule, et le nombre de gens ayant *avidyâ* était énorme.

Mais la tradition a négligé la mécanique de la conscience. Nous sommes des créatures multidimensionnelles, et une personne peut atteindre *vidyâ* dans un domaine, mais pas dans un autre. Picasso était un artiste superbe (imagination), mais un mauvais mari (amour). Mozart était un divin créateur de musique (imagination et amour), mais il était faible physiquement ; Lincoln, un maître de mythe et d'archétype, mais un être ravagé émotionnellement. Dans notre propre vie, les mêmes déséquilibres se produisent. Tant que nous nous employons à passer d'*avidyâ* à *vidyâ*, nous menons une vie spirituelle.

Changer sa réalité
pour percevoir le neuvième secret

La raison pour laquelle le Christ, le Bouddha, Socrate ou d'autres maîtres spirituels nous parlent personnellement, c'est que la conscience limitée rend possibles de soudains aperçus d'une réalité au-delà. Votre mental *veut* transcender. Une attention étroite est comme une seule lumière qui ne brille que sur un objet. Elle exclut tout ce qui est en dehors de son rayon ; l'équivalent dans le mental est le rejet. Et si vous renonciez à tout le processus de rejet ? Si c'est fait, vous prêtez alors une attention égale à toutes choses. Le rejet est une habitude. Sans elle, vous pouvez participer à la vie telle qu'elle se présente à vous.

Considérez chaque domaine de conscience et écrivez comment vous vous empêchez d'y entrer. Vous prenez ainsi conscience de ce que vous faites pour limiter votre conscience, et, grâce à votre perspicacité, chacun de ces réflexes enracinés peut commencer à changer. Par exemple :

Être pur : Je ne ralentis pas suffisamment pour être vraiment calme intérieurement. Je ne garde pas de temps pour méditer. Je n'ai pas récemment fait l'expérience de la tranquillité dans la nature. Maintenant, je vais prendre conscience de mon rejet de la paix intérieure, et je vais trouver du temps pour elle.

Félicité conditionnée : Je ne ressens pas de joie simplement du fait d'être vivant. Je ne cherche pas d'occasion d'émerveillement. Je suis trop éloigné des jeunes enfants. Je ne regarde pas le ciel nocturne. Maintenant, je vais prendre conscience de mon rejet de toute appréciation joyeuse, et je prendrai du temps pour cela.

Amour : J'ai considéré les êtres chers comme une chose acquise ; aussi n'ai-je pas beaucoup exprimé mon amour. Je suis mal à l'aise quand les autres expriment leur amour pour moi. J'ai mis l'amour dans un coin. Je vais me surprendre à rejeter ces occasions de rendre l'amour important dans ma vie, et j'y consacrerai du temps.

Connaissance : Je laisse trop de place au doute. J'adopte automatiquement une attitude sceptique et je n'adhère qu'aux faits en béton. Je ne pense pas connaître de gens intéressés par la sagesse et je consacre moi-même très peu de temps à la philosophie et aux écrits spirituels. Maintenant, je prendrai conscience de mon rejet de la sagesse traditionnelle, et je lui accorderai du temps.

Mythes et archétypes : Je n'ai plus vraiment de héros. Je ne me souviens pas d'avoir trouvé un exemple valable dans quelque chose ou chez quelqu'un, depuis longtemps. Je suis mon propre chemin qui est aussi bon que celui de n'importe qui. Je vais maintenant prendre conscience de mon rejet de l'idée qu'une inspiration élevée est nécessaire, et je trouverai du temps pour cela.

Intuition : J'utilise ma tête, je ne me soucie pas de quelque chose d'aussi inconsistant que l'intuition. Je cherche une preuve avant de croire en quelque chose. Je pense que tous les pouvoirs extrasensoriels sont des désirs pris pour des réalités. J'analyse une situation donnée et je prends mes décisions en conséquence. Maintenant, je vais prendre conscience de mon rejet de mes intuitions, et je vais commencer à y ajouter foi.

Imagination : L'art n'est pas mon truc. Je ne vais pas dans les musées ou aux concerts. Mon hobby, c'est la télévision et les rubriques sportives. Pour moi, la plupart des créatifs n'ont pas les pieds sur terre. Maintenant, je vais prendre conscience de mon rejet de l'imagination, et je vais trouver un moyen de l'exprimer.

Raison : Je sais ce que je sais et je m'y tiens. Dans un débat je n'écoute pas souvent les arguments de l'autre – je veux juste prouver que j'ai raison. J'ai tendance à avoir les mêmes réactions dans des situations semblables. Je ne vais pas toujours au bout des projets que je fais, même quand ils sont bons. Maintenant, je vais me surprendre à ne pas être raisonnable, et je prendrai tous les points de vue en considération.

Émotion : Je ne fais pas de scènes et je déteste qu'on en fasse. Je ne suis pas impressionné par les gens qui donnent libre cours à leurs émotions. Ma devise, c'est de les garder pour moi – personne ne me voit pleurer. Je n'ai pas souvenir d'avoir entendu un adulte me dire que les émotions sont positives. Maintenant, je vais prendre conscience de mon rejet de mes sentiments véritables et trouver un moyen sûr de les exprimer.

Corps physique : Je devrais prendre soin de moi-même. Je suis dans une forme physique beaucoup moins bonne qu'il y a cinq ou dix ans. Je ne suis pas heureux de mon corps et je ne suis guère partisan de l'activité physique. J'ai entendu parler de thérapies corporelles, mais je pense que c'est de la complaisance et quelque chose d'un peu barjo. Maintenant, je vais prendre conscience de mon rejet du côté physique de ma vie, et je vais lui consacrer du temps.

J'ai parlé de façon très générale, mais vous devez être aussi spécifique que possible. Sous « Amour », écrivez le nom de quelqu'un à qui vous n'avez pas montré votre amour, ou évoquez un moment où recevoir une marque d'amour vous a mis mal à l'aise. Sous « Imagination », écrivez le nom du musée de la ville que vous vous abstenez de visiter, ou de l'artiste dont vous avez évité la compagnie. Soyez aussi précis que vous le pouvez sur la façon dont vous allez vous y prendre pour changer ces habitudes de rejet.

Exercice n° 2 : Mon profil de conscience

Maintenant que vous avez pris note de vos limitations, tracez un profil de votre conscience telle qu'elle est aujourd'hui. Mettez le profil en lieu sûr, et consultez-le dans deux mois, pour voir dans quelle mesure vous avez changé. Le profil est noté, dans chaque catégorie, de 1 à 10. Quand vous le reprendrez dans deux mois, notez-vous sans regarder auparavant vos notes d'origine.

- **0** Je ne prête aucune attention à cette partie de ma vie.
- **1 à 3** J'ai eu une petite expérience de ce domaine, mais pas récemment et pas très souvent.
- **4 à 6** Je connais bien ce domaine de ma vie et j'en fais assez souvent l'expérience.
- **7 à 9** C'est un domaine important de ma vie, sur lequel je me concentre beaucoup.
- **10** Ce domaine, c'est chez moi, je le connais bien et je lui accorde presque toute mon attention.

(0 à 10)

_____ *Être pur*
_____ *Félicité conditionnée*
_____ *Amour*
_____ *Connaissance*
_____ *Mythes et archétypes*
_____ *Intuition*
_____ *Imagination*
_____ *Raison*
_____ *Émotion*
_____ *Corps physique*

SECRET N° 10

LA MORT REND LA VIE POSSIBLE

J'imagine que si la spiritualité cherchait un conseil de marketing, ce serait : « Faites peur aux gens au sujet de la mort ». Cette tactique marche depuis des milliers d'années. Parce que tout ce que nous pouvons voir de la mort, c'est que, quand on meurt, on n'est plus ici, nous en ressentons une peur profonde. Il n'y a jamais eu d'époque où les gens n'aient pas été désireux de savoir ce qu'il y a « de l'autre côté de la vie ».

Mais s'il n'y a pas « d'autre côté » ? La mort est peut-être un changement relatif, non pas total. Après tout, chacun meurt chaque jour, et le moment appelé mort est juste une extension de ce processus. Saint Paul parlait de mourir à la mort, signifiant par là avoir une foi si forte dans l'après-vie et le salut promis par le Christ que la mort perdrait son pouvoir d'engendrer la peur. Mais mourir à la mort est aussi un processus naturel qui se produit dans les cellules depuis des milliards d'années. La vie est intimement liée à la mort, comme on peut s'en apercevoir chaque fois qu'une cellule cutanée se détache. Ce processus d'exfoliation est le même qu'un arbre qui perd ses feuilles (du latin, *folium* : feuille), et les biologistes ont tendance à considérer la mort comme un moyen, pour la vie, de se régénérer.

Cette vision n'apporte cependant que peu de réconfort, quand vous envisagez d'être vous-même la feuille qui tombe de l'arbre pour laisser la place à la prochaine feuillaison de printemps. Plutôt que de parler de la mort en termes impersonnels, j'aimerais me concentrer sur *votre* mort, la fin supposée de vous, qui êtes vivant en ce moment et voulez le rester. La perspective personnelle de la mort est un sujet que l'on n'aime guère aborder ; mais si je peux vous montrer la réalité de votre mort, toute cette aversion et toute cette peur peuvent être vaincues, et vous pourrez après cela prêter plus d'attention et à la vie et à la mort.

C'est seulement en faisant face à la mort que vous pouvez acquérir une passion réelle pour la vie. La passion n'est pas frénétique ; elle n'est pas motivée par la peur. Cependant, à l'heure actuelle, à un niveau inconscient, la plupart des gens ont l'impression d'arracher la vie aux mâchoires de la mort et sont affolés à la pensée que leur temps sur terre est si bref. Mais quand vous vous considérez comme appartenant à l'éternité, ce fiévreux ramassage de miettes sur la table disparaît et, à la place, vous recevez l'abondance de la vie dont on entend tellement parler, mais que si peu de gens semblent posséder.

Voici une simple question : quand vous serez grand-père ou grand-mère, vous ne serez plus ni un bébé, ni un adolescent, ni un jeune adulte. Alors, quand le moment sera venu d'aller au ciel, lequel de ces personnages se montrera ? La plupart des gens restent perplexes quand on leur pose cette question. Elle n'est nullement frivole. La personne que vous êtes aujourd'hui n'est pas celle que vous étiez quand vous aviez dix ans. Il est certain que votre corps a complètement changé depuis l'âge de dix ans. Aucune des molécules de vos cellules n'est la même, et votre esprit non plus. Vous ne pensez certainement pas comme un enfant.

En essence, l'enfant de dix ans que vous avez été est mort. Selon la perspective d'un enfant de dix ans, le bébé de deux ans qu'il a été est mort aussi. La raison pour laquelle la vie semble continuer c'est que vous avez des souvenirs et des désirs qui vous lient au passé, mais ils sont aussi en changement perpétuel. Comme le corps, l'esprit est changeant, avec ses pensées et ses émotions éphémères. Quand vous avez conscience d'être vous-même sans être attaché à un âge particulier, alors vous avez trouvé le mystérieux observateur en qui rien ne fluctue.

Seule la conscience témoin répond aux critères de cet observateur – elle reste la même, tandis que tout le reste change. Le témoin ou observateur de l'expérience est le soi à qui toutes les expériences arrivent. Il serait futile de vous cramponner à ce que vous êtes en ce moment, du point de vue du corps et du mental. (Les gens ne savent pas avec quel moi ils vont aller au ciel, parce qu'ils imaginent un moi idéal s'y rendant, ou bien un moi attaché à leur imagination. À un certain niveau, nous savons tous, cependant, qu'il n'y a jamais eu d'âge ressenti comme idéal.) La vie a besoin d'être rafraîchie. Elle a besoin de se renouveler. Si vous pouviez vaincre la mort et rester juste ce que vous êtes – ou ce que vous étiez au moment de votre vie que vous avez considéré comme le meilleur –, vous ne parviendriez qu'à vous momifier.

Vous mourez à chaque instant, pour pouvoir vous créer continuellement.

Nous avons déjà établi que nous ne sommes pas dans le monde ; c'est le monde, qui est en nous. Cela, qui est le principe central de la réalité une, signifie aussi que nous ne sommes pas dans notre corps ; notre corps est en nous. Nous ne sommes pas dans notre esprit ; notre esprit est en nous. Il n'y a pas d'endroit dans le cerveau où une personne puisse se trouver. Votre cerveau ne consomme pas une seule molécule de glucose pour maintenir votre sens du soi, malgré les millions d'explosions synaptiques qui soutiennent toutes les choses que fait le soi dans le monde.

Aussi, quand nous disons que l'âme quitte le corps d'une personne au moment de la mort, nous ferions mieux de dire que c'est le corps qui quitte l'âme. Le corps déjà va et vient ; maintenant, il va, sans revenir. L'âme ne peut partir parce qu'elle n'a nulle part où aller. Cette proposition radicale nécessite une petite explication, parce que, si vous n'allez nulle part quand vous mourez, vous devez déjà être là. C'est l'un des paradoxes de la physique quantique, dont la compréhension dépend de la connaissance du lieu d'origine des choses.

Parfois, je pose à des gens une question simple comme : « Qu'avez-vous mangé hier soir ? » Ils répondent « poulet salade », ou « steak » ; je leur demande alors : « Où était ce souvenir avant que je ne vous pose ma question ? » Comme nous l'avons vu, il n'y a pas d'image de salade ou de steak imprimée dans votre cerveau – aucun goût, aucune odeur de nourriture. Quand vous apportez un souvenir à l'esprit, vous actualisez un événement. Les allumages synaptiques produisent le souvenir, rempli d'images visuelles, de goût et d'odeur, si vous les voulez. Avant d'être actualisé, un souvenir n'est pas local, ce qui signifie qu'il n'a aucune localisation ; c'est une partie d'un champ de potentialité, ou d'énergie, ou d'intelligence. C'est-à-dire que vous avez la potentialité de mémoire, qui est infiniment plus vaste qu'un simple souvenir, mais qui n'est nulle part visible. Ce champ s'étend invisiblement dans toutes les directions ; les dimensions cachées dont nous avons parlé peuvent être expliquées en tant que champs encastrés dans un champ infini, qui est l'être même.

Vous êtes le champ.

Nous commettons tous une erreur quand nous nous identifions aux éléments qui vont et viennent dans le champ. Ce sont des moments isolés – des spots isolés, quand le champ s'actualise. La réalité sous-jacente est potentiel pur, qui est aussi appelé l'âme. Je sais combien cela a l'air abstrait, et les sages de l'Inde le savaient aussi. Considérant la création qui est remplie des objets des sens, ils trouvèrent un terme spécial, *âkâsha*, pour désigner l'âme. *Âkâsha* signifie tout d'abord « espace », mais cela désigne aussi l'espace de l'âme, le champ de la conscience. Quand vous mourez, vous n'allez nulle part parce que vous êtes déjà dans la dimension de l'âkâsha qui est partout. (En physique quantique, la particule subatomique la plus petite est partout dans l'espace-temps avant d'être localisée comme particule. Son existence non locale est aussi réelle, mais invisible.)

Imaginez une maison avec quatre murs et un toit. Si la maison brûle, les murs et le toit s'effondrent. Mais l'espace intérieur n'est pas affecté. Vous pouvez louer les services d'un architecte pour concevoir une nouvelle maison et, après que vous l'avez construite, l'espace intérieur n'a pas été affecté. En construisant une maison, vous divisez seulement l'espace illimité entre intérieur et extérieur. Cette division est une illusion. Les sages anciens disent que votre corps est comme cette maison. Elle est construite à votre naissance et elle est brûlée quand vous mourez, mais l'âkâsha, l'espace de l'âme, reste inchangé ; il demeure illimité.

Selon les anciens sages, la cause de toute souffrance, selon le premier *klesha*, est de ne pas savoir qui vous êtes. Si vous êtes le champ illimité, alors, la mort n'est pas du tout ce que nous redoutions.

Le dessein de la mort est de vous imaginer sous une nouvelle forme, avec une nouvelle localisation dans l'espace-temps.

En d'autres termes, vous vous imaginez dans une vie particulière, et après la mort, vous replongerez dans l'inconnu pour imaginer votre forme prochaine. Je ne considère pas cela comme une conclusion mystique (en partie à cause de discussions que j'ai eues avec des physiciens qui soutiennent cette possibilité, étant donné tout ce qu'ils savent au sujet de la non-localisation de l'énergie et des particules), mais il n'est pas dans mes intentions de vous convertir à la croyance en la réincarnation. Nous ne faisons que suivre une réalité jusqu'à sa source cachée. En ce moment même, vous faites venir des pensées nouvelles en actualisant votre potentiel ; il semble seulement raisonnable que le même processus ait produit ce que vous êtes maintenant.

J'ai un poste de télévision avec une télécommande, et quand j'appuie sur un bouton, je peux passer d'une chaîne à l'autre. Tant que je n'ai pas appuyé sur le bouton, ces programmes n'existent pas sur l'écran ; c'est comme s'ils n'existaient pas du tout. Mais je sais que chaque programme, complet et intact, est dans l'air en tant que vibrations électromagnétiques qui attendent d'être sélectionnées. De même, vous existez dans l'âkâsha avant que votre corps et votre mental ne reçoivent le signal et l'expriment dans le monde tridimensionnel. Votre âme est comme les canaux multiples disponibles à la télévision ; votre karma (ou actions) reçoit le programme. Sans croire en une seule, vous pouvez reconnaître l'étonnante transition d'une potentialité diffusée dans l'espace – comme les programmes télévisés – à un événement déclaré dans le monde tridimensionnel.

Qu'y aura-t-il, alors, quand vous mourrez ? Ce pourrait être comme un changement de chaîne. L'imagination continuera à faire ce qu'elle a toujours fait – faire apparaître des images nouvelles sur l'écran. Certaines traditions croient qu'il y a un processus complexe de vision du karma au moment de la mort, pour que l'on puisse apprendre quel était le propos de cette vie, et que l'on se prépare à une nouvelle négociation de l'âme pour la prochaine vie. Il est dit que votre vie se présente comme un flash devant vous au moment de la mort, pas à la vitesse de l'éclair comme les gens qui se noient en font l'expérience, mais lentement et avec une pleine compréhension de chaque choix que l'on a fait depuis sa naissance.

Si vous êtes conditionné à penser en termes de ciel et d'enfer, votre expérience sera d'aller à l'un ou l'autre. (Souvenez-vous que la conception chrétienne de ces lieux n'est pas la même que la version islamique ou les milliers de *loka* du bouddhisme tibétain, ce qui laisse de la place pour une multitude de mondes après la mort.) La machinerie créative de la conscience produira l'expérience de cet autre endroit, alors que pour quelqu'un qui a mené la même vie mais sans ce système de croyances, ces images peuvent sembler être un rêve heureux ou un revécu d'images collectives (comme un conte de fées), ou l'émergence de thèmes de l'enfance.

Mais si vous allez dans un autre monde après la mort, ce monde sera en vous autant que celui-ci. Cela signifie-t-il que le ciel et l'enfer ne soient pas réels ? Regardez un arbre. Il n'a pas de réalité, sauf à être un événement spatio-temporel spécifique, actualisé parmi les infinies potentialités du champ. Ainsi, il est juste de dire que le ciel et l'enfer sont aussi réels que cet arbre – et tout aussi irréels.

La cassure absolue entre la vie et la mort est une illusion.

Ce qui tracasse les gens, quand ils envisagent la perte de leur corps, c'est que cela semble être une terrible rupture. Cette interruption est imaginée comme aller dans le vide ; c'est l'extinction personnelle totale. Mais cette perspective, qui suscite des craintes prodigieuses, est limitée à l'ego. L'ego a besoin de continuité ; il veut sentir aujourd'hui comme une extension d'hier. Sans ce fil auquel s'accrocher, le voyage jour après jour semblerait décousu, ce que craint l'ego. Mais êtes-vous traumatisé quand une nouvelle image ou un nouveau désir vous vient à l'esprit ? Vous plongez dans le champ des possibilités infinies pour toute pensée nouvelle et revenez avec une image spécifique, sur les milliards d'images possibles. À ce moment, vous n'êtes plus la personne que vous étiez une seconde auparavant. Ainsi, vous vous accrochez à une illusion de continuité.

Abandonnez-la à l'instant même, et vous « mourrez à la mort ». Vous réaliserez que vous avez tout le temps été dans la discontinuité, changeant constamment, plongeant constamment dans l'océan des possibilités pour rapporter quelque chose de nouveau.

La mort peut être considérée comme une illusion totale, parce que vous êtes déjà mort. Quand vous pensez à vous-même en termes de je, moi, mien, vous vous référez à votre passé, un moment qui est mort et s'en est allé. Ses souvenirs sont des reliques d'une époque traversée. L'ego se conserve intact en répétant ce qu'il connaît déjà. Mais, en réalité, la vie est inconnue, comme elle doit l'être si vous devez toujours concevoir de nouvelles pensées, de nouveaux désirs, de nouvelles expériences. En choisissant de répéter le passé, vous empêchez la vie de se renouveler.

Vous rappelez-vous la première fois où vous avez goûté une glace ? Sinon, regardez un très jeune enfant qui fait sa première rencontre avec un cône glacé. L'expression de son visage vous dit qu'il est perdu dans un plaisir pur. Mais le deuxième cône glacé, même si l'enfant le réclame ardemment, est légèrement moins délicieux que le premier. Chaque répétition perd en intensité parce que, quand vous revenez à ce que vous connaissez déjà, cela ne peut être expérimenté pour la première fois. Aujourd'hui, même si vous adorez encore les glaces, l'expérience d'en manger est devenue une habitude. La sensation du goût n'a pas changé, mais vous, si. Le marché que vous avez fait avec votre ego, pour conserver je, moi, mien, sur les mêmes traces habituelles, était un mauvais marché – vous avez choisi le contraire de la vie, qui est la mort.

Techniquement parlant, même l'arbre devant votre fenêtre est une image du passé. Au moment où vous le voyez et que vous raffinez votre vision dans votre cerveau, l'arbre a déjà changé à un niveau quantique, fluant avec le tissu vibratoire de l'univers. Pour être pleinement vivant, vous devez vous injecter vous-même dans le domaine non localisé où naissent les nouvelles expériences. Si vous rejetez la prétention d'être dans le monde, vous réaliserez que vous avez toujours vécu à partir de l'endroit discontinu, non localisé, appelé l'âme. Quand vous mourrez, vous entrerez dans le même inconnu et, à ce moment-là, vous aurez une bonne chance de sentir que vous n'avez jamais été plus vivant.

Pourquoi attendre ? Vous pouvez être aussi vivant que vous le voulez grâce à un processus appelé abandon. C'est l'étape suivante dans la victoire sur la mort. Dans ce chapitre, la ligne de séparation entre vie et mort est devenue si floue qu'elle a presque disparu. L'abandon est l'acte d'effacement complet de la ligne. Quand vous pouvez vous considérer vous-même comme le cycle total de mort dans la vie, et de vie dans la mort, vous vous êtes abandonné – l'instrument mystique le plus puissant contre le matérialisme. Au seuil de la réalité une, le mystique abandonne tout besoin de limites et plonge directement dans l'existence. Le cercle se ferme, et le mystique s'expérimente lui-même comme la réalité une.

L'ABANDON EST...

Pleine attention,
Reconnaissance de la richesse de la vie,
Ouverture de soi à ce qui est face à soi,

Non-jugement,
Absence d'ego,
Humilité,
Réceptivité à toutes les possibilités,
Primauté de l'amour.

La plupart des gens pensent que l'abandon est un acte difficile, voire impossible. Il implique l'abandon à Dieu, auquel peu de gens, à l'exception des plus saints, semblent parvenir. Comment peut-on dire que l'acte d'abandon s'est fait ? « Je fais cela pour Dieu » semble édifiant, mais une caméra vidéo placée dans un coin de la pièce ne pourra montrer la différence qu'il y a entre un acte accompli pour Dieu et le même fait sans que son auteur ait Dieu à l'esprit.

Il est beaucoup plus facile de faire l'abandon à vous-même et de laisser Dieu se montrer s'il le désire. Ouvrez-vous à un tableau de Rembrandt ou de Monet, qui est après tout une portion de création aussi merveilleuse qu'il est possible de l'être. Prêtez-y attention. Appréciez la profondeur de l'image et le soin mis dans son exécution. Ouvrez-vous à ce qui est devant vous, plutôt que de vous laisser distraire. Ne décidez pas à l'avance que vous devez aimer le tableau parce qu'on vous a dit qu'il était formidable. Ne vous forcez pas à réagir parce que cela vous donne l'air cultivé ou sensible. Faites du tableau le centre de votre attention, ce qui est l'essence de l'humilité. Soyez réceptif à toute réaction que vous pouvez avoir. Si toutes ces étapes de l'abandon sont présentes, alors, un magnifique Rembrandt ou Monet évoquera l'amour, parce que l'artiste est simplement *là*, dans toute son humanité dépouillée.

En présence d'une belle humanité, l'abandon n'est pas difficile. Les personnes elles-mêmes sont plus difficiles. Mais s'abandonner à quelqu'un d'autre suit les mêmes étapes que celles qui ont été mentionnées. Peut-être que la prochaine fois que vous dînerez en famille, vous déciderez de vous concentrer sur une seule étape de l'abandon, comme prêter une attention complète ou ne pas juger.

Choisissez l'étape qui vous semble d'une approche plus facile ou, mieux encore, celle que vous savez avoir laissée tomber. Le plus souvent, c'est l'humilité que nous oublions quand nous avons affaire à notre famille. Que signifie, par exemple, être humble avec un enfant ? Cela signifie considérer les opinions de l'enfant comme égales aux vôtres. Au niveau de la conscience, elles sont égales ; votre avantage de l'âge en tant que parent ne supprime pas ce fait. Nous avons tous dû passer par l'enfance et ce que nous pensions alors avait tout le poids et toute l'importance de la vie à n'importe quel âge, peut-être plus encore. Le secret de l'abandon, c'est que vous le faites à l'intérieur, sans essayer de plaire à quelqu'un d'autre.

Si dérangeant que ce soit, nous finissons tous par nous retrouver en présence de quelqu'un qui est très vieux, fragile, et mourant. Les mêmes étapes de l'abandon sont possibles dans cette situation. Si vous les suivez, la beauté d'une personne mourante est aussi évidente que celle d'un Rembrandt. La mort inspire un certain émerveillement qui peut être atteint quand vous allez au-delà de la réaction épidermique de peur. J'ai ressenti récemment cet émerveillement quand je suis tombé sur un phénomène biologique qui corrobore l'idée que la mort est entièrement liée à la vie. Il montre que nos corps ont déjà trouvé la clé de l'abandon.

Le phénomène est appelé *apoptose*. Ce mot étrange, qui était entièrement nouveau pour moi, nous emmène dans un voyage profondément mystique ; à mon retour, je trouve que mes perceptions de la vie et de la mort ont changé. Ayant mis le mot *apoptose* dans un moteur de recherche sur Internet, j'ai obtenu 375 000 entrées, et la toute première définissait le mot en style biblique : « Pour chaque cellule, il y a un temps pour vivre et un temps pour mourir. »

L'apoptose est la mort cellulaire programmée et, même si nous ne le réalisons pas, chacun est mort chaque jour, de façon programmée, pour rester vivant. Les cellules meurent parce qu'elles le veulent. La cellule inverse soigneusement le processus de la naissance : elle se ratatine, détruit ses protéines de base, puis détruit son propre ADN. Des bulles apparaissent sur la membrane quand la cellule s'ouvre au monde extérieur et expulse chaque produit chimique vital, pour être finalement avalée par les globules blancs exactement comme s'il s'agissait d'un microbe envahisseur. Quand le processus est achevé, la cellule s'est dissoute et ne laisse aucune trace derrière elle.

Quand on lit ce récit du sacrifice si méthodique de la cellule, on ne peut s'empêcher d'en être ému. Mais la partie mystique reste à venir. L'apoptose n'est pas une façon de se débarrasser des cellules malades ou vieilles, comme on pourrait le supposer. Le processus nous a donné naissance. En tant qu'embryon dans l'utérus, chacun de nous est passé par des étapes primitives de développement, quand il a eu une queue de têtard, des ouïes comme un poisson, des mains palmées et, c'est surprenant, trop de cellules cérébrales. L'apoptose a pris soin de ces vestiges indésirables – dans le cas du cerveau, un nouveau-né forme les connexions neurales correctes en supprimant le tissu cérébral en excès avec lequel nous sommes tous nés. (Ce fut la surprise quand les neurologues découvrirent que c'est à la naissance que notre cerveau contient le plus de cellules, un nombre qui est réduit de plusieurs millions pour qu'une intelligence supérieure puisse forger son réseau délicat de connexions. On avait longtemps pensé que la destruction des cellules cérébrales était un processus pathologique associé au vieillissement. Maintenant, toute la question est à reconsidérer.)

Cependant, l'apoptose ne finit pas dans la matrice. Notre corps continue à s'épanouir grâce à la mort. Les cellules immunitaires qui engloutissent et consomment les bactéries intruses se retourneraient contre les propres tissus du corps si elles ne s'entretuaient pas, retournant contre elles-mêmes les mêmes poisons que ceux utilisés contre les envahisseurs. À chaque fois qu'une cellule détecte que l'ADN est endommagé ou défectueux, elle sait que le corps souffrira si ce défaut se propage. Heureusement, chaque cellule comporte un gène poison appelé P53, qui peut être activé pour qu'elle se fasse mourir elle-même.

Ces faits nouveaux ne font qu'effleurer la surface. Il y a longtemps que les anatomistes savent que les cellules de la peau meurent fréquemment ; que les cellules rétiniennes, les globules rouges et les cellules de l'estomac sont aussi programmés pour une durée de vie très brève, afin que les tissus soient rapidement renouvelés. Chacune a sa raison propre de mourir. Les cellules de la peau doivent tomber pour que notre peau reste souple, alors que les cellules de l'estomac meurent dans la puissante combustion chimique qui permet la digestion des aliments.

La mort ne peut être notre ennemie puisqu'elle nous accompagne depuis l'utérus. Curieusement, le corps est capable de prendre congé de la mort en produisant des cellules qui décident de vivre pour toujours. Ces cellules ne déclenchent pas le P53 quand elles détectent des défauts dans leur propre ADN. Et en refusant de souscrire à leur propre programme de mort, ces cellules se divisent sans trêve. Le cancer, la maladie la plus redoutée, est le congé que le corps prend de la mort, alors que la mort programmée est son ticket pour la vie. Tel est le paradoxe de la vie et de la mort. La notion mystique de mourir chaque jour s'avère être le fait corporel le plus concret.

Ce que cela signifie, c'est que nous sommes extrêmement sensibles à l'équilibre des forces positives et négatives, et quand l'équilibre est bouleversé, la mort est la réaction naturelle. Nietzsche a dit que les humains sont les seules créatures qui doivent être encouragées pour rester en vie. Il ne pouvait savoir à quel point c'est littéralement vrai. Les cellules reçoivent des signaux positifs qui leur disent de rester en vie – produits chimiques appelés facteurs de croissance. Si leurs signaux positifs sont retirés, les cellules perdent leur volonté de vivre. Comme le baiser de la mort de la mafia, peuvent aussi être envoyés à la cellule des messagers qui s'attachent à ses récepteurs externes pour signaler que la mort est arrivée – ces messagers chimiques sont appelés « activateurs létaux ».

Plusieurs mois après avoir écrit ce paragraphe, j'ai rencontré un professeur de la faculté de médecine de Harvard, qui avait découvert un fait étonnant. Il y a une substance qui fait que les cellules cancéreuses activent de nouveaux vaisseaux sanguins pour s'alimenter. La recherche médicale s'est attachée à découvrir le moyen de bloquer cette substance inconnue, pour que les excroissances malignes puissent être privées de nutriments et, ainsi, tuées. Le professeur a découvert que la substance exactement *opposée* causait la toxémie chez la femme enceinte, ce qui peut être fatal. « Vous réalisez ce que cela signifie ? » a-t-il demandé, l'air très impressionné. « Le corps peut émettre des produits chimiques dans un acte assurant l'équilibre entre la vie et la mort et, cependant, la science a totalement ignoré qui est l'auteur de cet équilibrage. Tout le secret de la santé ne résiderait-il pas dans cette partie de nous-mêmes et non dans les substances chimiques utilisées ? » L'hypothèse que la conscience pourrait être l'ingrédient manquant, le facteur X dans les coulisses, lui était venue comme une révélation.

Les mystiques ont ici devancé la science, car on peut lire dans beaucoup de traditions mystiques que chacun meurt exactement à son heure et qu'il connaît cette heure à l'avance. Mais j'aimerais examiner plus en profondeur l'idée de mourir chaque jour. Mourir chaque jour est un choix que chacun néglige. Je veux me considérer moi-même comme la même personne de jour en jour, pour préserver mon sentiment d'identité. Je veux me voir comme habitant le même corps chaque jour, parce qu'il est dérangeant de penser que mon corps m'abandonne constamment.

Mais il le faut si je ne veux pas devenir une momie vivante. Suivant le programme complexe de l'apoptose, je reçois un corps nouveau par le mécanisme de la mort. Ce processus est assez subtil pour passer inaperçu. Personne n'a vu un enfant de deux ans rendre son corps pour en avoir un nouveau à trois ans. Chaque jour, il a le même corps et, cependant, il ne l'a pas. C'est seulement le processus constant de renouvellement – un don de la mort – qui lui permet de suivre chaque étape de développement. Ce qui est étonnant, c'est qu'on a l'impression d'être la même personne au sein d'une métamorphose aussi interminable.

À la différence de la mort de mes cellules, je peux observer la naissance et la mort de mes idées. Pour assurer le passage de la pensée enfantine à la pensée adulte, le mental doit mourir chaque jour. Mes chères idées meurent et ne réapparaissent jamais ; mes expériences les plus intenses sont consumées par leurs propres passions ; ma réponse à la question : « Qui suis-je ? » change totalement de deux à trois ans, de trois à quatre et ainsi de suite tout au long de la vie.

Nous comprenons la mort quand nous rejetons l'illusion que la vie doit être continue. Toute la nature obéit à un rythme unique – l'univers meurt à la vitesse de la lumière, mais il prend soin cependant de créer cette planète et les formes de vie qui l'habitent. Notre corps meurt à différentes vitesses à la fois, à commencer par les photons, produits par la dissolution chimique ; puis il y a la mort des cellules, la régénération tissulaire, et finalement la mort de tout l'organisme. De quoi avons-nous si peur ?

L'apoptose nous sauve de la peur, je pense. La mort d'une seule cellule n'est pas différente de celle du corps. Ce qui compte, ce n'est pas l'acte, mais le plan – une conception générale qui assure l'équilibre des signaux positifs et négatifs auxquels chaque cellule réagit. Le plan est au-delà du temps, parce qu'il date de l'édification même du temps. Le plan est au-delà de l'espace, parce qu'il est partout dans le corps et cependant nulle part – chaque cellule en mourant emporte le plan avec elle et, cependant, le plan survit.

Dans la réalité une, on ne résout pas une dispute en choisissant un côté – les deux côtés ont également raison. Aussi puis-je tranquillement concéder que ce qui arrive après la mort est invisible à l'œil et ne peut être prouvé comme un événement matériel. J'admets que d'ordinaire nous ne nous souvenons pas de nos vies antérieures et que nous pouvons vivre très bien sans cette connaissance. Mais je ne comprends pas comment on peut rester matérialiste après avoir vu l'apoptose à l'œuvre. Les arguments contre la vie après la mort n'ont de force que si l'on ignore tout ce qui a été découvert au sujet des cellules, des photons, des molécules, des pensées et du corps entier. Chaque niveau d'existence naît et meurt selon son propre horaire, de moins d'un millionième de seconde à la renaissance probable d'un nouvel univers dans des milliards d'années. L'espérance dans un au-delà de la mort vient de la promesse d'un renouveau. Si vous vous identifiez passionnément à la vie même et non seulement au défilé des formes et des phénomènes, la mort prend la place qui lui revient en tant qu'agent du renouveau. Dans l'un de ses poèmes, Tagore se demande : « Que donneras-tu / Quand la mort frappera à ta porte ? » Sa réponse est la manifestation de la joie sereine de quelqu'un qui s'est élevé au-dessus de la peur qui entoure la mort :

La plénitude de ma vie –
Le doux vin des jours d'automne et des nuits d'été,

Mon petit magot glané au fil des années,
Et des heures riches de vie.
Ce sera mon cadeau
Quand la mort frappera à ma porte.

Changer sa réalité
pour percevoir le dixième secret

Le dixième secret dit que la vie et la mort sont naturellement compatibles. Vous pouvez rendre ce secret personnel en vous dépouillant de l'image de vous-même qui appartient au passé – une sorte d'exfoliation de l'image de soi. L'exercice est très simple : Asseyez-vous, fermez les yeux et voyez-vous vous-même sous la forme d'un bébé. Utilisez la meilleure image de bébé dont vous pouvez vous souvenir ou, si vous n'avez pas en mémoire une telle image, créez-en une.

Il faut que le bébé soit éveillé et alerte. Attirez son attention et demandez-lui de vous regarder dans les yeux. Quand vous avez établi le contact, regardez juste un moment, jusqu'à ce que vous vous sentiez tous deux reliés l'un à l'autre. Maintenant, invitez le bébé à se joindre à vous et regardez lentement l'image disparaître au centre de votre poitrine. Si vous voulez, vous pouvez visualiser un champ lumineux qui absorbe l'image ou juste un sentiment de chaleur dans votre cœur.

Maintenant, voyez-vous vous-même comme un bébé. À nouveau, prenez contact, et une fois qu'il est établi, demandez à cette version de vous de se joindre à vous. Procédez ainsi avec tout moi passé que vous souhaitez avoir à l'esprit – si vous avez des souvenirs particulièrement vifs d'une certaine époque, attardez-vous-y, mais, à la fin, vous devrez vouloir voir chaque image s'évanouir et disparaître.

Continuez jusqu'à votre âge actuel, puis continuez à vous voir à un âge plus avancé que celui que vous avez maintenant. Finissez par deux images : l'une de vous-même, personne très âgée mais en bonne santé, et l'autre, sur votre lit de mort. Dans chaque cas, établissez le contact puis laissez l'image s'absorber en vous.

Quand l'image de vous-même mourant a disparu, asseyez-vous tranquillement et sentez ce qui reste. Personne ne peut imaginer vraiment sa propre mort parce que, même si vous allez jusqu'à vous voir comme un cadavre que l'on met dans la tombe et qui se décompose en ses éléments, ce qui peut être trop macabre pour beaucoup, le témoin demeurera. Se visualiser en cadavre est un exercice tantrique ancien de l'Inde, et j'ai dirigé des groupes dans cette technique. Presque tout le monde comprend et réussit, et cela n'a rien de sinistre : quand vous voyez tout vestige terrestre de vous-même disparaître, vous réalisez que vous ne vous éteindrez pas. La présence du témoin, qui est le dernier survivant, montre le chemin au-delà de la danse de la vie et de la mort.

Exercice n° 2 : Mourir consciemment

Comme toute expérience, mourir est quelque chose que vous créez, autant que quelque chose qui vous arrive. Dans beaucoup de traditions orientales, il y a une pratique appelée « mort consciente », dans laquelle la personne participe activement au modelage du processus de mort. En utilisant la prière, les rituels, la méditation et l'assistance des vivants, le mourant passe du pôle : « cette expérience m'arrive » au pôle opposé : « je suis en train de créer cette expérience ».

En Occident, nous n'avons pas de tradition de la mort consciente. En fait, nous laissons les mourants seuls dans des hôpitaux impersonnels, où règne une routine froide, effrayante et déshumanisante. Il y aurait beaucoup de choses à changer dans ce domaine. Ce que vous pouvez faire personnellement à ce moment, c'est porter votre conscience sur le processus de mort et le débarrasser d'une peur et d'une angoisse excessives.

Pensez à quelqu'un qui vous est proche, très âgé et serait sur le point de mourir. Voyez-vous vous-même dans la pièce avec cette personne – vous pouvez imaginer la pièce si vous ne savez pas exactement où se trouve la personne. Mettez-vous à l'intérieur de l'esprit et du corps de la personne. Voyez-vous en détail ; sentez le lit, voyez la lumière entrer par la fenêtre, entourez-vous des visages des membres de la famille et des médecins et des infirmières, s'il y en a.

Maintenant, commencez à aider la personne, à passer de la passivité vis-à-vis de la mort à la création active de l'expérience. Entendez-vous parler d'une voix normale ; il n'est pas besoin d'être solennel. Soyez réconfortant et rassurant, mais concentrez-vous particulièrement sur le passage de la conscience de la personne du « cela m'arrive » à « je fais cela ». Voici les principaux thèmes (je les ai mis à la deuxième personne, comme si on se confiait à un ami proche) :

Je pense que tu as eu une belle vie. Parlons des meilleures choses dont tu te souviens.
Tu peux être fier d'être devenu quelqu'un de bien.
Tu as créé beaucoup d'amour et de respect.
Où voudrais-tu aller maintenant ?

Dis-moi comment tu te sens quant à ce qui se passe. Quels changements y apporterais-tu, si tu le pouvais ?

Si tu as des regrets, parle-m'en. Je t'aiderai à t'en débarrasser.

Tu n'as plus besoin d'avoir du chagrin. Je t'aiderai à t'en débarrasser si tu en sens encore.

Tu mérites d'être en paix. Tu as fait une belle course, et maintenant que c'est fini, je vais t'aider à rentrer à la maison.

Tu ne vas pas le croire, mais je t'envie. Tu vas voir ce qu'il y a derrière le rideau.

Y a-t-il quelque chose que tu veux pour ton voyage ?

Vous pouvez, bien sûr, aborder les mêmes thèmes au chevet de quelqu'un qui est vraiment en train de mourir. Mais avoir une conversation imaginaire est un bon moyen de vous atteindre vous-même. Le processus ne doit pas être bâclé. Chaque sujet doit durer au moins une heure. Pour vous engager vraiment, vous devrez sentir que vous vous accordez à vous-même beaucoup d'attention. Cet exercice doit faire remonter des sentiments très mêlés, étant donné que nous concevons tous peur et chagrin à la perspective de la mort. Si quelqu'un de proche est mort avant que vous n'ayez pu lui faire vos adieux complets, imaginez-vous parlant à cette personne des thèmes dont j'ai dressé la liste. Le domaine où la vie et la mort s'unissent est toujours ici avec nous, et en y prêtant attention, vous vous connectez à un aspect précieux de la conscience. Mourir en pleine conscience est très naturel si vous avez vécu en pleine conscience.

SECRET N° 11

L'UNIVERS PENSE À TRAVERS VOUS

J'ai fait récemment une petite rencontre avec le destin – si petite que j'aurais pu l'ignorer complètement. Un homme vint me voir, qui avait consacré sa vie entière à la spiritualité. Il me parla de ses nombreux voyages en Inde, et de sa dévotion pour ses traditions. Il portait des amulettes, du genre que l'on peut acheter dans les temples et les sites sacrés ; il connaissait beaucoup de *bhajans* (chants dévotionnels) ; il avait été béni par beaucoup de saints au cours de ses voyages. Certains lui avaient fait don de mantras. Un mantra peut être aussi court qu'une syllabe ou aussi long qu'une phrase, mais, à la base, c'est un son. De quelle façon un son peut-il être un présent ? Pour quelqu'un qui baigne dans la tradition indienne, le présent n'est pas le mantra lui-même, mais l'effet qu'il est censé apporter, comme la richesse ou un bon mariage. Il y a des milliers de mantras, et ils apportent des milliers de résultats possibles.

Quand je lui demandai ce qu'il faisait pour gagner sa vie, l'homme fit un signe de la main et dit : « Oh ! Un peu de guérison, un petit truc psychique. Vous savez, la lecture de pensée. Je n'y attache pas grande importance. »

Son attitude insouciante m'intrigua et je lui demandai s'il pouvait me donner un exemple. Il haussa les épaules. « Pensez à quelqu'un et écrivez une question que vous voulez lui poser. » La seule personne que j'avais alors à l'esprit était mon épouse, qui était partie rendre visite à la famille à New Delhi depuis un petit moment. Je me souvins que je devais l'appeler pour lui demander quand elle comptait revenir – nous n'avions pas fixé de date, étant donné que certains membres de la famille étaient âgés et que le séjour de ma femme dépendait de leur état de santé.

J'écrivis cela, et je regardai mon visiteur. Il ferma les yeux et se mit à psalmodier un long mantra. Au bout d'une minute, il dit : « Mardi. Vous pensez à votre femme et vous voulez savoir quand elle rentrera. »

Il avait vu juste et quand, après son départ, je téléphonai à ma femme, je m'aperçus qu'il ne s'était pas trompé non plus sur le jour. Je le félicitai, mais il sourit et agita la main avec le même geste insouciant qui disait : « Ce n'est rien. J'y fais à peine attention. » Une heure plus tard, quand je fus seul, je me mis à penser à ces événements psychiques qui ne sont plus une nouveauté, étant donné la médiatisation des phénomènes paranormaux. Je m'interrogeai en particulier sur le libre arbitre et le déterminisme. Cet homme disait qu'il pouvait lire dans l'esprit, mais le retour de ma femme mardi n'était pas dans mon esprit. C'était un événement qui aurait pu se produire n'importe quel jour de la semaine ; j'avais même supposé qu'elle aurait pu continuer à rester là-bas indéfiniment si les circonstances l'avaient demandé.

La question du libre arbitre opposé au déterminisme est colossale, bien sûr. Dans la réalité une, tout couple de contraires est, en dernière analyse, une illusion. Nous avons déjà effacé la division entre bien et mal, vie et mort. Le libre arbitre va-t-il se révéler la même chose que le déterminisme ? Essayons d'y répondre.

Libre arbitre =

Indépendance,
Autodétermination,
Choix,
Contrôle sur les événements,
L'avenir est ouvert.

Déterminisme =

Dépendance d'une volonté extérieure,
Le soi est déterminé par le destin,
Pas de contrôle sur les événements,
Choix faits pour vous,
L'avenir est fermé.

Ces phrases esquissent la compréhension courante de l'enjeu. Tout ce qui est dans la colonne du libre arbitre est séduisant. Nous voulons tous être indépendants ; nous voulons prendre nos propres décisions ; nous voulons nous éveiller avec l'espoir que l'avenir est ouvert et plein de possibilités infinies. En revanche, rien ne semble attirant dans la colonne du déterminisme. Si vos choix ont été faits pour vous, si votre soi est lié à un plan écrit avant votre naissance, alors, l'avenir ne peut être ouvert. Émotionnellement au moins, la perspective du libre arbitre a déjà emporté le débat.

Et à un certain niveau, on n'a pas à fouiller plus profond. Si vous et moi sommes des marionnettes animées par un marionnettiste invisible – Dieu, destin ou karma –, alors les fils qu'il tire sont aussi invisibles. Nous n'avons pas de preuve que nous ne faisons pas des choix libres, sauf en certaines occasions particulièrement effrayantes, et les liseurs de pensée ne vont pas changer notre façon fondamentale de nous comporter.

Il y a cependant une raison de fouiller plus profond, et *vasana* en est le mot-clé. Ce terme sanskrit désigne une cause inconsciente. C'est le software de la psyché, la force conductrice qui vous fait faire quelque chose quand vous pensez que vous le faites spontanément. En tant que tel, le *vasana* est très perturbant. Imaginez un robot dont chaque action est dirigée par un programme software qui est à l'intérieur. Du point de vue du robot, peu importe que le programme existe – jusqu'à ce que quelque chose se passe mal. L'illusion de ne pas être un robot s'effondre si le software se détraque parce qu'alors, si le robot veut faire quelque chose mais ne le peut, nous en connaissons la raison.

Le vasana est le déterminisme qui ressemble au libre arbitre. Je pense à mon ami Jean, que je connais depuis presque vingt ans. Jean se considère lui-même comme très spirituel et, au début des années 1990, il est allé jusqu'à laisser tomber son travail pour un journal de Denver, pour vivre dans un ashram du Massachusetts. Mais l'atmosphère ne lui plut pas. « Ce sont tous des crypto-hindous, disait-il. Ils ne font rien d'autre que prier, chanter et méditer. » Aussi, Jean décida de changer de vie. Il tomba amoureux de deux femmes, mais ne s'est jamais marié. Il n'aime pas l'idée de s'établir et a tendance à changer de vie à peu près tous les quatre ans. (Il m'a dit un jour qu'il s'était aperçu qu'il avait vécu dans quarante maisons différentes depuis sa naissance.)

Un jour, Jean m'appela pour me dire qu'il fréquentait une femme qui avait été prise d'un intérêt soudain pour le soufisme ; tandis qu'ils rentraient à la maison, elle avait dit à Jean que, selon son maître soufi, chacun avait une caractéristique dominante.

« Tu veux dire la caractéristique la plus évidente de quelqu'un, comme le fait d'être introverti ou extraverti ?, demanda-t-il.

– Non, pas évidente, dit-elle. Ta caractéristique dominante est cachée. Tu agis selon elle, sans le savoir. »

Ce propos intéressa beaucoup Jean. « J'ai regardé par la vitre de la voiture, et ça m'a frappé, dit-il. Je ménage la chèvre et le chou. Je ne suis à l'aise que si j'ai les deux aspects d'une situation, sans m'engager dans aucune. » Immédiatement, beaucoup de pièces se mirent en place. Jean pouvait voir pourquoi il allait dans un ashram mais ne se sentait pas intégré dans le groupe. Il voyait pourquoi il tombait amoureux mais voyait toujours les défauts de ses compagnes. Beaucoup d'autres choses devinrent claires. Jean se plaint de sa famille, mais ne manque jamais de passer Noël avec elle. Il se considère comme un expert dans chaque sujet qu'il a étudié – il y en a eu beaucoup – mais il ne gagne sa vie avec aucun. C'est vraiment quelqu'un qui ménage la chèvre et le chou. Et comme son amie le suggérait, Jean n'avait aucune idée que son vasana, puisque c'est ce dont il est question, le faisait passer d'une situation à l'autre sans qu'il cesse de ménager les contraires.

« Quand j'y pense ! dit-il avec une surprise évidente, la chose qui est le plus moi est une chose que je n'ai jamais vue. »

Si les tendances inconscientes continuaient à œuvrer dans l'ombre, elles ne seraient pas un problème. Le software génétique chez un pingouin ou un gnou le pousse à agir sans connaissance de ce qu'il se conduit tout à fait comme un autre pingouin ou un gnou. Mais les êtres humains, seuls parmi les créatures vivantes, veulent surmonter le vasana. Il n'est pas très bon d'être un pion qui pense qu'il est le roi. Nous désirons avoir l'assurance d'une liberté absolue et de ses conséquences – un avenir totalement ouvert. Est-ce raisonnable ? Ou est-ce même possible ?

Dans les *Yoga Sûtra*, Patañjali dit qu'il y a trois types de vasanas. Le vasana qui pousse à un comportement agréable est appelé le vasana blanc ; celui qui inspire un comportement désagréable est appelé le vasana noir ; celui qui est un mélange des deux est appelé le vasana mixte. Je dirais que Jean avait un vasana mixte – il aimait ménager la chèvre et le chou, mais il n'obtenait pas la gratification d'un amour durable pour une autre personne, d'une aspiration motrice, ou d'une vision partagée qui l'aurait lié à une communauté. Il montrait les aspects positifs et négatifs de quelqu'un qui doit rester ouvert à chaque option. Le but de l'aspirant spirituel est de se débarrasser du vasana, pour que la clarté puisse être réalisée. En clair, vous savez que vous n'êtes pas une marionnette – vous vous êtes libéré des pulsions inconscientes qui vous ont fait croire que vous agissiez spontanément.

Le secret, ici, c'est que l'état de libération n'est pas le libre arbitre. Le libre arbitre est l'opposé du déterminisme, et dans la réalité une, les contraires doivent finalement s'unir. Dans le cas de la vie opposée à la mort, nous avons vu qu'elles ont fusionné parce que les deux sont nécessaires pour renouveler le flux de l'expérience. Le libre arbitre et le déterminisme ne s'unissent pas ainsi. Ils ne s'unissent que lorsqu'une discussion cosmique est réglée une bonne fois pour toutes. Voici la discussion sous sa forme la plus simple.

Il y a deux prétentions à la réalité ultime. L'une vient du monde physique, là où les événements ont des causes et des effets définis. L'autre vient de l'Être absolu, qui n'a pas de cause. Seule l'une des deux peut avoir raison, parce qu'il n'y a pas deux réalités ultimes. Laquelle est-ce ?

Si le monde physique est la réalité ultime, vous n'avez d'autre choix que de mettre hors jeu les vasanas. Chaque tendance a une cause dans une tendance antérieure, et dès que vous en excluez une, vous en créez une autre pour la remplacer. Vous ne pouvez être un produit fini. Il y a quelque chose qui attend d'être fixé, ajusté, poli, purifié, ou qui est prêt à se dissoudre. (Les gens qui ne peuvent accepter cela deviennent des perfectionnistes, qui poursuivent constamment la chimère d'une existence impeccable. Ils ne s'en rendent pas compte, mais ils essaient de vaincre la loi des vasanas, selon laquelle aucune cause ne peut disparaître ; elle ne peut que se transformer en une nouvelle cause.) Le monde physique est aussi appelé le monde du karma, qui a son propre côté cosmique. *Karma* signifie action, et la question qui se pose au sujet de l'action est celle-ci : A-t-elle un commencement ? Finit-elle jamais ? Chaque être qui est né s'est retrouvé jeté dans un monde d'action qui était déjà opérationnel. Rien ne permet de dire qu'une première action a fait commencer les choses, ni qu'une dernière action pourrait mettre un terme à toutes choses. L'univers est une donnée et, malgré les théories au sujet du Big Bang, la possibilité d'autres univers, ou même d'univers infinis, signifie que la chaîne des premiers événements pourrait s'étendre indéfiniment.

Les sages de l'Antiquité ne se compliquaient pas la vie avec des télescopes, parce qu'ils voyaient, dans un éclair d'intuition, que l'esprit est gouverné par la cause et l'effet, et qu'il n'a pas, par conséquent, le pouvoir de voir au-delà du karma. La pensée que j'ai maintenant est sortie de la pensée que j'avais il y a une seconde. Celle-ci à son tour est sortie de celle qui l'a précédée –, etc. Big Bang ou pas, mon esprit est prisonnier du karma, parce que penser est tout ce qu'il peut faire.

Il y a une autre possibilité, disaient les sages. Votre esprit peut être. C'est ainsi que le selon prétendant est entré en lice. La réalité ultime pourrait être l'Être lui-même. L'Être n'agit pas ; ainsi, il n'est jamais affecté par le karma. Si l'Être est la réalité ultime, le jeu des vasanas est terminé. Au lieu de vous tracasser quant à la cause et à l'effet, origine de toutes les tendances, vous pouvez simplement dire *qu'il n'y a pas de cause et d'effet*.

J'ai dit que les vasanas nous donnaient une raison de creuser plus profond dans le libre arbitre. Maintenant, nous pouvons voir pourquoi. La personne qui se contente de rester une marionnette n'est pas différente du rebelle qui crie qu'il veut rester libre à tout prix. Tous deux sont assujettis au karma ; leurs opinions ne changent rien. Mais si vous pouvez vous identifier à l'état sans vasanas, le libre arbitre et le déterminisme fusionnent ; ils deviennent de simples instructions dans le manuel du software karmique. En d'autres termes, ils sont tous deux des instruments qui doivent être utilisés par l'Être, plutôt qu'une fin en soi. Le karma est le perdant dans la controverse sur la prétention à être la réalité ultime.

Comment puis-je dire que le problème est résolu ? Je pourrais dire que le débat est clos, en usant de l'argument d'autorité, parce que d'innombrables sages et saints témoignent de ce que l'Être est la base ultime de l'existence. Mais comme ici nous ne nous reposons pas sur l'autorité, il faut que la preuve vienne de l'expérience. Je fais l'expérience d'être vivant, ce qui semble plaider en faveur du karma, étant donné qu'être vivant, c'est faire une action après l'autre. Mais je ne peux être vivant si l'univers entier n'est pas vivant. Cette conclusion semblerait absurde sans autre explication. Mais nous sommes allés assez loin pour réaliser que la véritable absurdité, c'est d'être vivant dans un univers mort. Personne, avant l'époque moderne, n'avait pensé qu'il était échoué sur un atome de rocher et d'eau, sans autre chose à contempler qu'un vide noir. Je trouve que cette image, qui sous-tend la superstition de la science, est horrible et fausse. Mon corps et l'univers sont composés des mêmes molécules, et je n'arrive pas à croire, même avec la meilleure volonté du monde, que l'atome d'hydrogène est vivant à l'intérieur de moi, mais mort dès l'instant où il quitte mes poumons.

Mon corps et l'univers viennent de la même source, obéissent aux mêmes rythmes, font des étincelles avec les mêmes orages d'activité électromagnétique. Mon corps ne peut se permettre de spéculer sur qui a créé l'univers. Chaque cellule disparaîtrait dès l'instant où elle cesserait de se créer. Ainsi, l'univers vit et respire à travers moi, il ne peut en être autrement. Je suis une expression de tout ce qui est pourvu d'existence.

À n'importe quel moment, l'activité subatomique bouillonnante qui permet à l'univers de durer est en flux ; chaque particule se ferme et s'ouvre à l'existence des milliers de fois par seconde. Dans cet intervalle, je « clignote » aussi, passant de l'existence à l'annihilation, et à l'existence à nouveau, des millions de fois par jour. L'univers est apparu avec ce rythme de clignotement rapide, en sorte qu'il puisse faire une pause et décider de ce qu'il devait créer l'instant suivant. Il en va de même pour moi. Bien que mon esprit procède trop lentement pour voir la différence, je ne suis pas la même personne à mon retour de mes milliards de voyages dans le vide. Chacun des processus à l'œuvre dans mes cellules a été repensé, réexaminé, réorganisé. La création se produit par degrés infinitésimaux, et le résultat global est la genèse éternelle.

Dans un univers vivant, nous n'avons à répondre à aucune question concernant l'identité du créateur. À différentes époques, les religions ont parlé d'un dieu unique, de dieux et déesses multiples, d'une force vitale invisible, d'un esprit cosmique, et, dans la religion actuelle de la physique, d'un jeu aveugle du hasard. Choisissez celui que vous voulez, parce que ce qui est le plus important au sujet de la genèse, c'est vous. Pouvez-vous vous voir comme le point autour duquel toutes choses gravitent ?

Regardez autour de vous et essayez de voir votre situation globale. Du point de vue d'un soi limité, vous ne pouvez être le centre du cosmos. Mais c'est parce que vous considérez le karma. Votre attention est dirigée sur des fragments de votre situation – une relation actuelle, des événements en cours, les finances, peut-être un vague intérêt pour une crise politique ou l'état du marché des valeurs. Quel que soit l'ingrédient que vous essayiez de comprendre, vous ne voyez pas votre situation entière. Selon le point de vue de l'intégrité, l'univers pense à *vous*. Ses pensées sont invisibles, mais elles se manifestent sous forme de tendances – les vasanas – et parfois votre attention sent le grand dessein à l'œuvre, parce que la vie a des moments critiques, des occasions, des épiphanies et des percées, incontournables.

Pour vous, une pensée est une image ou une idée flottant dans votre esprit. Pour l'univers – et nous entendons ici l'intelligence universelle qui pénètre l'essaim des galaxies, des trous noirs et de la poussière interstellaire –, une pensée est un pas dans l'évolution. C'est un acte créateur. Pour vivre vraiment au centre de la réalité une, l'évolution doit être pour vous d'un intérêt fondamental. Les événements non critiques de votre vie sont autonomes. Pensez à votre corps, qui opère avec deux types séparés de système nerveux. Le système nerveux involontaire est automatique – il régule les fonctions quotidiennes du corps, sans intervention de votre part. Quand quelqu'un tombe dans le coma, ce système nerveux continue à fonctionner plus ou moins normalement, permettant au rythme cardiaque, à la tension, aux hormones, aux électrolytes, et à cent autres fonctions, de continuer en parfaite coordination.

L'autre système nerveux est appelé volontaire parce qu'il a trait à la volonté. Le système nerveux volontaire exécute nos désirs. C'est son seul dessein et, sans lui, nous vivrions comme des êtres comateux, sans aucune avancée, comme des morts-vivants.

L'univers reflète la même division. À un certain niveau, les forces naturelles n'ont pas besoin d'assistance pour que tout soit régulé en vue du maintien de la vie. L'écologie est un auto-équilibrage. Les plantes et les animaux sont en harmonie, sans savoir ce qu'ils font. On pourrait imaginer un monde dans lequel rien ne dépasse l'existence basique, où les créatures en sont réduites à manger, respirer et dormir. Mais ce monde n'existe pas. Même les amibes monocellulaires nagent dans une direction particulière, chassent pour se nourrir, vont vers la lumière et recherchent la température qu'elles préfèrent. Le désir est inscrit dans la trame de la vie.

Aussi n'est-il pas insensé de chercher la deuxième moitié du système nerveux de l'univers, la moitié qui gravite autour du désir. Quand votre cerveau exprime un désir, l'univers l'exprime en même temps. Il n'y a pas de différence entre « je veux avoir un enfant » et « l'univers veut avoir un enfant ». L'embryon qui commence à grandir dans l'utérus s'appuie sur des milliards d'années d'intelligence, de mémoire, de créativité et d'évolution. L'individu et le cosmos fusionnent quand il s'agit d'un enfant dans l'utérus. Pourquoi cette fusion devrait-elle s'arrêter là ? Le fait que vous exprimiez vos désirs comme individu n'empêche pas l'univers d'agir à travers vous, tout comme le fait que vous considériez vos enfants comme les vôtres n'est pas non plus la négation qu'ils sont aussi les enfants d'un vaste pool génétique. Ce pool génétique n'a d'autre parent que l'univers.

En ce moment, vous ne faites qu'un avec le cosmos. Il n'y a pas de différence entre votre respiration et celle de la forêt pluviale, entre votre circulation sanguine et les rivières du monde, entre vos os et les falaises de Douvres. Chaque changement dans l'écosystème vous a affecté au niveau de vos gènes. L'univers rappelle son évolution en laissant un souvenir inscrit dans l'ADN. Cela signifie que vos gènes sont le point focal pour tout ce qui arrive dans le monde. Ils sont votre ligne de communication avec la nature dans son ensemble, et pas seulement avec votre mère et votre père.

Oubliez ce que vous avez appris au sujet de l'ADN, décrit comme un cordon de sucre et d'amidon, en forme de double hélice. C'est une description de l'aspect de l'ADN, mais cela n'apprend rien sur la dynamique de la vie, de la même manière que le schéma électrique d'un téléviseur ne nous dit rien de ce qui est joué à l'écran. En ce moment, ce qui se joue à travers votre ADN, c'est l'évolution de l'univers. Le prochain désir que vous aurez sera enregistré dans la mémoire, et l'univers ira de l'avant, ou non. Nous avons tendance à penser que l'évolution est une marche en ligne droite, des organismes primitifs aux organismes évolués. Il y a une meilleure image, celle d'une bulle qui se dilate pour englober de plus en plus de potentiel vital.

- Quand vous parvenez à *plus d'intelligence*, vous évoluez. En revanche, si vous rétrécissez votre esprit et le limitez à ce que vous savez déjà ou pouvez déjà prévoir, votre évolution ralentira.

- Quand vous accédez à *une plus grande créativité*, vous évoluez. En revanche, si vous essayez d'utiliser de vieilles solutions pour résoudre des problèmes nouveaux, votre évolution ralentira.

- Quand vous arrivez à *plus de conscience*, vous évoluez. En revanche, si vous continuez à utiliser une fraction de votre conscience, votre évolution ralentira.

L'univers est en jeu dans les choix que vous décidez de faire, car on a la preuve irréfutable qu'il favorise l'évolution aux dépens de l'immobilité. En sanskrit, la force évolutive est appelée *dharma*, d'une racine qui signifie « soutenir ». Sans vous, le dharma serait confiné à trois dimensions. Vous ne pensez peut-être pratiquement jamais à votre relation avec un zèbre, un cocotier ou une algue bleu-vert, mais chacun est votre parent intime dans la trame évolutive. Les êtres humains ont élargi la trame évolutive quand la vie a atteint une certaine limite dans le domaine physique – après tout, du point de vue physique, la Terre dépend davantage de l'algue bleu-vert et du plancton que des humains. L'univers voulait avoir une nouvelle perspective, et pour cela, il a créé des créateurs comme lui-même.

Une fois, j'ai demandé à un physicien si tous ses collègues reconnaissaient maintenant que la réalité n'est pas locale. Il a dit que c'était le cas. « La non-localisation n'est-elle pas la même chose que l'omniscience ? ai-je demandé. Il n'y a pas de distance dans le temps, pas de distance dans l'espace. La communication est instantanée, et chaque particule est connectée à toutes les autres.

– Possible, dit-il, ne marquant pas franchement son accord, mais me laissant continuer.

– Alors pourquoi l'univers se donne-t-il la peine de devenir localisé ? demandai-je. Il sait déjà tout. Il inclut déjà tout et, au niveau le plus profond, il englobe déjà tous les événements qui pourraient se produire.

– Je ne sais pas, répondit le physicien. L'univers a peut-être seulement voulu des vacances. »

Ce n'est pas une mauvaise réponse. À travers nous, l'univers arrive à jouer. Jouer à quoi ? À donner à quelqu'un d'autre le contrôle, pour voir ce qu'il va trouver. La seule chose dont l'univers ne peut faire l'expérience, c'est de s'éloigner de lui-même. Ainsi, dans un sens, nous sommes ses vacances.

Ce qu'il y a, avec les controverses libre arbitre contre déterminisme, c'est qu'elles ne laissent pas assez de temps pour jouer. Cet univers est récréatif. Il nous approvisionne en nourriture, en air, en eau, et en images à explorer. Tout cela vient du côté automatique de l'intelligence cosmique. Il continue de lui-même, mais le côté qui veut jouer est branché sur l'évolution, et le dharma est son moyen de nous dire comment son jeu opère. Si vous examinez soigneusement les moments critiques de votre vie, vous verrez à quel point vous avez prêté attention au jeu évolutif.

ÊTRE DANS LE DHARMA

- Vous étiez *prêt à avancer*. L'expérience de votre ancienne réalité était obsolète et prête à être remplacée.

- Vous étiez *prêt à faire attention*. Quand l'occasion s'est présentée, vous l'avez remarquée et avez fait le saut nécessaire.
- L'*environnement vous a soutenu*. Quand vous êtes allé de l'avant, les événements se sont mis en place pour que vous ne reveniez pas en arrière.
- *Vous vous êtes senti plus libre, avec plus d'espace,* dans votre nouveau lieu.
- Vous vous êtes vu d'une certaine façon comme une *personne nouvelle*.

Cet ensemble de circonstances, intérieures et extérieures, est ce que fournit le dharma. Ce qui signifie que lorsque vous vous sentez prêt à aller de l'avant, la réalité se meut pour vous montrer comment. Et quand vous n'êtes pas prêt à aller de l'avant ? Il y a alors le système de soutien des vasanas, qui vous pousse en avant en répétant les tendances qui sont inscrites en vous. Quand vous vous trouvez coincé et incapable de faire le moindre progrès, c'est que, le plus souvent :

1. *Vous n'êtes pas prêt à changer*. L'expérience d'une ancienne réalité vous fascine encore. Vous continuez à aimer votre mode de vie habituel ou, s'il y a plus de douleur que de joie, vous êtes dépendant de la douleur pour une raison qui ne s'est pas encore fait connaître.

2. *Vous ne prêtez pas attention*. Votre esprit est pris dans les distractions. C'est particulièrement vrai s'il y a trop de stimulations extérieures. Tant que vous ne vous sentirez pas vigilant intérieu-

rement, vous ne serez pas à même de saisir les indices et les signes envoyés par la réalité une.

3. *L'environnement ne vous soutient pas.* Quand vous essayez d'aller de l'avant, les circonstances vous retiennent. Cela signifie que vous avez encore des choses à apprendre, ou que le moment n'est pas encore venu. Il se peut aussi qu'à un niveau profond, vous ne vous voyiez pas aller de l'avant ; votre désir conscient est en conflit avec votre doute et votre incertitude profonds.

4. *Vous vous sentez menacé* par l'élargissement auquel vous devriez procéder, préférant la sécurité d'une image de soi limitée. Beaucoup de gens s'accrochent à un état contracté croyant qu'il les protège. En fait, la meilleure protection que vous puissiez demander vient de l'évolution qui résout les problèmes par l'expansion et l'avancée. Mais vous devez posséder complètement cette connaissance ; si une partie de vous veut s'accrocher à un état contracté, cela suffit le plus souvent pour bloquer la route devant.

5. *Vous continuez de vous voir comme la vieille personne* qui s'est adaptée à une vieille situation. C'est souvent un choix inconscient. Les gens s'identifient à leur passé et essaient d'utiliser de vieilles perceptions pour comprendre ce qui arrive. Étant donné que la perception est tout, vous voir comme trop faible, limité, indigne ou sans ressources, bloquera toutes les avancées possibles.

En somme, le dharma a besoin que vous collaboriez. La force de soutien est autant en vous que « là dehors », dans l'univers ou le royaume de l'âme.

Le meilleur moyen de s'harmoniser avec le dharma, c'est d'admettre qu'il écoute. Donnez à l'univers de la place pour vous répondre. Entamez une relation avec lui comme avec une autre personne. Cela fait deux ans maintenant que je suis un grand-père « gâteau », et je suis étonné que ma petite-fille puisse sans problème parler aux arbres, aux rochers, à l'océan ou au ciel. Elle tient pour acquis qu'il y a partout de la subjectivité. « Tu vois ces dragons ? » dira-t-elle en désignant un espace vide au milieu du salon, en parlant d'un dragon bleu ici et d'un dragon rouge là. Je demande à Tara si elle a peur des dragons, mais elle m'assure qu'ils ont toujours été amicaux.

Les enfants habitent des mondes imaginaires, pas par pure fantaisie mais pour tester leurs instincts créatifs. Tara est une créatrice en formation, et si elle était privée de sa relation avec les arbres, les rochers et les dragons, elle serait coupée d'un pouvoir qui a besoin de croître. À l'âge de Tara, la vie n'est que jeu et, en tant que grand-père, j'essaie de l'immerger dans autant d'amour et de plaisir que possible. J'essaie de faire en sorte que son vasana [dominant] soit blanc. Mais je sais aussi que le grand défi, pour elle, sera d'aller au-delà de toute tendance, bonne ou mauvaise. Elle devra rester vigilante pour rester dans le dharma, et pour ceux d'entre nous qui ont grandi pour trouver que cette vie est une affaire sérieuse, avec peu de temps pour jouer, le dharma attend notre retour au bon sens.

Changer sa réalité
pour percevoir le onzième secret

Le onzième secret concerne la servitude de la cause et de l'effet. L'univers est vivant et imprégné de subjectivité. La cause et l'effet sont juste la machinerie qu'il utilise pour réaliser ce qu'il veut. Et ce qu'il veut faire, c'est vivre et respirer à travers nous. Pour découvrir la vérité de cela, nous devons entretenir une relation avec l'univers comme avec un être vivant. Autrement, comment saurons-nous jamais ce qu'elle est ? Aujourd'hui, commencez à adopter les habitudes suivantes :

Parlez à l'univers.
Écoutez sa réponse.
Soyez intime avec la nature.
Voyez la vie en toute chose.
Comportez-vous comme un enfant de l'univers.

La première démarche, parler à l'univers, est la plus importante. Cela ne signifie pas que vous entrepreniez une conversation cosmique imaginaire. L'habitude de chercher le monde « là, à l'extérieur », comme s'il était séparé de vous, est enracinée ; nous partageons tous un préjugé culturel, qui réserve la vie seulement aux plantes et aux animaux et qui place l'intelligence exclusivement dans le cerveau. Vous pouvez commencer à battre cette croyance en brèche, en accueillant tout indice, tout signe, indiquant que le monde intérieur et le monde extérieur sont reliés. Tous deux ont la même source ; tous deux sont organisés par la même intelligence profonde ; tous deux réagissent mutuellement.

Quand je dis que vous pouvez parler à l'univers, je veux dire que vous pouvez vous relier à lui. Si vous vous sentez déprimé par un jour gris et pluvieux, par exemple, voyez la grisaille intérieure et la grisaille extérieure comme le même phénomène, avec le côté objectif et le côté subjectif. Si, au volant de votre voiture, votre regard est attiré par un merveilleux coucher de soleil, considérez que la nature voulait attirer votre attention, et non que vous et le coucher de soleil avez seulement fait une rencontre accidentelle. À un niveau intime, votre existence est en prise avec l'univers, non par hasard mais par intention.

Quand vous voyez la vie qui existe partout, reconnaissez ce que vous voyez. Au premier abord, il peut sembler curieux de faire cela, mais vous êtes cocréateur, et vous avez le droit d'apprécier les structures de connexion que vous avez établies. Se comporter comme un enfant de l'univers n'est pas un jeu de prétention cosmique. Au niveau du champ, vous existez partout dans l'espace-temps, un fait scientifique que nous poussons un peu plus loin, en disant que ce moment de l'espace-temps a un dessein spécial dans votre monde. C'est *votre* monde, et en y réagissant ainsi, vous commencerez à remarquer qu'il réagit en retour :

Certains jours, tout va bien.
Certains jours, tout va mal.
À certains moments, on se sent absorbé dans le rythme de la nature.
À certains moments, on a l'impression de disparaître dans le ciel ou l'océan.
Parfois, vous savez que vous avez toujours été ici.

Ce sont des exemples généraux, mais vous pouvez être attentif aux instants qui vous semblent exclusivement destinés. Pourquoi certains moments semblent-ils purement magiques ? Vous seul le saurez, mais vous ne le saurez pas tant que vous ne vous serez pas harmonisé avec le sentiment. Le parallèle le plus précis que je puisse faire avec ce genre de relation privilégiée, c'est celle qui prévaut entre des amants, dans laquelle les moments ordinaires sont imprégnés d'une présence ou d'une particularité qui ne pourrait être ressentie par un étranger. Quelque chose de totalement irrésistible attire votre attention quand vous êtes amoureux, ou amoureuse ; quand on en a fait l'expérience, ça ne s'oublie pas facilement. Vous avez l'impression d'être à l'intérieur de votre bien-aimé(e), et vous voyez votre bien-aimé(e) à l'intérieur de vous. La fusion de vous-même avec quelque chose de plus vaste que vous-même est un mélange de deux subjectivités. On l'a appelée la relation « moi et toi », le sentiment d'être comme une vague sur l'océan infini de l'Être.

Ne vous laissez pas distraire par les noms et les concepts. Il n'y a pas de façon définie d'établir votre relation avec l'univers. Faites-le à votre manière. La manière d'un petit enfant comme ma petite-fille, c'est de parler aux arbres et aux dragons invisibles. C'est sa relation privilégiée. Quelle sera la vôtre ?

SECRET N° 12

IL N'EST DE TEMPS QUE MAINTENANT

Il y a eu des moments où ma vie entière était logique. Je savais exactement qui j'étais. Les gens qui étaient dans ma vie y étaient pour une raison claire. Sans l'ombre d'un doute, je savais que la raison en était l'amour ; aussi pouvais-je alors me moquer de l'idée absurde d'avoir des ennemis ou d'être un étranger dans ce monde.

La perfection a une façon mystérieuse de se glisser dans le temps et d'en disparaître. Il y a des gens, j'imagine, qui ont ressenti le genre de moment que je viens de décrire, mais je n'ai jamais pu trouver une seule personne qui ait pu le conserver. Mais les gens le veulent à tout prix et, souvent, cette faim motive leur vie spirituelle. Dans la tradition bouddhiste, il y a une richesse d'exercices consacrés à l'attention, un état de perception dans lequel vous pouvez être conscient des moments parfaits. Espérons qu'ils deviendront tous parfaits. Mais pour être attentif, il faut d'abord se surprendre à être inattentif, ce qui est difficile ; après tout, être inattentif, c'est ne pas savoir que l'on n'est pas attentif.

J'en ai vu de rudes avec cette inconstance, jusqu'à ce que quelqu'un me dise : « C'est comme être heureux. Quand vous êtes heureux, vous êtes juste heureux. Vous n'avez pas besoin d'y penser. Mais vient un moment où vous dites à voix haute : "Je me sens vraiment heureux en ce moment" – et cet état commence à disparaître. En fait, vous pouvez briser l'enchantement simplement en pensant les mots "Je suis heureux en ce moment". »

Ce seul exemple me fit comprendre ce que signifie être attentif : vous saisissez le moment présent sans paroles ni pensées. Peu de choses sont plus faciles à décrire et plus difficiles à faire. Le nœud de la question, c'est le temps. Le temps est aussi inconstant que ce moment béni avant que vous ne disiez : « Je suis heureux en ce moment ». Cet instant était-il éphémère ou est-il éternel ?

Nous tenons en général pour une vérité première que le temps est fugitif, qu'il vole, c'est-à-dire qu'il passe trop vite. Mais dans l'état attentif, le temps ne passe pas du tout en réalité. Il y a seulement un seul instant qui se renouvelle encore et encore, avec une infinie variété. Le secret du temps, alors, c'est qu'il n'existe que comme nous avons l'habitude de le penser. Passé, présent et futur sont seulement des boîtes mentales pour des choses que nous voulons garder près ou loin de nous ; et en disant « le temps s'enfuit », nous empêchons la réalité d'être trop proche. Le temps est-il un mythe que nous utilisons pour notre commodité ?

Des livres sont écrits, qui recommandent de vivre le moment présent. Il y a une bonne raison à cela, parce que le fardeau du mental vient du passé. En elle-même, la mémoire est sans poids, et le temps doit l'être aussi. Ce que les gens appellent le présent est en réalité la disparition du temps en tant qu'obstacle psychologique. Quand l'obstacle est levé, on n'est plus accablé par le passé ou le futur – on a trouvé l'état de pleine attention (et le bonheur, aussi – celui qui n'a besoin ni de mots ni de pensées). Ce qui fait du temps un fardeau psychologique, c'est nous-mêmes – nous nous sommes convaincus que les expériences sont construites sur le temps.

Je suis plus vieux que toi, je sais de quoi je parle.
J'ai déjà fait plusieurs fois le tour de la question.
Écoute la voix de l'expérience.
Écoute les anciens.

Ces formules font une vertu de l'expérience accumulée, non pas avec perspicacité ou vigilance, mais simplement en traînant. Cependant, ces expressions sont, pour la plupart, futiles. Nous savons tous, à un certain niveau, que trimballer un lourd bagage de temps, c'est ce qui rend vieux.

Vivre dans le présent signifie jeter la valise, ne pas l'emporter avec vous. Mais comment ? Dans la réalité une, la seule heure qu'indique l'horloge, c'est maintenant. Pour se débarrasser du passé, il faut trouver le moyen de vivre maintenant, comme si c'était à jamais. Les photons se déplacent à la vitesse de la lumière, alors que les galaxies évoluent sur des milliards d'années. Donc, si le temps est un fleuve, il doit être assez profond et large pour contenir le moindre fragment de temps, et l'infinité de l'intemporalité.

Cela implique que « maintenant » est plus complexe qu'il n'y paraît. Êtes-vous dans le maintenant quand vous êtes actif(ve), énergétisé(e), ou quand vous êtes calme ? Regardez un fleuve. À la surface, le courant est rapide et incessant. Dans les profondeurs moyennes, le courant ralentit. Vous pouvez courir avec le courant le plus rapide, ce que la plupart des gens essaient de faire dans leur vie quotidienne. Leur version de maintenant est tout ce qui doit être fait maintenant. Pour eux, le moment présent est une action constante. Le temps équivaut à l'action, comme à la surface du fleuve.

Quand ils sont épuisés par la course (ou qu'ils sentent qu'ils sont dépassés), les gens pressés peuvent finir par ralentir, seulement pour être surpris de la difficulté qu'il y a de passer de courir à marcher. Mais si vous décidez : « Bon, je vais continuer », la vie apporte de nouveaux problèmes, comme les obsessions, la pensée circulaire, et la déprime. Dans un sens, tous ces désordres relèvent du temps.

Tagore résume merveilleusement cela : « Nous sommes trop pauvres pour être en retard. » En d'autres termes, nous nous précipitons à travers la vie comme si nous ne pouvions pas nous permettre de perdre une seule minute. Dans le même poème, Tagore donne une description parfaite de ce que l'on trouve une fois arrivés là où toute cette course nous a menés :

Et quand la course frénétique fut à sa fin
Je pus voir la ligne d'arrivée
Tremblant de peur d'être en retard
Pour m'apercevoir seulement qu'au dernier instant
Il reste encore du temps.

Tagore réfléchit sur ce que signifie traverser la vie en courant comme si on n'avait pas un seul instant à mettre de côté, pour découvrir à la fin qu'on a toujours eu l'éternité. Mais notre mental a du mal à s'adapter à un rythme plus lent quand il est si conditionné à faire mauvais usage du temps. Quelqu'un qui souffre d'obsession compulsive, par exemple, est obsédé par la pendule. Elle a à peine le temps de nettoyer la maison deux fois avant de recevoir de la visite, à peine le temps de ranger quarante paires de chaussures dans le placard avant de préparer le repas. Qu'est-ce qui ne va pas avec le temps ?

Sans être à même de localiser la source de l'obsession, les psychologues ont découvert qu'un manque d'estime de soi est accompagné de mots négatifs comme *paresseux, stupide, laid, perdant, sans valeur, échec*, répétés *plusieurs centaines de fois par heure*. Cette répétition en rafale est à la fois un symptôme de souffrance mentale et une tentative inefficace de trouver un remède. Le même mot est sans cesse répété parce que la personne veut désespérément qu'il s'en aille, et n'a pas trouvé le moyen de l'expulser.

La pensée circulaire est apparentée à l'obsession, mais elle comporte plus d'étapes. Au lieu de ruminer une seule idée comme : « la maison n'est pas assez propre », ou « je dois être parfait(e) », la personne est emprisonnée dans une fausse logique. Prenons l'exemple de quelqu'un qui se trouve indigne d'être aimé. On aura beau lui exprimer tout l'amour du monde, ce « penseur circulaire » ne se sentira pas « aimable », parce qu'il se répétera à lui-même : « Je veux de l'amour, et cette personne dit qu'elle m'aime, mais je ne le sens pas, ce qui doit vouloir dire que je suis indigne d'être aimé(e), et le seul moyen que j'ai de régler cela, c'est d'être aimé(e). » La logique circulaire afflige ceux qui ne connaissent pas un succès suffisant, qui ne se sentent jamais en sécurité, qui ne se sentent pas assez désirés. La prémisse initiale qui les pousse à agir (« j'échoue », « je suis en danger », « je suis en manque ») ne change pas parce que n'importe quel événement extérieur, bon ou mauvais, renforce l'idée originale. Ces exemples nous conduisent au « paradoxe du maintenant ». Plus vous vous précipitez, plus vous vous éloignez du moment présent.

La dépression avec agitation mentale nous donne une image très claire du paradoxe, parce que les gens déprimés se sentent inertes, prisonniers d'un moment mort et gelé, sans autre sentiment que le désespoir. Pour eux, le temps est immobile, et cependant leur mental court avec des lambeaux d'idées et d'émotions. Cette vague d'activité mentale ne ressemble pas à ce qui peut se passer dans la tête de quelqu'un qui ne peut pas sortir du lit le matin. Mais dans ce cas, l'agitation mentale est déconnectée de l'action. Une personne déprimée pense à d'innombrables choses, mais n'agit sur aucune.

Quand ces problèmes ne sont pas présents, le mental ralentit en plongeant plus profondément. Les gens qui épargnent du temps pour eux-mêmes cherchent le calme de la solitude, là où les sollicitations extérieures sont moins nombreuses. Dans son état naturel, le mental cesse de réagir une fois que la stimulation extérieure a cessé. C'est comme échapper aux vagues des hauts fonds d'une rivière, pour trouver une profondeur où le courant ralentit. Le moment présent devient une sorte de remous circulaire lent. Vos pensées continuent à se mouvoir, mais elles ne sont pas assez insistantes pour vous pousser en avant.

Enfin, rares sont ceux qui préfèrent le calme à l'activité, et ils plongent aussi profond qu'ils le peuvent pour trouver, là où l'eau cesse de courir, un point si calme et si profond que l'on n'est pas du tout touché par les vagues de la surface. Ayant trouvé ce centre stable, ils font d'eux-mêmes l'expérience maximale, et du monde extérieur, l'expérience minimale.

D'une façon ou d'une autre, nous avons tous fait l'expérience de ces versions différentes du moment présent, d'une course épuisante à un calme immobile. Mais qu'en est-il du maintenant qui est juste devant vous, *ce* maintenant ? Dans la réalité une, ce maintenant n'a pas de durée – des termes relatifs comme *rapide* et *lent*, *passé* et *futur*, ne s'appliquent pas à lui. Le moment présent inclut le plus rapide que le plus rapide et le plus lent que le plus lent. C'est seulement quand on inclut le fleuve entier que l'on vit dans la réalité une, et l'on vit alors dans un état de conscience toujours fraîche et sans changement.

Comment y parvenir ?

Pour répondre à cela, nous devons considérer les relations. Quand vous rencontrez quelqu'un que vous connaissez bien – disons votre meilleur(e) ami(e) –, qu'arrive-t-il ? Vous allez peut-être au restaurant pour discuter et votre discussion est pleine de vieilles choses familières, qui rassurent. Mais vous voulez aussi dire quelque chose de nouveau, sinon la conversation serait statique et ennuyeuse. Vous vous connaissez déjà bien l'un l'autre, mais, en même temps, vous n'êtes pas totalement prévisibles l'un pour l'autre – l'avenir déploiera de nouveaux événements, certains heureux, d'autres tristes. Dans dix ans, l'un de vous sera peut-être mort ou divorcé, ou sera devenu un étranger.

Cette intersection du nouveau et de l'ancien, du connu et de l'inconnu, est l'essence de toutes les relations, y compris celles que l'on a avec le temps, l'univers et soi-même. En fin de compte, vous avez seulement une relation unique. Tandis que vous évoluez, l'univers évolue aussi, et l'intersection des deux est le temps. Il n'y a qu'une relation parce qu'il n'y a qu'une réalité. Chacune des quatre parties du yoga est en fait un parfum relationnel :

- La voie de la connaissance (*jñâna yoga*) a un parfum de mystère. Vous présentez le caractère inexplicable de la vie. Vous éprouvez de l'émerveillement dans chaque expérience.
- La voie de la dévotion (*bhakti yoga*) a le parfum de l'amour. Vous éprouvez de la douceur dans chaque expérience.
- La voie de l'action (*karma yoga*) a le parfum de l'absence d'ego. Vous éprouvez de la connectivité dans chaque expérience.
- La voie de la méditation et du silence (*râja yoga*) a le parfum du calme. Vous faites l'expérience de l'être à chaque expérience.

Le temps existe pour que vous puissiez expérimenter ces parfums aussi profondément que possible. Sur la voie de la dévotion, si vous pouvez expérimenter ne serait-ce qu'une faible lueur d'amour, il est possible d'aller un peu plus loin dans l'expérience de l'amour. Quand vous expérimentez ce petit plus, le degré d'intensité supérieur est alors possible. Ainsi, l'amour engendre l'amour, jusqu'à ce que vous arriviez au point de saturation, quand vous vous immergez totalement dans l'amour divin. C'est ce que veulent dire les mystiques, quand ils disent qu'ils plongent dans l'océan de l'amour pour se noyer.

Le temps déploie les degrés de l'expérience jusqu'à ce que vous atteigniez l'océan. Choisissez n'importe quelle qualité qui ait du charme pour vous et, si vous la suivez assez loin, avec engagement et passion, vous vous unirez à l'absolu. Car à la fin de la voie, chaque qualité disparaît, engloutie par l'Être. Le temps n'est pas une flèche ou une horloge ou une rivière ; c'est en fait une fluctuation des parfums de l'Être. Théoriquement, la nature aurait pu être organisée sans progression du moins au plus. Vous pourriez faire l'expérience de l'amour, du mystère ou du désintéressement, au hasard. Cependant, la réalité ne s'est pas établie ainsi, du moins quand elle est expérimentée par un système nerveux humain. Nous faisons l'expérience de la vie comme une évolution. Les relations passent du premier signe d'attirance à l'intimité profonde. (L'amour fait le même voyage, mais là, c'est une affaire de minutes, au lieu de semaines et de mois.) Votre relation à l'univers suit le même parcours – si vous la laissez faire. Le temps est censé être le véhicule de l'évolution, mais si vous en mésusez, il devient une source de peur et d'angoisse.

LE MAUVAIS USAGE DU TEMPS

Être angoissé par l'avenir,
Revivre le passé,
Regretter les fautes anciennes,
Revivre le passé,
Anticiper demain,
Faire la course contre la montre,

Être obsédé par l'impermanence,
Résister au changement.

Quand vous mésusez du temps, le problème n'est pas au niveau du temps même. Rien ne cloche dans les pendules de la maison de quelqu'un qui perd cinq heures de sommeil à penser qu'il pourrait mourir d'un cancer. Le mauvais usage du temps est seulement un symptôme d'une attention mal dirigée. Vous ne pouvez pas avoir de relation avec quelqu'un à qui vous ne prêtez aucune attention, et dans votre relation avec l'univers, l'attention est prêtée ici et maintenant, ou pas du tout. En fait, il n'y a d'univers que celui que vous percevez en ce moment. Aussi, pour avoir une relation avec l'univers, vous devez vous concentrer sur ce qui se trouve devant vous. Comme l'a dit un maître spirituel : « L'ensemble de la Création est nécessaire pour susciter le moment présent. »

Si vous prenez cela à cœur, votre attention changera. En ce moment même, toute situation dans laquelle vous êtes impliqué(e) est un mélange de passé, de présent et de futur. Imaginez que vous sollicitiez un emploi. Étant donné que vous êtes livré à l'examen d'un(e) inconnu(e), que vous essayez de maîtriser votre stress et de faire bonne impression, vous n'êtes pas vraiment dans le moment présent. « Est-ce que je vais obtenir le poste ? De quoi ai-je l'air ? Mes recommandations ont-elles été assez bonnes ? Qu'est-ce que ce type peut bien penser ? » C'est comme si vous ne pouviez pas vous empêcher de tomber dans un mélange de passé, de présent et de futur. Mais le maintenant ne peut être un mélange d'ancien et de nouveau. Il doit être clair et ouvert ; autrement, il n'y a pas de déploiement de vous-même, déploiement qui est la raison même de l'existence du temps.

Le moment présent est en réalité une ouverture ; aussi n'a-t-il pas de durée – vous êtes dans le maintenant quand le temps cesse d'exister. Le meilleur moyen de faire cette expérience est peut-être de réaliser que le mot *présent* est apparenté au mot *présence*. Quand le moment présent est rempli d'une présence qui absorbe tout, complètement paisible, et totalement satisfaisante, vous êtes dans le maintenant.

La présence n'est pas une expérience. La présence est ressentie chaque fois que la conscience est assez ouverte. La situation du mouvement n'y est pour rien. Paradoxalement, on peut être dans une douleur extrême uniquement pour s'apercevoir que, au cœur de cette souffrance, le mental – incapable de tolérer les tourments du corps – décide soudain de l'abandonner. C'est particulièrement vrai pour la douleur psychologique – des soldats qui sont au cœur de la terreur d'un combat parlent d'un moment de libération quand le stress intense est remplacé par un afflux de libération extatique.

L'extase change tout. Le corps n'est plus lourd ni lent ; le mental cesse d'entendre sa musique de fond, de tristesse et de peur. Il y a un abandon de la personnalité, remplacé par la douceur du nectar. Cette douceur peut s'attarder un long moment dans le cœur – certaines personnes disent qu'elle peut être goûtée comme du miel dans la bouche – mais quand elle part, vous savez sans l'ombre d'un doute que vous avez perdu le maintenant. Dans l'album du mental, vous pouvez insérer une image de félicité parfaite, et cela devient comme le goût de la première glace, un but inaccessible vers lequel vous ne cessez de courir, seulement pour vous apercevoir que cette extase demeure hors d'atteinte.

Le secret de l'extase, c'est que vous devez la rejeter une fois que vous l'avez trouvée. C'est seulement en vous éloignant que vous pouvez expérimenter de nouveau le moment présent, l'endroit où vit la présence. La conscience est dans le maintenant quand elle se connaît elle-même. Si nous abandonnons le vocabulaire de douceur, félicité et nectar, nous nous apercevons que la qualité qui fait défaut dans la vie de la plupart des gens, ce qui les empêche le plus d'être présents, c'est la sobriété. Vous devez être sobre avant d'être extatique. Ce n'est pas un paradoxe. Ce que vous recherchez – qu'on l'appelle la présence, le maintenant ou l'extase – est totalement hors de portée. Vous ne pouvez le chasser, le poursuivre, lui ordonner ou le persuader de venir à vous. Vos charmes personnels sont ici inutiles – ainsi que vos pensées et vos intuitions.

La sobriété commence avec la réalisation effective que vous devez rejeter la stratégie que vous avez utilisée pour obtenir ce que vous vouliez. Si vous trouvez cela quelque peu déroutant, mettez alors à exécution votre sobre intention de congédier ces stratégies futiles, en procédant ainsi.

SOBRIÉTÉ SPIRITUELLE

*Examiner sérieusement
ce qu'est être dans le présent*

Surprenez-vous à être inattentif.
Écoutez ce que vous dites vraiment.

Regardez comment vous réagissez.
Ne vous perdez pas dans les détails.
Suivez la hausse et la baisse d'énergie.
Remettez votre ego en question.
Immergez-vous dans un milieu spirituel.

Ces instructions pourraient être tirées d'un guide pour chasseur de fantômes ou pour chasseur de licornes. Le moment présent est plus fugitif que ces deux entités, mais si vous voulez y arriver avec suffisamment de passion, la sobriété est le programme que vous avez besoin d'établir.

Ne pas être attentif : La première démarche n'est ni mystique ni extraordinaire. Quand vous remarquez que vous n'êtes pas attentif, ne vous laissez pas aller à votre vagabondage. Revenez là où vous êtes. Presque instantanément, vous découvrirez pourquoi vous vous êtes égaré(e). Vous étiez angoissé(e), ennuyé(e), dans l'insécurité, vous faisant du souci pour quelqu'un d'autre, ou anticipant un événement. N'éludez aucun de ces sentiments. Ce sont des habitudes invétérées, des dispositions que vous vous êtes exercé(e) à suivre automatiquement. Quand vous vous surprenez à vous écarter de ce qui est juste devant vous, vous commencez à retrouver le maintenant.

Écoutez ce que vous dites : Étant revenu(e) de votre distraction, écoutez les mots que vous dites ou ceux qui sont dans votre tête. Les relations sont mues par des mots. Si vous vous écoutez, vous saurez comment vous êtes lié(e) à l'univers en ce moment. Ne soyez pas désarçonné(e) par le fait qu'il y ait une autre personne devant vous. Ce à qui ou à quoi vous vous adressez, y compris vous-même, représente la réalité elle-même. Si vous vous plaignez d'un mauvais service, vous vous plaignez de l'univers. Si vous vous mettez en valeur pour impressionner quelqu'un, c'est l'univers que vous tentez d'impressionner. Il n'y a qu'une relation. Écoutez comment elle se présente en ce moment.

Observez votre réaction : Chaque relation est à double sens ; aussi, quoi que vous disiez, l'univers répond. Observez votre réaction. Êtes-vous sur la défensive ? Acceptez-vous et allez-vous de l'avant ? Vous sentez-vous en sécurité, ou non ? Ne soyez pas distrait par la personne avec laquelle vous êtes en relation. Vous vous branchez sur la réponse de l'univers, fermant le cercle qui comprend observateur et observé.

Ne vous perdez pas dans les détails : Avant la sobriété, vous aviez une façon de vous adapter à la solitude due à l'absence de réalité. Réalité est totalité. Elle englobe tout. Vous vous immergez en elle et il n'y a rien d'autre. En l'absence de totalité, vous désirez une globalité semblable ; aussi essayez-vous de la trouver fragmentairement, par petits morceaux. En d'autres termes, vous avez essayé de vous perdre dans les détails, comme si le chaos et le vacarme pouvaient vous combler. Maintenant, vous savez que cette stratégie ne marche pas ; aussi, laissez tomber. Ne vous perdez pas dans les détails. Cessez de vous impliquer dans le désordre. Occupez-vous-en aussi efficacement que possible, mais ne le prenez pas au sérieux ; ne lui accordez aucune importance pour ce qui est du vrai « vous-même ».

Suivez la hausse et la baisse d'énergie : Une fois que les détails ont cessé d'encombrer le chemin, vous avez encore besoin de suivre quelque chose. Votre attention veut aller quelque part, alors amenez-la au cœur de l'expérience. Le cœur de l'expérience est le rythme de la respiration de l'univers tandis qu'il crée de nouvelles situations, une montée et une descente d'énergie. Remarquez que la tension mène à la libération, l'excitation à la fatigue, la joie à la paix. Tout comme il y a des hauts et des bas dans tout mariage, votre relation avec l'univers croît et décroît. Vous pouvez d'abord éprouver ces variations de façon émotionnelle, mais essayez de ne pas le faire. C'est un rythme beaucoup plus profond. Il commence en silence, tandis qu'une nouvelle expérience est conçue ; il passe par une période de gestation, quand l'expérience prend forme en silence ; il commence à aller vers la naissance, en donnant les indices d'un changement imminent des choses ; enfin, il y a l'arrivée de quelque chose de nouveau. Ce « quelque chose » peut être une personne qui arrive dans votre vie, un événement, une pensée, une intuition – n'importe quoi, en fait. Ils ont en commun la montée et la baisse de l'énergie. Vous avez besoin de vous connecter avec chaque étape, parce qu'en ce moment, l'une d'elles est juste devant vous.

Remettez votre ego en question : Toute cette observation de vous-même ne passe pas inaperçue. Votre ego a sa propre « bonne » façon de faire les choses, et quand vous briserez ce modèle, il vous fera comprendre son déplaisir. Le changement est effrayant, mais, plus encore, il est menaçant pour l'ego. Cette frayeur est juste une tactique pour vous remettre dans le « droit chemin ». Vous ne pouvez pas combattre les réactions de votre ego, parce que cela ne ferait que renforcer votre lien avec lui. Mais vous pouvez le remettre en question, ce qui signifie vous remettre vous-même en question, avec distance et calme. « Pourquoi est-ce que je fais cela ? » « N'est-ce pas un réflexe enraciné ? » « Jusqu'à quel point dans le passé ai-je agi ainsi ? » « Ne me suis-je pas prouvé à moi-même que ça ne marche pas ? » Vous devez continuer obstinément à poser ces questions, avec l'intention non pas de briser votre ego, mais de relâcher son emprise réflexive sur votre comportement.

Immergez-vous dans un milieu spirituel : Quand vous observerez sérieusement votre comportement, vous réaliserez que l'ego vous a isolé(e) tout le temps. Il veut que vous pensiez que la vie est vécue dans la séparation, parce qu'avec cette croyance, il peut planifier de saisir autant de « je », « moi », « mien ». D'une façon très semblable, l'ego essaie de s'emparer de la spiritualité comme s'il s'agissait d'un nouveau bien précieux. Pour contrer cette tendance, qui ne conduira qu'à plus d'isolement, immergez-vous dans un autre monde. Je parle d'un monde où les gens recherchent consciemment des expériences de présence, où il y a une vision commune de la transformation de la dualité en unité. Vous pouvez trouver un tel environnement dans les grands textes spirituels.

En tant que personne qui a trouvé un espoir et une consolation inouïs dans ces écritures, je ne saurais vous presser plus fortement de vous tourner vers elles. Mais il y a aussi un monde vivant à rencontrer. Immergez-vous dans un contexte spirituel, selon la façon dont vous définissez l'*esprit*. Attendez-vous à être déçu(e) en arrivant parce qu'il est inévitable que vous trouviez le plus de frustration parmi des gens qui luttent contre leurs imperfections. Le ferment que vous trouvez est le vôtre.

Une fois que vous vous êtes engagé(e) à être sobre, il n'y a plus rien à faire. La présence apparaîtra d'elle-même et, quand elle le fait, votre conscience ne peut faire autrement que d'être dans le maintenant. Un moment dans le maintenant provoque un changement interne ressenti dans chaque cellule. Votre système nerveux apprend un moyen de raffiner la réalité qui n'est ni vieille ni nouvelle, ni connue ni inconnue. Vous vous élevez à un nouveau niveau d'être, dans lequel la présence importe pour elle seule, et qui importe absolument. Toute autre expérience est relative et peut ainsi être rejetée, oubliée, écartée, chassée de l'esprit. La présence est le contact de la réalité même qui ne peut être rejetée ni perdue. Chaque rencontre vous rend un peu plus réel(le).

Il y a de nombreuses preuves de cela ; la plus immédiate a trait au temps lui-même. Quand le seul moment indiqué par la pendule est maintenant, ce qui suit devient pour vous une expérience réelle :

1. Le passé et le futur n'existent que dans l'imagination. Rien de ce que vous avez fait auparavant n'a de réalité. Tout ce que vous ferez après sera irréel. N'est réel que ce que vous faites en ce moment.

2. Le corps que vous appeliez vous-même n'est plus ce que vous êtes. Le mental que vous appeliez vous-même n'est plus vous-même. Vous en sortez facilement, sans effort. Ce sont des formes temporaires que l'univers a prises un moment, avant de poursuivre.

3. Votre soi réel se manifeste en ce moment sous forme de pensées, émotions et sensations traversant l'écran de la conscience. Vous les reconnaissez comme points de rencontre entre le changement et l'intemporalité. Vous vous voyez aussi vous-même exactement ainsi.

Quand vous êtes dans le moment présent, il n'y a rien à faire. Le fleuve du temps peut couler. Vous faites l'expérience des remous et des courants, des hauts-fonds et des profondeurs, dans un contexte nouveau : l'innocence. Le moment présent est naturellement innocent. Le maintenant se révèle être la seule expérience qui ne va nulle part. N'est-ce pas en contradiction avec ce que j'ai dit, à savoir que le dessein général du temps est de déployer les étapes de l'évolution ? C'est le mystère des mystères. Nous nous développons et, cependant, la vie reste éternelle dans son essence. Imaginez un univers en expansion à travers d'infinies dimensions, à une vitesse infinie, complètement libre de créer partout à la fois. Pour avancer, nous n'avons rien d'autre à faire que de rester parfaitement immobiles.

Changer sa relation
pour percevoir le douzième secret

Le douzième secret a trait à l'utilisation du temps. Le meilleur usage du temps, c'est de vous reconnecter à votre être. Le mauvais usage du temps c'est le contraire : vous éloigner de votre être. Il y a toujours assez de temps pour évoluer, parce que vous et l'univers vous développez ensemble. Comment pouvez-vous vous prouver cela à vous-même ? À cette fin, il y a une pratique sanskrite appelée *samkalpa*. Toute intention ou pensée derrière laquelle vous mettez votre volonté est un samkalpa. Dans le terme lui-même se trouve toute l'idée des moyens : ayant fait un souhait ou eu une idée que vous voulez voir se réaliser, comment obtenir un résultat ? La réponse dépend beaucoup de votre relation au temps (*kalpa* peut aussi signifier temps).

- Si l'intemporalité fait partie de votre être, le souhait se réalisera spontanément, sans délai. Vous avez le pouvoir de jouer avec le temps comme avec n'importe quel autre aspect du monde.

- Si l'intemporalité a une relation hésitante avec votre être, certains souhaits se réaliseront spontanément, d'autres non. Il y aura des retards et le sentiment que vous pourriez ne pas obtenir ce que vous voulez. Votre capacité de jouer avec le temps est précaire mais en développement.

- Si l'intemporalité n'a pas de relation avec votre être, il vous faudra du travail et de la détermination pour obtenir ce que vous voulez. Vous n'avez pas de pouvoir sur le temps. Au lieu de jouer avec, vous êtes assujetti(e) à son cours inexorable.

À partir de ces trois grandes catégories, on peut projeter trois systèmes de croyances. Voyez lequel s'applique le mieux à vous.

1. *Je manque de temps*. Il n'y a pas assez d'heures dans une journée pour accomplir tout ce que je veux. Les autres exigent beaucoup de mon temps, et c'est tout ce que je peux faire pour

tout garder en équilibre. C'est grâce à un travail assidu et une détermination sans faille que j'ai obtenu ce que j'ai. Autant que je sache, c'est la route vers le succès.

2. *Je considère que j'ai de la chance.* J'ai réussi à faire beaucoup de choses que je voulais faire. Ma vie est affairée mais je trouve le moyen de prendre assez de temps pour moi-même. À chaque fois, les choses se présentent d'elles-mêmes. Au plus profond de moi, je m'attends à ce que mes désirs se réalisent, mais je ne m'en fais pas si ce n'est pas le cas.

3. *Je crois que l'univers vous apporte tout ce dont vous avez besoin.* C'est certainement mon cas. Je suis émerveillé(e) de voir que toute pensée a une réponse. Si je n'obtiens pas ce que je veux, je me rends compte que quelque chose en moi fait obstacle. Je passe beaucoup plus de temps à travailler sur ma conscience intérieure qu'à me battre avec les forces extérieures.

Ce sont juste des instantanés de samkalpa, mais la plupart des gens appartiennent à l'une de ces trois catégories. Elles représentent, encore une fois de façon générale, trois niveaux d'évolution personnelle. Il est utile de savoir qu'ils existent, car beaucoup de gens ont des difficultés à croire qu'il y a une autre réalité que cette réalité première, dans laquelle le travail assidu et la forte détermination sont les seules clés permettant d'obtenir ce que l'on veut.

Une fois que vous avez eu ne serait-ce qu'un indice de ce que les désirs se réalisent sans trop de lutte, vous pouvez vous résoudre à passer à une autre étape de croissance. La croissance est accomplie par la conscience, mais vous pouvez vous résoudre aujourd'hui à changer votre relation avec le temps :

Je laisserai le temps se déployer pour moi.
Je garderai à l'esprit qu'il y a toujours assez de temps.
Je suivrai mon propre rythme.
Je ne ferai pas un mauvais usage du temps en remettant les choses au lendemain.
Je n'aurai pas peur de ce que le temps apportera.
Je ne regrette pas ce que le temps a apporté.
Je cesserai de faire la course contre la montre.

Essayez d'adopter une seule de ces résolutions aujourd'hui, pour voir comment elle change votre réalité. Le temps n'est pas exigeant, mais nous agissons tous comme si l'horloge gouvernait notre existence entière (ou si elle ne le fait pas, nous gardons l'œil dessus). Le temps est censé se déployer selon vos besoins et vos désirs. Il ne commencera à le faire que si vous abandonnez la croyance contraire – que c'est le temps qui commande.

SECRET N° 13

VOUS ÊTES VRAIMENT LIBRES QUAND VOUS N'ÊTES PAS UNE PERSONNE

Il y a plusieurs années, dans un petit village aux environs de New Delhi, je me suis trouvé dans une petite pièce confinée en compagnie d'un très vieil homme et d'un jeune prêtre. Le prêtre était assis sur le sol, se balançant au rythme des paroles qu'il récitait, paroles écrites à l'encre sur des feuilles d'écorce qui semblaient anciennes. J'écoutais, n'ayant aucune idée de ce qu'il psalmodiait. Sa langue, le tamil (de l'extrême sud de l'Inde), m'était inconnue. Mais je savais qu'il racontait l'histoire de ma vie, passée et future. Je me demandais comment il se faisait que je sois embringué là-dedans, et je commençais à me sentir mal à l'aise.

C'était un vieil ami qui avait usé de tout son pouvoir de persuasion pour me faire entrer dans la petite pièce. « Ce n'est pas juste Jyotish, c'est beaucoup plus étonnant », dit-il. *Jyotish* est le nom de l'astrologie indienne, qui est une science plurimillénaire. Partout, en Inde, on consulte son astrologue de famille, pour toutes sortes d'occasions, comme les mariages, les naissances et même les affaires ordinaires (Indira Gandhi est un exemple célèbre de disciple de Jyotish), mais, à cause de la vie moderne, la tradition s'est affaiblie. En tant que fils de l'Inde moderne, devenu plus tard médecin en Occident, j'avais systématiquement évité tout contact avec Jyotish.

Mais mon ami l'emporta et je dus admettre que j'étais curieux de voir ce qui allait arriver. Le jeune prêtre, vêtu d'une étoffe drapée, torse nu, les cheveux luisants d'huile de noix de coco – deux marques des gens du Sud –, ne dessina pas mon thème astral. Tous les thèmes dont il avait besoin avaient été tracés des siècles auparavant. En d'autres termes, quelqu'un, assis sous un palmier il y a de nombreuses générations, avait pris un lambeau d'écorce, appelé *nadi*, et avait écrit ma vie dessus.

Ces nadis sont dispersés dans toute l'Inde, et c'est pur hasard de tomber sur l'un d'eux qui s'applique à soi. Mon ami avait passé plusieurs années à en chercher un pour lui-même ; le prêtre produisit toute une liasse pour moi, à la stupéfaction ravie de mon ami. « Vous devez venir pour l'horoscope », insista-t-il.

Le vieil homme assis sur la table traduisait en hindi ce que le prêtre psalmodiait. À cause du chevauchement des moments de naissance et des imprécisions du calendrier quand il s'agit de siècles, les nadis peuvent se recouper, et les premières feuilles ne s'appliquaient pas à moi. Mais à la troisième, ou la quatrième, le jeune prêtre à la voix chantante lisait des faits étonnamment précis : ma date de naissance, les noms de mes parents, mon propre nom et celui de mon épouse, le nombre d'enfants que nous avons et l'endroit où ils vivent maintenant, et le jour et l'heure de la mort récente de mon père, son nom exact, et celui de ma mère.

Au premier abord, il semblait y avoir un pépin : le nadi donnait pour ma mère le prénom de Suchinta, alors qu'il s'agit de Pushpa. Cette erreur me tracassa ; aussi demandai-je une interruption et cherchai un téléphone pour l'interroger à ce sujet. Ma mère me dit, à ma grande surprise, que, en fait, le prénom qui lui avait été donné à la naissance était Suchinta, mais qu'étant donné qu'il rime avec le mot qui signifie « triste » en hindi, un oncle suggéra de le changer alors qu'elle avait trois ans. Je raccrochai le téléphone, me demandant ce que tout cela signifiait, car le jeune prêtre avait aussi lu qu'un parent serait intervenu pour changer le nom de ma mère. Personne dans ma famille n'avait jamais mentionné cet incident ; le jeune prêtre ne se livrait donc pas à une sorte de lecture de pensée.

À l'intention des sceptiques, je tiens à dire que le jeune prêtre avait passé la moitié de sa vie dans un temple de l'Inde du Sud et qu'il ne parlait ni anglais, ni hindi. Ni lui, ni le vieil homme ne me connaissaient. De toute façon, dans cette école de Jyotish, l'astrologue ne prend pas votre date de naissance ni ne dresse d'horoscope qu'il interpréterait ensuite. En fait, c'est la personne qui se rend chez le lecteur de nadis qui prend l'empreinte de son pouce, et, sur cette base, les horoscopes correspondants sont localisés (gardant toujours à l'esprit que les nadis peuvent être perdus ou éparpillés aux quatre vents.) L'astrologue ne fait que lire ce que quelqu'un d'autre a écrit il y a peut-être mille ans. Voici un autre mystère : les nadis ne concernent pas tous ceux qui verront le jour, mais seulement les personnes qui un jour viendront voir un astrologue pour un horoscope !

Fasciné, je restai une heure à écouter des informations mystérieuses au sujet d'une vie antérieure que j'avais passée dans un temple de l'Inde du Sud et comment les transgressions dans cette vie-là avaient conduit à de douloureux problèmes dans celle-ci et – après un moment d'hésitation, pendant lequel l'astrologue demanda si je voulais vraiment le savoir – du jour de ma propre mort. La date se trouve de façon rassurante loin dans le futur, et encore plus rassurante était la prédiction du nadi selon laquelle mon épouse et mes enfants auraient une longue vie pleine d'amour et de réalisation.

Je pris congé du vieil homme et du jeune prêtre, sortis sous l'aveuglant soleil de Delhi, presque pris de vertige, à me demander si ma vie changerait avec cette nouvelle connaissance. Ce n'étaient pas les détails de l'horoscope qui importaient. Je les avais presque tous oubliés, et je pense rarement à cette aventure, sauf quand mes yeux tombent sur l'une des feuilles d'écorce polie, maintenant encadrée et mise bien en évidence chez nous. Le jeune prêtre me la confia avec un sourire timide avant notre départ. Le seul fait qui eut un impact profond fut la précision du jour de ma mort. Dès que je l'entendis, je ressentis un profond sentiment de paix et une sobriété renouvelée qui, depuis, a changé mes priorités.

Réfléchissant maintenant à tout cela, j'aurais aimé qu'il y eût un autre nom pour l'astrologie, comme « connaissance non localisée ». Quelqu'un qui a vécu il y a des siècles me connaissait mieux que je ne me connais moi-même. Il me vit comme une forme dans l'univers, liée à d'autres formes, couche après couche.

Je sentais qu'avec ce morceau d'écorce, je recevais une preuve de première main que je ne me limite pas au corps, au mental ou aux expériences que j'appelle « moi ».

Si vous êtes au centre de la réalité une, vous commencez à voir des modèles, des structures, aller et venir. D'abord, ces structures continuent à donner l'impression d'être personnelles. Vous créez les structures et cela donne un sentiment d'attachement. Mais on sait que souvent les artistes ne collectionnent pas leurs propres œuvres ; c'est l'acte de création même qui apporte de la satisfaction. Une fois achevé, le tableau n'a plus de vie ; la sève en a été exprimée. Il en va de même avec les structures que nous créons. L'expérience perd sa sève quand vous savez que c'est vous qui l'avez créée.

La notion de détachement, qui apparaît dans toutes les traditions spirituelles orientales, trouble beaucoup de gens qui l'assimilent à la passivité et au désintérêt. Mais ce que cela implique en réalité, c'est le même détachement que tout créateur a envers son œuvre quand elle est achevée. Ayant créé une expérience, puis l'ayant vécue, on s'aperçoit que le détachement vient naturellement. Il n'apparaît cependant pas tout d'un coup. Pendant longtemps, nous restons fascinés par le jeu de la dualité, avec ses contraires en guerre constante.

Cependant, on est finalement prêt à connaître l'expérience appelée *métanoïa* – changement d'esprit de cœur. Ce mot grec, que l'on trouve fréquemment dans le Nouveau Testament, a pris un sens plus spirituel. Il désignait le changement d'état d'esprit qui peut survenir chez quelqu'un qui mène une vie pécheresse, puis s'y ajouta une connotation de repentir et, finalement, il en vint à signifier salut éternel. Mais si vous franchissez les bornes de la théologie, *métanoïa* est très proche de ce que nous avons appelé transformation. Vous faites passer votre sens du soi du localisé au non-localisé. Au lieu d'appeler chaque expérience « mienne », vous voyez que chaque structure dans l'univers est temporaire. L'univers continue à brasser son matériau de base pour créer des formes nouvelles, et, pendant un moment, vous avez appelé l'une de ces formes « moi ».

La *métanoïa* est le secret qui se cache derrière la lecture des nadis, je pense. Un voyant d'un lointain passé a regardé en lui-même et saisit une onde de conscience qui avait le nom de Deepak attachée à elle. Il a écrit le nom avec d'autres détails qui apparurent dans l'espace-temps. Cela implique un niveau de conscience que je devrais être capable d'atteindre en moi-même. Si je pouvais me voir comme une onde, dans le champ de la lumière (*jyotish* en sanskrit), je trouverais la liberté qui ne peut être obtenue en restant ce que je suis dans mes limites reconnues. Si les noms de mes parents étaient connus avant ma naissance, et si la date de la mort de mon père pouvait être déterminée maintes générations avant sa naissance, ces préconditions ne sont pas sujettes au changement.

La liberté véritable ne se trouve que dans la conscience non localisée.

La capacité de passer de la conscience localisée à la conscience non localisée est pour moi le sens de la rédemption ou du salut. Vous allez dans ce lieu où l'âme vit sans avoir à mourir auparavant. Plutôt que d'en réexposer la métaphysique, je vais réduire la question de la non-localisation à quelque chose que tout le monde recherche : le bonheur. Essayer d'être heureux est très personnel et donc, c'est quelque chose que nous remettons à l'ego, dont le seul but est de « me » rendre heureux. S'il se révèle que ce bonheur est extérieur à « moi », qu'il se trouve dans le domaine de la conscience non localisée, ce sera un argument convaincant pour la métanoïa.

Le bonheur est une chose complexe pour les êtres humains. Nous avons des difficultés à faire l'expérience du bonheur sans avoir à l'esprit les choses qui pourraient le détruire. Certaines de ces choses nous collent à la peau comme les blessures traumatiques ; d'autres sont des projections dans le futur, comme les soucis et les prévisions de catastrophes.

Ce n'est la faute de personne si le bonheur est fugitif. Le jeu des contraires est une pièce de théâtre cosmique et notre mental a été conditionné pour y adhérer. Le bonheur, comme chacun le sait, est trop bon pour durer. Et c'est vrai, tant que vous le définissez comme « mon » bonheur ; en faisant cela, vous vous êtes déjà attaché à une roue qui doit tourner de l'autre côté. La métanoïa, ou conscience non localisée, résout ce problème en le dépassant, parce qu'il n'y a pas d'autre moyen. Les éléments qui constituent votre vie sont conflictuels. Même si vous pouviez manipuler chaque élément de sorte qu'il mène constamment au bonheur, il y aurait encore le problème de la souffrance imaginée.

Les thérapeutes passent des années à détacher les gens de toutes les choses qu'ils pensent leur être néfastes, des choses qui n'ont rien à voir avec ces circonstances réelles.

Cela me rappelle une expérience qui arriva à un collègue médecin, quand j'étais en formation, il y a des années. Il avait une patiente angoissée qui venait le voir tous les deux ou trois mois pour un examen complet, terrifiée à la perspective de contracter un cancer. Les radios étaient toujours négatives, mais elle revenait toujours, chaque fois plus angoissée. Au bout de nombreuses années, ses radios confirmèrent qu'elle avait une tumeur maligne. Le regard triomphant, elle s'écria : « Voyez, je vous l'avais dit ! » La souffrance imaginée est aussi réelle qu'un autre type de souffrance, et parfois souffrance imaginaire et souffrance réelle ne font qu'un.

Le fait que quelqu'un puisse s'attacher au malheur avec autant de véhémence que d'autres s'accrochent au bonheur laisse perplexe, du moins tant que l'on n'a pas examiné de plus près la conscience localisée. C'est un lieu d'angoisse. D'une part, l'ego opère comme s'il était aux commandes. Vous naviguez à travers le monde selon la supposition tacite que vous êtes important(e) et qu'il importe que vous obteniez ce que vous voulez. Mais l'univers est vaste et les forces de la nature sont impersonnelles. Le sens du contrôle de l'ego et l'importance qu'il s'attribue, semblent une totale illusion quand on considère que les êtres humains sont une poussière sur la toile cosmique. Il n'y a pas de sécurité pour l'individu qui a l'impression invétérée d'être le centre de la création – l'évidence physique de notre insignifiance est trop écrasante.

Mais est-il possible d'y échapper ? Dans son propre domaine, l'ego dit non. Votre personnalité est une forme karmique qui s'accroche férocement à elle-même. Cependant, quand vous vous détachez de la conscience localisée, vous cessez de jouer le jeu de l'ego – vous sortez de la question de « me » rendre heureux. L'individu ne peut être écrasé par l'univers s'il n'y a pas d'individu. Tant que vous vous attachez votre identité à ne serait-ce qu'une petite partie de votre ego-personnalité, tout le reste suit. C'est comme aller au théâtre pour entendre un acteur dire « être ou ne pas être ». Instantanément, vous connaissez le personnage, son histoire et son destin tragique.

Les acteurs peuvent quitter un rôle et en prendre un autre, sans avoir autre chose à faire qu'une rapide adaptation mentale. Il faut se rappeler qu'on est Hamlet et non plus Macbeth. Il suffit d'évoquer le bon personnage. En outre, quand vous changez de personnage, vous vous trouvez dans un nouvel endroit – Écosse au lieu du Danemark, un campement de sorcières au bord de la route, au lieu d'un château au bord de la mer du Nord.

Il est une façon de se débarrasser de la conscience localisée : c'est de réaliser ce que vous avez déjà. Quand vous rentrez chez vous pour Noël, vous vous retrouvez probablement dans le rôle de l'enfant que vous avez été. Au travail, vous jouez un rôle différent de celui qui est le vôtre quand vous êtes en vacances. Notre mental est si habile à emmagasiner des rôles totalement conflictuels que même les petits enfants savent passer sans heurt de l'un à l'autre. Quand des caméscopes filment des enfants de trois ans en train de jouer, sans adultes alentour, les parents sont souvent choqués par les transformations qu'ils voient : l'enfant doux, obéissant, conciliant qu'ils connaissaient à la maison peut devenir un abominable petit tyran. Certains psychologues de l'enfance vont jusqu'à dire que l'éducation ne joue qu'un rôle mineur dans ce que nous devenons. Deux enfants élevés sous le même toit, avec la même attention parentale, peuvent être si différents hors de la maison, qu'on n'imaginerait pas qu'ils sont frères et/ou sœurs. Mais il serait plus juste de dire qu'en grandissant, les enfants apprennent beaucoup de rôles simultanément, et le rôle appris à la maison n'en est qu'un parmi beaucoup – et nous ne devrions pas nous attendre à ce qu'il en soit autrement.

Si vous pouvez voir cela en vous-même, c'est que vous n'êtes plus qu'à un pas de la conscience non localisée. Tout ce que vous devez réaliser, c'est que tous vos rôles existent simultanément. Tout comme un acteur, vous gardez vos personnages en un lieu au-delà de l'espace et du temps. Macbeth et Hamlet se trouvent simultanément à l'intérieur de la mémoire d'un acteur. Il faut des heures pour les jouer sur scène, mais leur demeure véritable n'est pas un endroit où les heures défilent. Dans la conscience, le rôle entier existe silencieusement, mais il est complet dans tous ses détails.

De même, vous emmagasinez vos rôles dans un endroit qui est davantage votre foyer véritable que la scène où vous jouez les drames. Si vous essayez de mettre de l'ordre dans ces rôles enchevêtrés, vous vous apercevez qu'aucun d'eux n'est vous. Vous êtes celui qui appuie sur le bouton de l'esprit pour permettre au rôle de prendre vie. Dans votre vaste répertoire, vous choisissez des situations qui représentent votre karma personnel, chaque ingrédient se mettant en place sans coupure pour donner l'illusion d'être un ego individuel.

Le « vous » réel est détaché de tout rôle, de toute mise en scène et de toute représentation. Du point de vue spirituel, le détachement n'est pas une fin en soi ; il se transforme en une sorte de maîtrise. Quand vous avez cette maîtrise, vous pouvez passer dans la conscience non localisée chaque fois que vous le voulez. C'est ce que signifient les *Shiva Sûtra*, quand ils disent qu'il faut utiliser la mémoire sans permettre qu'elle vous utilise. Vous pratiquez le détachement en sortant de votre rôle mémorisé ; alors, le karma attaché à n'importe quel rôle n'adhère plus. Si vous essayez de changer votre karma morceau par morceau, vous pouvez obtenir des résultats limités, mais le modèle amélioré de vous-même ne sera pas plus libre que le modèle précédent.

S'il y a un secret du bonheur, on ne peut le trouver qu'à la source du bonheur, qui a les caractéristiques suivantes :

LA SOURCE DU BONHEUR EST...

Non localisée,
Détachée,
Impersonnelle,
Universelle,
Au-delà du changement,
Faite d'essence.

Cette liste divise la métanoïa en ses composantes. Métanoïa est essentiellement un changement de « cœur » et je pense que les mêmes éléments s'appliquent.

Non localisée : Avant de pouvoir « changer de cœur », vous devez sortir de vous-même pour avoir une perspective plus vaste. L'ego essaie de réduire toute question à « que vais-je en retirer ? » Quand vous reformulerez la question ainsi : « Qu'allons-*nous* retirer de cela ? » ou « Qu'est-ce que chacun peut tirer de cela ? », votre cœur se sentira immédiatement moins limité et moins resserré.

Détachée : Si vous avez un intérêt dans un résultat particulier, vous ne pouvez pas opérer un changement de « cœur ». Les frontières sont tracées ; chacun a choisi son côté. L'ego cherche à persuader que garder l'œil sur le prix – c'est-à-dire le résultat qu'il veut – est la seule chose qui importe. Mais dans le détachement, vous réalisez que beaucoup de résultats peuvent être bénéfiques pour vous. Vous travaillez au résultat que vous pensez correct mais vous restez suffisamment détaché(e) pour changer quand votre cœur vous dit que vous le devriez.

Impersonnelle : Les situations semblent arriver aux gens mais, en réalité, elles se déploient à partir de causes karmiques profondes. L'univers se déploie de lui-même, suscitant toute cause qui a besoin d'être incluse. Ne prenez pas ce processus personnellement. Le processus « cause et effet » est éternel. Vous faites partie de ces montées et descentes qui ne finissent jamais, et c'est seulement en chevauchant la vague que vous faites en sorte que les vagues ne vous noient pas. L'ego prend tout personnellement, ne laissant aucune place pour une orientation ou un dessein plus hauts. Si vous le pouvez, réalisez qu'un plan cosmique se déploie, et appréciez la tapisserie merveilleusement tissée, le dessin d'une merveille incomparable.

Universelle : Alors que j'essayais de comprendre le concept bouddhiste de mort de l'ego (une idée qui me semblait à l'époque très froide et sans cœur), quelqu'un m'aida en me disant : « Vous ne détruisez pas ce que vous êtes. Vous élargissez juste le sentiment de "je", de votre petit ego à l'ego cosmique. » Ce n'est pas rien, mais ce que j'aime, dans cette version, c'est que rien n'est exclu. Vous commencez par voir chaque situation comme appartenant à notre monde, et si l'inclusion est petite au début – ma famille, ma maison, mon voisinage –, elle peut croître graduellement. Le fait même que l'ego trouve absurde de dire mon monde, ma galaxie, mon univers, implique qu'il y a un changement imminent, qu'il ne peut faire seul. L'idée clé, c'est de garder à l'esprit que la conscience est universelle, quelle que soit l'impression de limitation que peut vous donner votre ego à un moment donné.

Au-delà du changement : Le bonheur auquel vous êtes habitué(e) va et vient. Au lieu d'y penser comme à un puits qui s'assèche, imaginez l'atmosphère. Il y a toujours de l'humidité dans l'atmosphère, et parfois elle se libère sous forme de pluie. Les jours sans pluie n'ont pas fait partir l'humidité ; elle est toujours présente dans l'air, attendant de se condenser quand les conditions changent. Il en va de même pour le bonheur, qui est toujours présent dans la conscience sans avoir à se condenser à chaque instant – il se montre quand les conditions changent. Les gens ont des dispositions émotionnelles différentes ; certains sont plus cordiaux, plus optimistes et contents que d'autres.

Cette variété exprime la diversité de la création. On ne peut s'attendre à ce que le désert et une forêt pluviale aient le même comportement. Mais ces altérations dans le caractère personnel sont superficielles. Le même bonheur invariable est accessible dans la conscience de chacun. Sachez que c'est vrai, et n'utilisez pas les hauts et les bas de votre bonheur personnel comme prétexte pour ne pas aller à la source.

Essence : Le bonheur n'est pas une chose unique. C'est un parfum de l'essence, parmi de nombreux autres. Un jour, un disciple se plaignit à son maître de ce que tout le temps qu'il avait passé en travail spirituel ne l'avait pas rendu heureux. « Votre travail en ce moment n'est pas d'être heureux, répondit le maître. Votre travail, c'est de devenir réel. » L'essence est réelle, et quand vous la capturez, le bonheur s'ensuit parce que s'ensuivent toutes les qualités de l'essence. Vouloir faire du bonheur une fin en soi est une attitude limitée ; vous ne répondrez qu'aux exigences de votre ego pour l'obtention d'une vie heureuse. Si au lieu de cela vous vous consacrez à un changement total de conscience, le bonheur arrive comme un don librement octroyé par la conscience.

Changer sa réalité
pour percevoir le treizième secret

Le treizième secret concerne la liberté individuelle. Vous ne pouvez pas être vraiment libre si vos interactions avec l'univers sont personnelles, parce qu'une personne est quelque chose de limité. Si vous restez à l'intérieur de cette chose, votre conscience le fera aussi. Aujourd'hui, commencez à agir comme si votre influence s'étendait partout. L'un des spectacles les plus courants en Inde, ou partout ailleurs en Orient, c'était des moines vêtus de robes safran en méditation avant l'aube. Beaucoup d'autres gens (ma grand-mère et ma mère, par exemple) se lèvent à la même heure matinale et vont au temple pour prier. L'essence de cette pratique, c'est de rencontrer le jour avant qu'il ne commence.

Rencontrer le jour avant qu'il ne commence signifie que vous êtes présent quand il naît. Vous vous ouvrez à une possibilité. Parce qu'il n'y a encore en lui aucun événement, le jour nouveau-né est ouvert, frais et nouveau. Il peut devenir n'importe quoi. Les moines qui méditent et les gens qui prient veulent ajouter leur influence de conscience à ce moment critique, comme lorsqu'on est présent pour le début de la vie d'un bébé.

Aujourd'hui, vous pouvez faire la même chose. Levez-vous tôt – vous pourrez accomplir cet exercice aux premières lueurs de l'aube, en position assise, mais vous pouvez aussi le faire allongé dans votre lit avant de vous lever – et permettez à votre mental de prévoir le jour qui vient. D'abord, vous remarquerez probablement des résidus d'habitudes. Vous vous verrez au travail, dans votre famille, accomplissant vos tâches quotidiennes et d'autres obligations. Vous devrez vraisemblablement expérimenter des résidus d'hier : le projet que vous n'avez pas mené à terme, l'échéance à venir, un conflit non résolu. Puis vous ferez l'expérience du retour des soucis, de tout ce qui est suspendu au-dessus de votre tête en ce moment.

Laissez tout cela entrer et sortir de votre conscience à son gré. Ayez l'intention d'éclaircir cet enchevêtrement d'images et de mots. Votre ego de toute façon va prendre soin de tous ces problèmes habituels. Continuez de considérer le jour devant vous, qui n'est pas une affaire d'images ou de pensées, étant donné qu'il est à peine né. Ayez pour lui un sentiment ; essayez de le rencontrer avec votre être.

Au bout de quelques instants, vous remarquerez que votre mental est moins enclin à sauter du lit. Vous dériverez dans une conscience vague – cela signifie que vous avez plongé un petit peu plus profond que la couche superficielle de l'agitation mentale. (Ne vous rendormez pas, cependant. Quand le sommeil vient, retournez à votre intention de rencontrer le jour.)

À ce moment, vous vous apercevrez qu'au lieu d'images, votre mental suit le rythme des sentiments. Cet état est beaucoup plus difficile à décrire que des images ou des voix. C'est comme une sensation du devenir des choses, ou d'être prêt pour tout ce qui se présentera. Ne cherchez rien de dramatique. Je ne parle pas de prémonitions ni de présages. Vous avez une simple expérience : votre être rencontre le jour au niveau de l'incubation, au moment où les événements sont des graines prêtes à germer. Votre seul dessein est d'être là. Vous n'avez pas besoin de changer quoi que ce soit ; vous n'avez pas à vous attacher à des jugements ou à des opinions au sujet de ce que vous pensez devoir se passer aujourd'hui. Quand vous rencontrez le jour, vous ajoutez les influences de votre conscience en silence.

Et à quoi cela sert-il ? L'effet se produit à un niveau subtil. C'est comme s'asseoir à côté du lit d'un enfant, juste avant qu'il ne s'endorme. Votre présence suffit, sans mots ni actions, à calmer l'enfant. Un jour doit commencer dans un état paisible, libre des résidus et des remous de l'activité d'hier. Mais vous ajoutez aussi un niveau subtil d'intention en rencontrant ce jour. Vous avez l'intention de laisser la vie se développer à sa guise. Vous vous êtes présenté(e) avec un esprit ouvert et un cœur ouvert.

J'ai décrit cet exercice en détail comme un moyen d'ouvrir la voie que votre esprit peut emprunter. Vous ne reproduirez pas à l'identique les étapes mentionnées, mais l'exercice aura été une réussite si vous contactez, ne serait-ce que brièvement, l'un de ces états de conscience :

- Vous vous sentez renouvelé(e). Ce jour va être unique.
- Vous vous sentez en paix. Ce jour va voir l'apaisement d'un problème stressant.
- Vous vous sentez en harmonie. Ce jour va être sans conflits.
- Vous vous sentez créatif, créative. Ce jour va vous montrer quelque chose d'inédit.
- Vous vous sentez aimant(e). Ce jour va supprimer les différences et intégrer ceux qui se sentent rejetés.
- Vous avez un sentiment d'intégrité, de plénitude. Ce jour va couler sans hiatus.

Vous avez maintenant pris connaissance du monde prématinal que les saints et les sages fréquentent depuis des milliers d'années. Ce qu'ils faisaient, et ce que vous allez maintenant commencer à faire, c'est condenser la réalité sur la Terre. Vous ouvrez un canal dans votre conscience, grâce auquel renouveau, paix, harmonie, créativité, amour et intégrité ont l'occasion d'être ici. Sans quelqu'un pour rencontrer le jour, ces qualités n'existent que chez des individus – ou parfois pas du tout. Comme la pluie tombant d'un ciel clair, votre influence rend leur manifestation possible.

SECRET N° 14

LE SENS DE LA VIE EST TOUT

Avez-vous été sur le point de répondre à la question ultime : « Quel est le sens de la vie ? » Imaginez un moment que quelqu'un trouve une réponse. Directement ou indirectement, la plupart des réponses traditionnelles ont croisé le chemin de chacun ; le sens de la vie, le plus souvent, est ordonné à un niveau supérieur, comme :

Glorifier Dieu,
Glorifier la création de Dieu,
Aimer et être aimé,
Être véridique envers soi-même.

Comme pour beaucoup d'autres questions spirituelles, je trouve difficile d'imaginer comment ces réponses pourraient être vérifiées. Si quelqu'un a un bon emploi, pourvoit aux besoins de sa famille, paie ses impôts et obéit aux lois, est-ce un exemple de glorification de Dieu ou de vérité envers soi-même ? En période de crises, comme la guerre, le sens de la vie change-t-il ? Peut-être est-ce tout ce que quelqu'un peut faire pour rester en vie et être raisonnablement heureux en temps de crise.

Pour tester la réponse à la question : « Quel est le sens de la vie ? », on pourrait l'écrire, la mettre sous enveloppe et l'envoyer à mille personnes choisies au hasard. Si la réponse est juste, quiconque ouvrirait l'enveloppe lirait ce qui est écrit et dirait : « Oui, vous avez raison. C'est le sens de la vie. » Une jeune mariée serait d'accord le jour de son mariage. Un vieil homme paralysé serait d'accord sur son lit de mort. Les gens qui s'opposent durement en politique et religion seraient aussi d'accord, comme ceux dont l'esprit est apaisé.

Ce test semble cependant impossible, étant donné qu'on ne pourrait trouver de réponse qui satisfasse tout le monde. Mais que dire si rien n'est écrit sur la feuille de papier, ou s'il est écrit : « Le sens de la vie est toutes choses : » Dans la réalité une, il n'y a pas de trucs, mais des réponses très proches les unes des autres dans la manifestation de la vérité. Le papier vierge indique que la vie est pure potentialité, jusqu'à ce que quelqu'un lui donne la forme de quelque chose. Le sens de la pure potentialité, c'est que la vie est infiniment ouverte. De même, dire que le sens de la vie est tout, indique que la vie ne laisse rien ni personne au-dehors. « Tout » est juste une autre façon d'embrasser un éventail de possibilités illimitées.

La vie refuse d'être coincée. Quel que soit le sens que vous voulez que l'univers reflète, il le fait. Dans l'Europe médiévale, les gens voulaient que l'univers réfléchisse leur foi intense dans la sainte Trinité ; à cette époque, les hindous voulaient que l'univers reflète la danse cosmique de Shiva et de sa parèdre

Shakti. Partout où l'islam a exercé sa domination, l'univers devait refléter la volonté d'Allah. De nos jours, les agnostiques veulent que l'univers reflète leur propre confusion spirituelle, leur propre doute ; ainsi, l'univers semble être une explosion hasardeuse, qui a commencé avec le Big Bang. Beaucoup de personnes religieuses acceptent cette réalité, sauf le dimanche, quand l'univers reflète faiblement la possibilité d'un créateur divin.

Si vous essayez d'assujettir l'univers à un reflet, vous assujettissez votre vie en même temps. La réalité est comme un miroir à deux sens, qui vous montre vous-même, ainsi que ce qui se trouve de l'autre côté. Cet effet mutuel est dû au fait que l'univers n'a pas en propre de réserve de faits. Vous, l'observateur, donnez l'existence à votre version de la réalité. Voici un exemple de la façon dont le miroir à deux sens opère dans le domaine de la médecine.

Il est vraiment stupéfiant que le corps humain puisse être guéri de si multiples façons. Si vous prenez une maladie comme le cancer, vous vous apercevez qu'elle se conforme le plus souvent à un modèle typique. Le cancer du sein, par exemple, comporte un taux de survie connu, à partir du moment où une anomalie a été détectée dans les cellules du sein. La femme qui contracte cette maladie se trouvera quelque part sur la courbe de survie. Comme me l'a dit une fois un oncologue, le cancer est un jeu de chiffres. Des statistiques vous diront à quel âge la maladie est le plus susceptible de se produire. La réaction des tumeurs aux rayons et à la chimiothérapie est constamment enregistrée. Avec ces faits en main, la médecine essaie de trouver un traitement définitif mais n'y a pas réussi, et continue à chercher.

En dehors des normes statistiques, cependant, d'étranges choses se produisent. Au cours de ma propre pratique médicale, j'ai eu affaire aux patientes suivantes :

- Une jeune femme qui me dit que sa mère, qui habitait une ferme dans le Vermont, avait une grosse tumeur au sein ; mais elle pensait qu'elle avait trop à faire pour perdre son temps à se soigner. Elle survécut plus de dix ans, sans la moindre intervention médicale.

- Une femme qui avait senti une grosseur au sein décida de la visualiser. Elle vit des hordes de globules blancs descendre comme de la neige pour engloutir la grosseur. Après qu'elle eut pratiqué cette visualisation pendant six mois, la grosseur avait disparu.

- Une femme qui avait une tumeur massive sortit de l'hôpital la veille de son opération, parce qu'elle ne voulait pas considérer son état dans la peur et la panique. Elle ne revint que plusieurs mois plus tard, seulement quand elle fut confiante en sa survie. L'opération réussit et elle survécut.

Chaque médecin a eu affaire au côté opposé du spectre, des femmes qui meurent très rapidement après avoir appris qu'elles avaient un petit nombre de cellules malignes dans le sein. (Dans certains cas, les cellules sont anormales, ce qui signifie qu'elles pourraient être bénignes, mais chez certaines femmes, ces anomalies deviennent rapidement des tumeurs. Ce phénomène a été appelé, il y a longtemps, « mourir du diagnostic ».) Je ne fais pas de recommandations sur la façon d'aborder le cancer ; je tiens seulement à faire remarquer que la maladie semble seulement refléter les croyances du patient à son égard. Une étude de David Siegel, à Stanford, a porté sur un groupe de femmes atteintes d'un cancer du sein avancé, qui ont été réparties en deux groupes. L'un reçut les meilleurs soins médicaux, ce qui à ce stade était très peu de chose. Les femmes de l'autre groupe se réunirent une fois par semaine pour partager leurs sentiments sur la maladie. Ce groupe seul obtint un résultat remarquable. Au bout de deux ans, toutes les survivantes appartenaient à ce dernier groupe, et la survie générale dans ce groupe fut de moitié plus longue que celle des femmes du groupe où l'on ne parlait pas de la maladie. Essentiellement, les femmes qui avaient fait face à leurs émotions avaient été capables de déplacer le reflet dans le miroir.

Le corps humain réagit aux soins extérieurs, par des moyens matériels, et aux soins intérieurs, par des moyens subjectifs. Comment se fait-il que parler de ses sentiments puisse avoir autant d'effet qu'un puissant remède contre le cancer (et même plus) ? La réponse est que la conscience emprunte toujours ces deux voies. Elle se déploie objectivement comme univers visible, et subjectivement, comme événements à l'intérieur du mental. *Tous deux sont la même conscience.* La même intelligence a mis deux masques, celui du monde « là dehors », et celui du monde « ici dedans ». Aussi, les murmures de sentiment chez un malade atteint du cancer communiquent mieux avec le corps que les molécules d'une drogue.

Ce phénomène n'a plus rien d'étonnant – toute la médecine psychosomatique est fondée sur la découverte des molécules messagères qui commencent dans le cerveau sous la forme de pensées, croyances, souhaits, peurs et désirs. La percée aura lieu quand la médecine cessera d'accorder tout son crédit aux molécules. Quand Mozart voulait composer une nouvelle symphonie, son intention faisait appel à la fonction cérébrale nécessaire. Il serait absurde de dire que le cerveau de Mozart voulait d'abord écrire une symphonie, et produisait ensuite les molécules messagères pour l'informer de ce fait. La conscience vient toujours en premier, et ses projections, objectives et subjectives, suivent.

Cela nous conduit à un nouveau principe qui est d'une importance cruciale : c'est le principe de « la coapparition interdépendante simultanée. » *Simultanée,* parce qu'une chose ne cause pas l'autre. *Interdépendante,* parce que chaque aspect est coordonné avec tous les autres. *Coapparition,* parce que chaque partie séparée provient de la même source.

Quand Mozart voulait composer une symphonie, tout ce qui était associé à sa création se produisait simultanément : l'idée, les notes, le son dans sa tête, l'activité cérébrale nécessaire, les signaux donnés à ses mains quand elles écrivaient la musique. Tous ces ingrédients étaient organisés en une seule expérience, et ils apparaissaient ensemble. Il serait faux de dire que l'un causait l'autre.

Si un élément n'est pas à sa place, tout le projet s'effondre. Si Mozart était déprimé, son état émotionnel faisait obstruction à la musique. S'il était physiquement épuisé, la fatigue empêchait la musique de se manifester. C'est de cent façons que le désordre peut bouleverser le tableau : Mozart pouvait avoir des problèmes conjugaux, une crise cardiaque, un soudain blocage artistique, ou la distraction bruyante provoquée par un enfant.

La création est préservée de l'anarchie par une coapparition simultanée.

Le cosmos correspond étroitement au mental humain. C'est comme si l'univers nous donnait un spectacle époustouflant de galaxies explosant à partir du néant, pour nous taquiner. Il est absurde qu'un processus de milliards d'années-lumière qui connaît une expansion d'une vitesse incroyable pour générer des milliards de milliards d'étoiles, doive parvenir à son apogée avec l'apparition de l'ADN humain. Pourquoi l'univers avait-il besoin de nous pour regarder ses merveilles ? Peut-être parce que la réalité opère de cette façon : le spectacle cosmique qui se déploie est simultané au cerveau humain, cet instrument si finement accordé qu'il peut pénétrer à tous les niveaux de la nature. Nous sommes le public ultime. Rien ne nous surpasse, si minuscule ou vaste que ce soit.

Maintenant, une réponse extraordinaire commence à poindre : *peut-être est-ce nous qui faisons tout le spectacle.* Le sens de la vie est tout parce que nous ne demandons rien de moins que l'univers comme terrain de jeu.

Il y a longtemps que la physique quantique a reconnu que c'est l'observateur qui est le facteur décisif dans toute observation. Un électron n'a pas de position fixe dans l'espace, tant que personne ne le cherche, puis l'électron surgit précisément là où on l'a cherché. Jusque-là, il n'existe que sous forme d'onde se propageant partout dans l'espace. Cette onde peut devenir particule n'importe où. Chaque atome de l'univers a une minuscule probabilité d'être localisé aussi loin que possible ou aussi près que possible.

L'univers n'a que deux positions : allumé et éteint. « Allumé » est l'univers matériel avec tous ses événements et objets. « Éteint » est la pure possibilité, l'espace de mutation où vont toutes les particules quand personne ne regarde. La position « allumé » ne peut être contrôlée que par des moyens extérieurs. Une fois que vous l'allumez, l'univers physique est régi par un ensemble de règles. Mais si vous le mettez en position « éteint », l'univers peut être changé, *sans égard pour le temps et l'espace*. Rien n'est lourd ni immuable dans la position « éteint », parce qu'il n'y a pas d'objets. Rien n'est proche ni éloigné. Rien n'est pris dans le passé, le présent ou le futur. La position « éteint » est pure potentialité. Là, votre corps est un ensemble de possibilités attendant de se produire, et sont aussi présentes toutes les possibilités déjà réalisées et celles qui auraient pu arriver. Dans la position « éteint », tout dans la Création revient à un point, et miraculeusement, vous vivez à ce point ; c'est votre source.

« Allumé » et « éteint » ne nous donnent cependant pas une image très précise. De même qu'il y a de nombreux degrés dans la réalité physique, ainsi il y a de nombreux degrés dans la réalité non physique. Votre corps est un objet solide, un tourbillon d'atomes, une tempête de particules subatomiques et un spectre d'énergie, en même temps. Ces états sont simultanés, mais chacun apparaît suivant des règles différentes. En physique, cet enchevêtrement de règles est appelé « hiérarchie enchevêtrée ». Le mot *hiérarchie* indique que les niveaux sont échelonnés dans un certain ordre. Votre corps n'est pas en danger de se dissocier en atomes désordonnés parce que, dans la hiérarchie des choses, les objets solides restent en place, mais, en réalité, vous êtes un nuage d'électrons, une onde de probabilité et tout ce qui est intermédiaire à ces deux définitions.

Ça, c'est la position « allumé ». Dans la position « éteint », le même enchevêtrement continue, mais il est totalement hors de vue. Le domaine invisible est divisé d'étrange façon. À un certain niveau, les événements sont tous unis. Les commencements et les fins coïncident, rien n'arrive sans affecter le reste. Mais à un autre niveau, certains événements sont plus importants que d'autres ; certains peuvent être contrôlés, tandis que d'autres peuvent fluctuer avec seulement le genre de causalité le plus faible. Par analogie, considérez votre mental : certaines pensées demandent à passer dans le domaine de l'acte, alors que d'autres sont des lubies passagères ; certaines suivent une logique stricte, alors que d'autres obéissent à des associations très lâches. Les événements dans l'univers sont exactement le même mélange d'événements potentiels. Si vous le voulez, vous pouvez plonger profond dans la position « éteint » et commencer à faire monter les événements que vous voulez. Vous devez cependant être prêt(e) à avoir affaire à la hiérarchie enchevêtrée, parce que chaque événement que vous pourriez vouloir changer est engrené dans chacun des autres événements. Il y a cependant certaines conditions qui restent les mêmes.

PLONGER DANS LA PURE POTENTIALITÉ

Comment naviguer sur le champ de la totalité

1. Plus vous allez profond, plus vous disposez de pouvoir pour changer les choses.
2. La réalité passe des régions les plus subtiles aux plus grossières.
3. La façon la plus aisée de changer quelque chose est d'aller d'abord à son niveau le plus subtil, qui est la conscience.
4. Le silence est le commencement de la créativité. Une fois qu'un événement commence à vibrer, c'est qu'il a déjà commencé à entrer dans le monde visible.
5. La création procède par sauts quantiques.
6. Le commencement d'un événement est en même temps sa fin. Les deux coapparaissent dans le domaine de la conscience silencieuse.
7. Les événements se déploient dans le temps, mais sont nés hors du temps.
8. La façon la plus aisée de créer est la direction évolutive.
9. Étant donné que les possibilités sont infinies, l'évolution ne finit jamais.
10. L'univers correspond au système nerveux qui le perçoit.

L'exploration de ces conditions est la façon dont vous créez le sens de votre propre vie. Je vais condenser ces dix points vous laissant le soin de compléter : l'univers depuis le Big Bang se comporte de la façon qui est la sienne, afin de se conformer au système nerveux humain. Si nous pouvions faire l'expérience du cosmos d'une autre façon, ce serait un cosmos différent. L'univers est sans lumière pour un poisson des cavernes qui a évolué sans le sens de la vue. L'univers n'a pas de son pour une amibe, pas de goût pour un arbre, pas d'odeur pour un escargot. Chaque créature choisit sa propre gamme de manifestations selon ses potentialités.

L'univers est contraint de respecter nos limites. De même qu'aucune vision de la beauté ne peut affecter un poisson aveugle et qu'aucun parfum ne peut séduire un escargot, ainsi, aucun aspect de la vie qui se trouve à l'extérieur de vos limites n'aura de sens pour vous. Vous êtes comme un chasseur-cueilleur cherchant sa nourriture dans la forêt. Si la plante n'est pas comestible, vous passez à côté ; ainsi, une forêt remplie de fleurs exotiques sera vide pour vous. La force de l'évolution est infinie, mais elle ne peut opérer qu'avec ce que l'observateur lui apporte. Un mental fermé à l'amour, par exemple, verra un monde sans amour et sera insensible à toute marque d'amour, alors qu'un esprit ouvert regardant le même monde y trouvera d'innombrables expressions de l'amour.

Si nos limites étaient tout, l'évolution ne pourrait les franchir. C'est là que les sauts quantiques interviennent. Chaque observateur crée une version de la réalité qui est liée à certaines significations et énergies. Tant que ces sens semblent valables, les énergies assurent la cohésion. Mais quand l'observateur veut voir quelque chose de nouveau, la signification s'effondre, les énergies se combinent d'une façon nouvelle et le monde fait un saut quantique. Le saut a lieu sur le plan visible quand la position est « allumé », mais il a été préparé dans le domaine invisible quand la position était « éteint ».

Voici un exemple : Notre aptitude à lire a commencé à exister quand l'homme préhistorique a acquis un cortex cérébral, mais personne dans le monde préhistorique n'avait besoin de lire. Si l'évolution était aussi hasardeuse que nombre de généticiens le soutiennent, l'aptitude à la lecture aurait disparu il y a un million d'années, étant donné que son utilité pour la survie était nulle.

Mais cette caractéristique survécut pour la créature qui était en train d'émerger. La conscience sait ce qui doit venir, et elle en construit la potentialité dans chaque particule de la création, pas seulement pour un futur en déploiement, mais pour *tout* futur. La nature n'a pas besoin de prévoir ce qui va arriver à chaque niveau. Elle ouvre juste les voies du développement, de la croissance, puis une créature donnée – dans ce cas, nous – fait le saut au moment opportun. Tant que la potentialité est vivante, le futur peut évoluer par choix.

Une personne à l'esprit aiguisé pourrait voir des contradictions dans mes propos : « Vous vous contredisez. D'un côté vous prétendez que les causes et les effets s'enchaînent éternellement. Maintenant, vous dites que la fin est déjà présente au commencement. Laquelle des deux versions est la bonne ? » Eh bien ! les deux. Cette réponse ne semble peut-être pas très satisfaisante – elle peut faire froncer les sourcils des critiques pointilleux. Mais l'univers *utilise* la cause et l'effet pour aller quelque part. Quand il veut faire un saut quantique, la cause et l'effet sont modelés à cette fin. (En réalité, vous en faites l'expérience à chaque seconde. Quand vous voyez la couleur rouge avec l'œil de votre mental, c'est que vos cellules émettent des signaux de façon précise. Mais vous ne le leur avez pas ordonné ; elles s'alignent automatiquement sur votre pensée.)

Dans la hiérarchie enchevêtrée, une amibe, un escargot, une galaxie, un trou noir et un quark sont des expressions également valables de la vie. Les hommes préhistoriques étaient aussi immergés dans leur réalité que nous le sommes dans la nôtre, également fascinés par elle et jouissant également du privilège de voir la réalité se déployer. L'évolution donne à chaque créature exactement le monde qui correspond à sa capacité perceptive. Mais il y a quelque chose qui, par-dessus tout, a besoin d'évoluer : la brèche. Si vous n'êtes pas prêt à reconnaître que le sens de la vie est toutes choses, trouvez votre propre sens en fermant la brèche. Retirez le monde du bord du désastre ; mettez l'avenir à l'abri d'une collision avec le chaos. Le dharma, la force qui soutient, soutiendra toute pensée, tout sentiment, toute action qui ferme la brèche, parce que l'univers est conçu pour la fusion de l'observateur et de l'observé.

Parce que vous êtes conscient(e) de vous-même, votre destin est unité. Il a été édifié dans votre cerveau, aussi sûrement que la capacité de lire a été établie dans le cerveau de l'homme de Cro-Magnon. Quand la brèche sera fermée, les hommes modernes fusionneront avec des formes de vie supérieures et inférieures. Toutes les générations de l'humanité, du premier hominien à ce qui pourra venir après nous, seront considérées comme une. Et j'imagine qu'alors nous enlèverons le tableau du mur, nous détachant de toute image fixe. Vivre au niveau de l'existence pure, sans éprouver le besoin d'être limité par aucun événement dans le monde physique, est la fin de ce voyage et le commencement d'un autre, jamais perçu auparavant. Ce sera l'avènement de l'unité, et la caresse ultime de la liberté.

Changer sa réalité
pour percevoir le quatorzième secret

Le quatorzième secret concerne la compréhension totale. Comprendre n'est pas la même chose que penser. Comprendre est une compétence acquise dans la conscience. C'est ce que vous avez fait à partir de votre potentiel. Un bébé devient un petit enfant en acquérant la faculté de marcher, par exemple. Dans la conscience du bébé, cette compétence représente un saut quantique qui atteint tous les aspects de l'existence ; les structures cérébrales changent, de nouvelles sensations se produisent dans le corps, les mouvements se coordonnent, les yeux apprennent à voir le monde selon une perspective verticale et allant vers l'avant, de nouveaux objets dans l'environnement sont à portée, et, dès le seuil du premier pas, le bébé entre dans un monde de possibilités inexplorées qui pourraient culminer avec l'ascension du mont Everest ou un marathon. Ainsi, ce n'est pas d'une faculté que nous parlons, mais d'un véritable saut quantique qui ne laisse aucune partie du bébé inaffectée.

La différence entre un petit enfant qui vient de faire ses premiers pas et un coureur de marathon, c'est que le niveau de compréhension s'est approfondi, non pas sur un seul front, mais pour la personne entière. Chaque fois que vous accomplissez une action, vous exprimez en réalité un niveau de compréhension. Dans une course, deux coureurs peuvent être comparés dans des domaines tels que la discipline mentale, l'endurance, la coordination, la gestion du temps, l'équilibrage des obligations et des relations, etc. Quand vous voyez l'immense portée de la conscience, vous commencez à saisir que rien n'est exclu.

La compréhension change l'image entière de la réalité.

Pouvoir affecter votre réalité entière d'un seul coup, telle est l'essence de « la coapparition interdépendante simultanée ». Il n'y a pas de limite à la portée de votre influence, mais pour découvrir cela, vous devez vous engager dans la vie avec passion. Quand vous faites quelque chose avec passion, vous exprimez chaque aspect de ce que vous êtes. La passion libère toute l'énergie que vous possédez. À ce moment, vous vous mettez vous-même en jeu, car si vous mettez tout ce que vous avez dans une quête, vos défauts et vos faiblesses sont alors exposés. La passion fait tout avancer.

Ce fait incontournable décourage beaucoup de gens qui détestent tant leurs côtés négatifs ou qui sont si intimidés par eux qu'ils tiennent leurs passions en échec, croyant ainsi donner plus de sécurité à leur vie. Peut-être, mais, en même temps, ils limitent grandement leur compréhension de ce que la vie peut apporter. D'un point de vue général, il y a trois niveaux d'engagement possibles :

1. N'entrer dans une situation que jusqu'à la rencontre du premier obstacle véritable.
2. Entrer dans une situation assez loin pour vaincre quelques obstacles.
3. Entrer dans une situation pour venir à bout de tous les obstacles.

En utilisant ce modèle, pensez à quelque chose que vous vouliez passionnément faire bien, que ce soit peindre, faire de l'alpinisme, écrire, élever un enfant ou exceller dans votre profession. Voyez honnêtement où vous en êtes de cette entreprise.

Niveau 1 : « Je ne suis pas satisfait(e) de ce que j'ai fait. Les choses n'ont pas suivi le cours que je souhaitais. D'autres ont beaucoup mieux réussi que moi. J'ai perdu mon enthousiasme et je suis découragé(e). Je continue à faire ce que je dois, mais la plupart du temps je reste en surface. J'ai l'impression d'avoir échoué. »

Niveau 2 : « Je suis plutôt satisfait(e) de ma réussite. Je ne suis pas toujours au mieux de mes possibilités, mais je reste dans le peloton. On me considère comme quelqu'un qui sait ce qu'il fait. J'ai dû triompher de beaucoup de choses pour en arriver à ce niveau. J'ai l'impression d'avoir réussi. »

Niveau 3 : « Je maîtrise ce que j'ai eu l'intention de faire. On me considère comme un pro chevronné. Je connais tous les coins et recoins de la chose et j'en ressens une profonde satisfaction. J'ai rarement à penser à tout ce qui est impliqué. Mon intuition m'entraîne. Ce domaine de ma vie est une passion majeure. »

Chaque niveau d'engagement reflète la compréhension que vous voulez obtenir. Si vous ne connaissiez pas la nature humaine, vous pourriez supposer qu'une activité comme la peinture, l'alpinisme ou l'écriture peut être traitée séparément, mais la personne entière est touchée parce que la personne entière s'exprime. (C'est pourquoi on dit que vous parvenez à vous connaître sur une montagne ou devant une toile vierge.) Même si vous choisissez une compétence très étroite, comme courir le marathon ou faire la cuisine, tout votre sens de « soi », de « vous-même », change quand vous réussissez avec passion, au lieu de perdre ou de reculer.

La volonté d'atteindre à l'intérieur chaque partie de vous-même, ouvre la porte à une compréhension totale. Vous mettez en jeu votre identité entière, pas seulement une partie isolée. Cela peut sembler impressionnant, mais c'est en réalité la façon la plus naturelle d'aborder une situation. Quand vous gardez une partie de vous-même en réserve, vous l'empêchez de s'exposer à la vie ; vous refoulez son énergie et l'empêchez de comprendre ce qu'elle doit savoir. Imaginez un bébé qui voudrait marcher, mais émettrait ces réserves :

1. Je ne veux pas avoir l'air gauche.
2. Je ne veux pas tomber.
3. Je ne veux pas que l'on soit témoin de mon échec.
4. Je ne veux pas vivre avec le fardeau de l'échec.
5. Je ne veux pas mettre toutes mes énergies à contribution.
6. Je ne veux pas souffrir.
7. Je veux en finir le plus rapidement possible.

Pour un bébé, ces réserves peuvent sembler absurdes. Si l'une prévalait, jamais il n'y aurait d'apprentissage de la marche, ou elle serait hésitante. La maîtrise ne pourrait être réalisée. Mais en tant qu'adultes, nous émettons tous ces réserves, tout le temps. Nous nous refusons l'accès à la maîtrise. Personne ne peut changer le fait que toutes les négativités d'une situation s'expriment au moment où la situation se présente, avec tous les éléments positifs. Il n'y a pas d'échappatoire aux décisions intérieures que nous avons prises.

Tout ce que vous avez décidé à votre propre sujet est en jeu en ce moment.

Heureusement, ces décisions individuelles peuvent être réexaminées et modifiées. Étant donné que toutes les négativités sont juste en face de vous, vous n'êtes pas obligé(e) d'aller à leur recherche. Ce que l'on considère comme des obstacles dans la vie sont des reflets d'une décision de fermer la compréhension. Si vous fermez trop la compréhension, vous devenez une victime assujettie à des forces qui vous terrifient et vous écrasent. Ces forces ne sont pas le destin aveugle ou la malchance ; ce sont les trous dans votre conscience, les lieux où vous n'avez pas été capable de regarder.

Aujourd'hui, essayez de considérer l'une des décisions qui vous ont empêché(e) de vous engager totalement dans la vie et qui peuvent faire partie de la liste ci-contre.

Je ne veux pas avoir l'air gauche : Cette décision implique l'image de soi. « Avoir l'air bon » signifie préserver une image, mais les images sont juste des tableaux gelés. Elles ne donnent que l'impression la plus superficielle de ce que vous êtes. La plupart des gens trouvent qu'il est trop difficile de dépasser l'image de soi. Ils façonnent un certain look, une certaine façon d'agir, un certain style, goût, mode de vie et statut qui forment ce qu'ils pensent être. Leur image de soi s'applique à chaque situation nouvelle, avec un seul résultat possible : ils ont l'air « bons » ou « mauvais ». Ces gens ont décidé il y a longtemps qu'ils ne deviendraient jamais « mauvais » tant qu'ils y pourraient quelque chose.

Cette décision ne peut être contrée que par votre volonté d'oublier ce dont vous avez l'air. Je suis sûr que vous avez déjà vu des passages filmés au ralenti de coureurs olympiques franchissant la ligne d'arrivée, inondés de sueur, le visage déformé par l'effort, épuisant leurs dernières réserves. Dans leur passion de gagner, ils n'ont pas eu la moindre attention pour ce dont ils avaient l'air. Cela donne un aperçu de votre propre situation ; si vous êtes réellement concentré(e) sur le processus en cours, vous ne vous préoccuperez pas de votre apparence.

Aujourd'hui, considérez les idées suivantes et suivez-les, jusqu'à ce que vous compreniez comment elles s'appliquent à vous :

- Il n'est pas nécessaire que gagner ait bonne apparence. Les deux n'ont rien à voir.
- Être passionné par quelque chose a l'air « bien » de l'intérieur, et c'est ce qui compte vraiment.
- Être « bien » intérieurement n'est pas une image. C'est un sentiment de satisfaction.
- Vous ne serez pas satisfait(e) tant que l'image sera dans votre esprit.

Je ne veux pas tomber : Cette décision tourne autour de l'échec qui, à son tour, a trait au jugement. Dans le domaine de la peinture, chaque chef-d'œuvre est précédé d'une esquisse. Parfois, ces croquis se réduisent à quelques gribouillis ; parfois, en revanche, il faut des années et des dizaines d'essais. Le peintre a-t-il échoué quand il a fait une esquisse ? Non, parce que des étapes de développement sont nécessaires pour maîtriser une technique. Si vous jugez que vos premiers efforts sont des échecs, vous vous mettez en contradiction avec un processus naturel.

Les gens qui ont peur de tomber ont le plus souvent été ridiculisés ou humiliés dans le passé. C'est un domaine où les parents émettent des jugements négatifs qui ont des effets terribles – échouer est quelque chose que vous héritez de quelqu'un qui vous a découragé(e). La peur s'attache à l'échec en le connectant au sens du soi. « Tomber signifie que je ne vaux rien. » Après la peur d'avoir l'air gauche, la deuxième réserve mentale incapacitante qui se présente est la peur de tomber et de sentir qu'on est sans valeur.

Aujourd'hui, regardez-vous vous-même honnêtement et voyez à quel point cette peur est en vous. Le degré où vous vous jugez vous-même est le degré auquel vous devez guérir. La plupart des gens disent qu'ils détestent échouer, mais derrière le mot *détester*, il peut y avoir une large gamme d'émotions, de l'effondrement catastrophique du soi à l'ennui léger de ne pas faire de son mieux. Vous pouvez voir à quel échelon vous êtes. Donnez-vous une note :

- Je me sens anéanti quand j'échoue. Ce sentiment m'obsède pendant des jours entiers et, quand j'évoque mon échec le plus important, je revis l'intensité de l'humiliation.

- Quand j'échoue, je me sens si mal que je m'en vais. Il me faut du temps pour me remettre en selle, mais je finis par y arriver. C'est une affaire de fierté et de respect de soi.

- J'accepte l'échec parce qu'il est plus important d'accomplir ce que je veux. Ce sont mes échecs qui m'enseignent. Il y a quelque chose de positif dans chaque déboire. Si vous pouvez tirer les leçons de vos fautes, ce n'est pas un échec.

- Je ne pense pas en termes de victoire ou de défaite. Je reste centré et je regarde comment agir dans n'importe quelle situation. Chaque réaction me montre un nouvel aspect de moi-même. Je veux comprendre toutes choses et, dans cette perspective, chaque expérience est comme tourner une page nouvelle dans le livre de l'évolution.

Après avoir vérifié où vous en êtes, concevez un programme de changement qui convienne à cette étape.

Au *premier niveau* : Les gens sont hypersensibles aux déboires et les prennent si personnellement qu'ils rouvrent leurs vieilles blessures. Si c'est votre cas, revenez aux principes de base. Trouvez d'abord quelque chose de très mineur à accomplir, comme faire une omelette ou du jogging. Réservez-vous du temps pour accomplir cette activité et, quand vous y êtes engagé(e), ayez un sentiment de réussite. Soyez envers vous comme un bon père ou une bonne mère, et appréciez-vous vous-même. Si les choses ne vont pas très bien, dites-vous que c'est très bien. Vous devez reformater votre sentiment au sujet de l'établissement d'un but et de sa réalisation.

Il y a en vous une voix décourageante que vous remarquez trop vite, et à laquelle vous donnez trop de crédit. Créez lentement une connexion avec la voix de l'encouragement. Elle est aussi en vous, mais elle a été noyée par la voix de la critique. Augmentez graduellement les défis que vous vous imposez. Allez de la préparation d'une omelette pour vous-même à sa confection pour quelqu'un d'autre. Sentez ce que cela fait d'être apprécié(e). Imprégnez-vous du fait que vous méritez d'être apprécié(e). Ne vous comparez à personne d'autre. Vous êtes où vous êtes et nulle part ailleurs. Ne manquez pas de renforcer vos succès.

Au moins une fois par jour, faites quelque chose qui, à vos yeux, soit une victoire et qui vous attire des éloges, soit de votre part, soit de la part de quelqu'un d'autre. Voyez si la louange extérieure est sincère. Cela prendra du temps, mais vous remarquerez au bout d'un moment que la voix intérieure de l'encouragement commence à grandir. Vous apprendrez à vous fier à elle, et vous en viendrez à comprendre que vous vous en tirez bien.

Au *deuxième niveau* : Les gens ont tellement peur d'échouer qu'ils refusent souvent de relever de nouveaux défis, mais ils ne sont pas anéantis. Si c'est votre cas, vous avez besoin de plus de motivation, parce que vous êtes au sommet de votre désir de gagner, mais vous répugnez à risquer l'échec. Vous avez le choix des moyens. Pour renforcer votre motivation, vous pouvez vous intégrer dans une équipe ou trouver un entraîneur. L'esprit d'équipe vous aidera à triompher des voix décourageantes qui sont en vous. Un entraîneur vous aidera à comprendre que la fuite n'est pas une option. Choisissez un niveau d'activité qui ne mette pas trop à contribution votre confiance en vous. Il est plus important d'intérioriser les éléments de réussite que de triompher d'un grand défi. Qui dit équipe ne dit pas forcément sport – trouvez un groupe qui a un esprit de corps. Un orchestre de jazz, un groupe de volontaires ou un parti politique, feront l'affaire. Le soutien extérieur vous aidera à franchir vos obstacles intérieurs. Vous arriverez à comprendre que ces obstacles ne sont pas des montagnes ; ils peuvent être réduits en petits pics de réalisation.

Au *troisième niveau* : Les gens sont plus encouragés par le succès que découragés par l'échec. Ils ont une bonne réserve de motivation positive. Si c'est votre cas, vous pouvez réussir longtemps, mais trouver finalement que les récompenses extérieures ne sont plus satisfaisantes. Vous devez vous fixer à vous-même un but intérieur, pour vous développer. Parmi les buts intérieurs les plus précieux, il y a apprendre à être plus intime, apprendre à servir les autres sans attendre de récompense et apprendre les profondeurs de la spiritualité. Visez à obtenir une plus grande compréhension de vous-même, sans aucune réalisation extérieure. Avec le temps, la distinction entre succès et échec commencera à s'estomper. Vous commencerez à voir que tout ce que vous avez fait a eu trait au déploiement de vous-même vers vous-même. Les satisfactions les plus grandes apparaissent quand ce déploiement est la seule chose dont vous ayez besoin.

Au *quatrième niveau* : on a déjà vaincu l'échec. On aime tous les tours et détours de la vie, on est satisfait par n'importe quelle expérience. Si c'est votre cas, visez à approfondir votre maîtrise. Les obstacles auxquels vous avez encore affaire sont subtils et relèvent du niveau de l'ego. Vous croyez encore qu'un soi séparé fait ces expériences. Visez au détachement et à l'expansion au-delà de ce soi limité. Les textes spirituels les plus profonds et un engagement personnel dans l'une des quatre voies, vous apporteront une grande satisfaction.

Je ne veux pas que l'on soit témoin de mon échec : Cette décision tourne autour de la honte. La honte est la peur intériorisée de l'opinion des autres. Leur désapprobation devient votre honte. Le cliché selon lequel les Orientaux ne peuvent supporter de « perdre la face » a trait à la honte qui peut être une puissante force sociale. La réponse à la honte n'est pas de devenir éhonté(e) dans votre comportement. Beaucoup de gens essaient cette solution pendant leur adolescence, espérant que leur conscience d'eux-mêmes très sensible pourrait être vaincue par des bravades, comme une virée dans une voiture volée ou une tenue vestimentaire bizarre. Si vous avez facilement honte, c'est que vous avez pris une décision intérieure qui doit être changée.

D'abord, réalisez que ce que les autres pensent à votre sujet dépend souvent de leur jugement de vos actions qui seront bonnes ou mauvaises, à *leurs* yeux. Le jugement social est inévitable et il nous affecte tous. Quoi qu'il en soit, les autres essaieront de vous faire honte avec des mots, le ton de leur voix et leur comportement. Détachez-vous de votre situation et voyez comment cela fonctionne. Lisez la presse à scandales ou regardez une émission de cancans sur les célébrités. Prenez conscience du courant constant d'insinuations et de jugements. Admettez sans malaise qu'une telle façon de traiter les autres existe. Vous n'avez pas ici à le changer ; vous devez juste prendre conscience de la façon dont cela fonctionne.

Ensuite, abstenez-vous de faire honte aux autres. Ce comportement est un déguisement pour vous.

Vous pensez que si vous médisez, mettez les gens en pièces, prenez un air supérieur ou attaquez, cela vous protégera de votre propre vulnérabilité. En réalité, tout ce que vous faites, c'est vous immerger dans la culture de la honte. Éloignez-vous ; vous ne devez pas demeurer là plus longtemps.

Trouvez les moyens de mériter des éloges qui vous donneront le sentiment d'être quelqu'un de bien. C'est différent des compliments pour ce que vous accomplissez. Vous pouvez sans aucun doute accomplir beaucoup de choses qui pourraient faire dire que vous avez réalisé du bon travail. Mais ce dont vous avez besoin, c'est une louange qui guérisse votre sentiment de honte. Cela ne peut se produire que lorsque des émotions sont en jeu. Vous avez besoin de sentir la chaleur de la gratitude d'une autre personne ; vous avez besoin de voir de l'admiration pour vous dans les yeux de quelqu'un. Je suggère le service aux pauvres, aux personnes âgées ou aux malades. Consacrez un peu de temps au volontariat pour aider les nécessiteux, quelle que soit la définition que vous donnez à ce terme. Tant que vous ne vous serez reconnecté(e) à l'amour, sans trace de critique personnelle, vous ne serez pas à même de vous séparer de vos sentiments de honte.

Je ne veux pas vivre avec le fardeau de l'échec : Cette décision tourne autour de la culpabilité. La culpabilité est la conscience de mal faire. En tant que telle, elle a sa place comme rappel salutaire de votre conscience. Mais quand la culpabilité est sans motif réel, elle peut être destructrice et malsaine. Les gens qui souffrent de culpabilité souffrent surtout de leur incapacité de séparer les pensées des faits. Ils sont accablés par des choses purement mentales, plutôt que par des actions accomplies dans le monde. Parfois, on appelle cela « pécher dans son cœur ». Quel que soit le nom qu'on lui attribue, la culpabilité vous donne un sentiment d'échec à cause de votre horrible passé.

Ceux qui souffrent d'un sentiment de culpabilité ne veulent pas faire face à de nouveaux défis, de crainte de se sentir plus coupables s'ils échouent, ajoutant au fardeau du passé. Pour eux, cela semble raisonnable, mais, en réalité, la culpabilité elle-même est extrêmement déraisonnable. Comme pour la honte, vous pouvez réduire la culpabilité à ses composants irrationnels :

- La culpabilité mesure le bien et le mal avec précision. Elle peut vous faire souffrir pour des raisons insignifiantes.

- La culpabilité est une couverture qui essaie de tout recouvrir. Elle vous fait vous sentir « coupable » au sujet de gens et de choses qui n'ont aucun rapport avec vos actions « coupables ».

- La culpabilité vous donne un sentiment de responsabilité exagéré. Vous croyez avoir commis de mauvaises actions alors que, en réalité, elles n'ont rien à voir avec vous.

- La culpabilité est pleine de préjugés. Elle vous donne tort tout le temps, sans aucune chance de rémission.

Quand vous avez compris ces quatre choses, vous pouvez commencer à les appliquer à vous-même. N'essayez pas de forcer la culpabilité à partir. Ayez votre réaction de culpabilité, laissez-la être ce qu'elle est, mais ensuite, demandez-vous : « Ai-je vraiment fait quelque chose de mal ? Est-ce que je condamnerais quelqu'un qui aurait fait la même chose ? Ai-je fait du mieux que je pouvais étant donné les circonstances ? » Ces questions vous aideront à acquérir un sens plus objectif du bien et du mal. Si vous êtes dans le doute, demandez l'avis d'une personne qui n'a pas de sentiment de culpabilité et qui ne condamne pas.

« Qui ai-je blessé en réalité ? » Soyez précis ; ne laissez pas la culpabilité tout recouvrir. Il se peut que vous réalisiez que vous n'avez jamais vraiment blessé personne. Si vous pensez cependant l'avoir fait, allez voir la personne et demandez-lui comment elle se sent. Discutez de vos actes. Essayez d'arriver au point où vous pouvez demander pardon. Quand il est accordé, acceptez-le comme véritable. Prenez note du pardon comme pense-bête. Chaque fois que la voix culpabilisante vous accusera encore, brandissez la feuille de papier qui prouve que vous avez été pardonné(e) et dites : « Tu vois ? Ce que tu essaies de me faire ressentir n'a pas d'importance. La personne à qui j'ai réellement nui ne m'en veut plus. »

« Suis-je vraiment responsable ici ? Quel rôle ai-je réellement joué ? Mes actions ont-elles été une petite ou une grande partie de la situation ? » Vous ne pouvez être responsable que des actions que vous avez accomplies ou que vous avez ratées. Soyez précis(e). Détaillez ces actions ; ne les exagérez pas et ne tombez pas dans l'idée irrationnelle que, par le seul fait que vous êtes là, vous êtes totalement responsable. Beaucoup de situations familiales nous plongent dans un sentiment général de culpabilité partagée, mais si vous êtes précis(e) au sujet de votre responsabilité relative à ce que vous avez dit et fait réellement, et non à ce que les autres autour de vous ont dit et fait, vous pourrez réduire à néant le sentiment d'être responsable de tout.

« Quelles bonnes choses ai-je faites pour compenser les mauvaises ? Quand en aurai-je fait assez pour lâcher prise ? Suis-je prêt(e) à me pardonner ? » Toutes les mauvaises actions ont leur limite, après laquelle vous êtes pardonné(e) et débarrassé(e) de votre culpabilité. Mais, comme nous l'avons vu, la voix intérieure de la culpabilité est pleine de préjugés – vous êtes coupable dès le moment où vous entrez dans la salle d'audience, et vous le resterez à jamais. Prenez n'importe quelle action coupable et notez par écrit le jour où vous serez pardonné(e). Faites tout votre possible pour racheter votre mauvaise action et, quand le jour de la libération arrivera, prenez votre pardon et partez. Aucune action abominable ne mérite une condamnation éternelle ; n'investissez pas dans le préjugé qui vous tient pour responsable même de vos péchés les plus véniels, année après année.

Je ne veux pas mettre toutes mes énergies à contribution : Cette décision tourne autour d'une croyance selon laquelle l'énergie, comme l'argent d'un compte en banque, est limitée. Certains, qui ne veulent pas dépenser beaucoup d'énergie, évitent les nouveaux défis par paresse, mais cela cache des raisons plus profondes. Il est vrai que l'énergie est limitée, mais si vous vous êtes déjà consacré(e) passionnément à quelque chose, vous avez pu remarquer que plus vous y mettez d'énergie, plus vous en avez. La passion se renouvelle elle-même.

Ce qui pompe de l'énergie, paradoxalement, c'est de la retenir. Plus vous gardez votre énergie, plus les canaux sans lesquels elle ne peut circuler se rétrécissent. Les gens qui ont peur de l'amour, par exemple, finissent par limiter l'expression de l'amour. Ils ont un cœur resserré plutôt que dilaté ; les mots d'amour leur restent dans la gorge ; le moindre petit geste d'amour leur semble embarrassant. Le resserrement provoque la peur de l'expansion et, ainsi, le serpent continue à se manger la queue : moins vous dépensez d'énergie, moins vous en avez à dépenser. Voici quelques démarches qui peuvent élargir les canaux de l'énergie :

- Apprendre à donner. Quand vous avez envie de thésauriser, cherchez quelqu'un qui soit dans le besoin et offrez-lui de vos biens en abondance. Ce ne sera pas forcément de l'argent ou des marchandises. Vous pouvez donner du temps et de l'attention, ce qui fera beaucoup plus pour ouvrir vos canaux d'énergie que de donner de l'argent.

- Soyez généreux. Cela signifie plutôt généreux en éloges et en appréciation, que généreux en argent. La plupart des gens ont soif de compliments et en reçoivent beaucoup moins qu'ils n'en méritent. Soyez le premier à remarquer quand quelqu'un a bien agi. Appréciez de tout votre cœur, et pas seulement avec des formules toutes faites. Complimentez en détail et montrez à l'autre que vous avez vraiment prêté attention à ce qu'il a fait. Rencontrez la personne avec votre regard et restez connecté tandis que vous faites vos compliments.

- Suivez votre passion. Un domaine de votre vie vous fait dépenser toute votre énergie là. Mais pour la plupart des gens, il y a une inhibition invétérée qui leur fait craindre d'aller trop loin, aussi s'investissent-ils peu dans ces domaines. Soyez désireux d'atteindre la limite et puis d'aller un peu plus loin. Si vous aimez la randonnée, posez votre regard sur une montagne et allez au sommet. Si vous aimez écrire, commencez et finissez un livre. Il ne s'agit pas de vous forcer, mais de prouver combien il y a là d'énergie. L'énergie est le véhicule de la conscience ; elle permet à la conscience de venir dans le monde. En consacrant plus d'énergie à une entreprise, vous accroissez la récompense de compréhension qui viendra à vous.

Je ne veux pas souffrir : Cette décision tourne autour de plusieurs questions, qui ont toutes trait à la douleur psychologique plutôt qu'à la douleur physique. La première, c'est la souffrance dans le passé. Ceux qui ont souffert sans être capables de trouver la guérison ont une grande aversion pour toute nouvelle possibilité de douleur. Une autre question est la faiblesse. Si la douleur a terrassé quelqu'un dans le passé, la perspective de plus de souffrance fait naître la peur d'être encore plus faible. Enfin, il y a la question de la vulnérabilité. La douleur nous donne un sentiment de vulnérabilité, et nous rend plus susceptibles de connaître d'autres souffrances. Toutes ces questions vont profond, et il est rare de rencontrer quelqu'un qu'elles n'affectent pas. Comme toujours, il y a ici des degrés de sensibilité.

La douleur est neutre dans le dessein cosmique. Dans le monde matériel, la douleur nous motive négativement, alors que le plaisir nous motive positivement. Apprendre à être libre signifie que vos actions ne dépendent ni de l'un ni de l'autre. Aucun défi n'est plus grand qu'un autre, étant donné que nous sommes profondément attachés au cycle du plaisir et de la souffrance. C'est seulement en parvenant à l'état de témoin que l'on peut observer le malaise que l'on ressent, quand soit le plaisir soit la douleur vous pousse vers l'avant.

Je veux en finir le plus rapidement possible : Cette décision tourne autour de l'impatience. Quand votre mental est agité et désorganisé, vous ne pouvez vous empêcher d'être impatient(e). Vous n'avez pas assez d'attention pour prendre le temps d'être patient. Ceux qui s'abstiennent parce qu'ils ne peuvent pas être assez attentifs sont également privés de nouveaux défis. Leur compréhension est forcée de rester à un niveau très superficiel. Paradoxalement, le temps n'est pas essentiel pour avoir une réaction réfléchie. Ce n'est pas la durée de l'attention, mais sa profondeur, qui compte.

Dans *Amadeus*, le film sur la vie de Mozart, un compositeur très prolifique, Salieri, était tourmenté par le génie de son rival Mozart. Mozart n'était pas meilleur que Salieri – dans le film, il apparaît comme un hédoniste vain et puéril. Il ne passe pas plus de temps à composer que Salieri ; il ne bénéficie pas d'une plus grande faveur de la part de ses mécènes ; il n'est pas allé plus longtemps à l'école de musique. Salieri reprochait à Dieu cette énorme inégalité de dons, et, inconsciemment, nous faisons la même chose quand nous sommes confrontés à quelqu'un dont la capacité excède de loin la nôtre.

L'impatience est enracinée dans la frustration. Nous refusons d'être attentifs, parce que les résultats ne viennent pas assez vite, ou ne sont pas assez gratifiants. Le mental préfère se retirer de cette source potentielle de malaise. Si vous vous apercevez que vous êtes facilement impatient, c'est que probablement vous incriminez les circonstances extérieures. Le trafic n'est pas assez rapide ; il y a une queue interminable chez l'épicier ; quand vous demandez à quelqu'un de faire un travail, il traîne les pieds.

Projeter son impatience sur le monde extérieur est une défense, une façon de détourner la peur d'être inadéquat. Dans les cas les plus extrêmes de manque d'attention, particulièrement chez les jeunes enfants, cette peur est toujours à la base de l'inattention. Les personnes impatientes sont trop découragées pour entrer profond. Même sans avoir un rival du calibre de Mozart, nous sommes tous intimidés par un obscur compétiteur intérieur – quelqu'un qui par définition est meilleur que nous. Ce fantôme nous conduit hors de notre conscience.

L'impatience prend fin quand vous pouvez revenir à l'intérieur de vous-même avec suffisamment de confiance pour laisser la conscience se déployer. La confiance ne peut être forcée. Vous serez adéquat à vos propres yeux quand vous ferez l'expérience de niveaux de compréhension de plus en plus profonds. Si vous êtes impatient(e), vous avez besoin de faire face à la réalité : vous n'êtes pas le meilleur en tout et vous n'avez pas besoin de l'être. Arrêtez-vous quand vous vous sentez éclipsé(e) par un talent ou un génie plus grand, de plus grandes richesses, un meilleur statut, un plus grand accomplissement. La seule personne réelle en vous, c'est vous. Cette personne est une graine à la croissance illimitée. C'est en nourrissant les graines que vous les faites pousser et, dans ce cas, la nourriture provient de l'attention que vous exercez. Ayez la volonté de vous faire face, quoi que vous pensiez de vos imperfections. Seule une rencontre directe avec vous-même nourrit l'attention, et plus vous offrirez de nourriture, plus grande sera votre croissance.

SECRET N° 15

TOUT EST PURE ESSENCE

Toutes les couches de l'oignon ont été enlevées. Nous sommes arrivés face à l'indescriptible, le secret au cœur de la vie. Mais les mots ont déjà atteint leur limite.

Qu'avez-vous quand vous vous trouvez face à l'indescriptible ? Vous ne pouvez qu'essayer de le décrire avec des mots inadéquats. Le mental ne sert à rien. Habitué à mettre tout dans une pensée, il ne peut saisir *quelque chose* qui est au-delà de la pensée.

Nous dessinons un monde de lignes, de formes et de couleurs avec de l'encre invisible. Notre instrument n'est rien de plus qu'un atome de conscience, comme la pointe d'un crayon se déplaçant sur une feuille de papier. Mais tout provient de ce point unique. Y a-t-il quelque chose de plus mystérieux et, en même temps, de plus miraculeux ? Un point infiniment plus petit que la pointe d'un crayon dessine la forme de l'univers.

Ce point est fait d'essence, la forme la plus pure de l'Être. L'essence est le mystère ultime, parce qu'elle parvient à faire trois choses à la fois :

Elle conçoit toutes choses dans l'existence.
Elle transforme l'imaginé en réalité.
Elle entre dans cette réalité et la garde vivante.

En ce moment, vous accomplissez aussi ces trois activités. Avant que quelque chose ne vous vienne, c'est conçu dans l'imagination – c'est-à-dire dans l'état où des vapeurs d'images et de désir sont nées. Ces images se déploient ensuite et s'expriment sous forme d'objets et d'événements. Tandis que cela se produit, vous entrez dans les événements subjectivement, ce qui veut dire que vous les absorbez dans votre système nerveux. La façon la plus simple de décrire cet acte de création en trois parties, c'est de dire que vous imaginez une image, puis que vous la peignez et qu'enfin, vous y pénétrez.

Tout ce qui est requis pour trouver l'essence de la vie, c'est de sortir de l'image et de vous voir vous-même. Vous ne verrez ni une personne ni une âme, simplement un atome de conscience – le point qui produit les images les plus aimables, effroyables, mondaines, sacrées, étonnantes, les plus ordinaires et les plus merveilleuses. Mais en utilisant ces mots, je suis tombé dans la tentation de décrire l'indescriptible. Rejetons toute image et disons les choses les plus simples qui sont la vérité : j'existe, je suis conscient, je crée. Ce sont les trois qualités de l'essence qui imprègnent l'univers.

Étant dépouillé(e) de tous les aspects irréels de vous-même, il ne vous reste que votre essence. Une fois que vous avez réalisé que l'essence est le « vous » réel, la porte d'or s'ouvre. L'essence est précieuse parce que c'est le matériau dont l'âme est faite. Si vous pouviez continuer à rester branché sur l'essence tout en rentrant dans l'image que vous créez, vous vivriez au niveau de l'âme à tout moment.

Mais une grande difficulté apparaît, qui maintient la porte d'or fermée : rien *n'est* l'essence. Quand vous réduisez la réalité une à son essence, toutes les qualités disparaissent. Maintenant, un arbre, un cheval, un nuage et un humain sont la même chose. Les dimensions physiques disparaissent aussi. Le temps écoulé entre deux événements est maintenant zéro, l'espace entre deux objets est zéro. La lumière et l'obscurité n'existent plus. La plénitude totale et l'extrême vacuité sont identiques.

En d'autres termes, au moment même où vous avez le secret de toutes choses, vous vous apercevez que vos mains sont vides. C'est particulièrement dérangeant pour ceux qui parcourent la voie spirituelle pour trouver Dieu. Tant que vous n'avez pas défini Dieu comme essence, il disparaîtra aussi. Mais en Inde, il y a une forte tradition qui met l'essence très au-dessus d'un dieu personnel. Nisargadatta Mahârâj ne faisait pas de concessions sur ce point. Il déclarait que lui-même – et tous les autres gens – était pure essence. Cela eut pour résultat de lui attirer beaucoup d'opposition.

Voici un échange typique entre un visiteur sceptique et Mahârâj :

Q : Dieu a-t-il créé la Terre pour vous ?
R : Dieu est mon disciple et il a fait tout cela pour moi.
Q : N'y a-t-il pas de Dieu distinct de vous ?
R : Comment cela se pourrait-il ? « Je suis » est la racine, Dieu est l'arbre. Qui dois-je adorer et pourquoi ?
Q : Êtes-vous le disciple ou l'objet de dévotion ?
R : Ni l'un ni l'autre. Je suis la dévotion même.

On peut sentir la frustration et la perplexité dans les questions du visiteur, mais qui pourrait lui en faire le reproche ? La voie de l'unité est si différente de ce qui est enseigné dans la religion organisée qu'elle fait plier le mental. Mahârâj disait souvent que nous n'avions pas été créés pour Dieu, mais que Dieu avait été créé pour nous. Il signifiait ainsi que l'essence, étant invisible, a dû créer une puissante projection pour être adorée. En elle-même, l'essence n'a pas de qualités ; elle n'a rien où s'accrocher.

L'essence disparaît parce que ce n'est pas quelque chose à quoi vous pouvez penser. Étant donné qu'être vivant revient à sentir et penser, comment l'essence peut-elle être d'une quelconque utilité ? Au niveau superficiel, l'essence n'est pas utile, parce que les différences retiennent encore votre attention. Disons que vous voulez être heureux plutôt que malheureux, riche plutôt que pauvre, bon plutôt que méchant. Aucune de ces distinctions n'importe pour votre essence. L'essence n'opère qu'avec trois choses : elle existe, elle crée, elle est consciente.

Une vie sans différences semble complètement invivable et pourtant, un texte parle de l'essence comme de quelque chose allant de soi, ce qui suggère que quelqu'un a vu comment vivre à ce niveau. Ce texte est le *Yoga Vasishta-Yoga* signifie « union », et Vasishta est le nom de l'auteur. On ne sait rien de la réalité ou de la vie de ce personnage. Le texte même est fort ancien.

Certaines observations typiques de Vasishta vous donnent rapidement une idée de son point de vue sur la vie :

Dans la conscience infinie, les univers vont et viennent comme les particules de poussière dans un rayon de soleil qui passe par un trou du toit.
La mort garde toujours un œil sur notre vie.
Tous les objets sont expérimentés dans du sujet, et nulle part ailleurs.
Les mondes apparaissent et disparaissent comme les vagues de l'océan.

L'enseignement de Vasishta est considéré comme l'un des plus difficiles et les plus abstraits ; il ne s'adresse pas à des débutants. Je l'ai lu et entendu plus simplement comme la voix de l'essence. Avec juste quelques aphorismes, on voit de grands thèmes émerger clairement. Vasishta considère que l'univers est impermanent et éphémère. Il observe que la mort est inévitablement liée à la vie. Il utilise la conscience subjective comme mesure du réel, en comparaison de laquelle le monde matériel est comme une simple vapeur.

Tout au long du texte, ces thèmes sont réexprimés des centaines de fois avec une telle conviction que le lecteur en est hypnotisé. Les *sûtras* sont mystérieux, parfois inconcevables mais c'est alors qu'on est au cœur de la question – c'est la vie comprimée dans des idées aussi denses que le diamant :

Le mental ne voit que ce à quoi il pense.
Ce que l'on appelle destin ou volonté divine n'est rien d'autre que l'action passée agissant sur elle-même.
De même que le mouvement est inhérent à l'air, ainsi la manifestation est inhérente à la conscience.

Quand on étudie ses propos, on peut facilement tomber dans une sorte de transe où le monde visible s'envole comme une plume. L'effet recherché n'est pas d'inspirer ou d'élever : Vasishta n'offre aucune consolation. Rien pour lui n'importe, hormis l'essence, et, ainsi, il est le maître suprême dans l'art de devenir réel. Devenir réel est aussi le but de ce livre et j'ai essayé de distiller le conseil de Vasishta sur la façon de vivre si l'on a une volonté sans faille de s'éveiller de l'irréalité. Il décrit quatre conditions qui doivent être présentes si vous voulez découvrir la réalité :

le contentement,
la quête,
la conscience de soi,
la force.

Quatre termes ordinaires, quelque peu innocents. Quel sens leur donnait-il, ce sage qui connaissait l'essence peut-être mieux que quiconque ait jamais vécu sur cette terre ?

Contentement : C'est la qualité repos de l'esprit. Quelqu'un qui est content n'entretient ni doute ni peur. Le doute rappelle constamment qu'il n'y a pas de réponse au mystère de la vie, ou que toutes les réponses données se révèlent non fiables. La peur est un rappel constant que l'on peut être blessé. Tant que ces deux croyances existent dans votre esprit, il est impossible d'être à l'aise en vous-même. Aussi, le contentement doit être gagné au niveau où le doute et la peur ont été vaincus.

Quête : Pour devenir réel(le), vous devez remettre en question l'irréel jusqu'à ce qu'il disparaisse. Ce processus est une sorte d'épluchage. Vous considérez quelque chose qui vous semble fiable et, si cela trahit votre confiance, vous dites : « Non, ce n'est pas cela », et vous le jetez. La chose suivante qui requiert votre confiance est aussi examinée, et si elle ne se révèle pas digne de foi, vous la rejetez aussi. Couche par couche, vous continuez votre questionnement, jusqu'à ce que vous atteigniez quelque chose qui soit complètement digne de foi, et cette chose doit être réelle.

Conscience de soi : Cette qualité vous dit où vous devez conduire votre quête – pas à l'extérieur dans le monde matériel, mais en vous-même. Se tourner vers l'intérieur ne se fait pas d'un seul coup. Pour chaque défi, il y a toujours deux solutions – l'intérieure et l'extérieure. C'est seulement après avoir examiné chaque raison de regarder à l'extérieur que vous restez avec celle de regarder à l'intérieur.

Force : Parce que vous regardez vers l'intérieur, personne d'extérieur ne peut vous aider. Cela implique une sorte d'isolement et de solitude que seuls les forts peuvent accepter. La force n'est pas un don ; ce n'est pas que les forts soient nés différents des faibles. La force intérieure naît de l'expérience. Les premières étapes de la vision intérieure vous indiquent que vous pouvez devenir réel et, avec cet élément de force supplémentaire, vous allez de l'avant. Vous croissez en résolution et en certitude. Vous testez ce que vous trouvez, jusqu'à ce que cela vous semble sûr. Pas à pas, vous découvrez que la force se construit sur l'expérience. Le voyage lui-même vous rend fort(e).

Vasishta n'a presque rien à dire au sujet des affaires quotidiennes. Personne ne doit commencer à vivre d'une certaine façon ou cesser de vivre de telle autre, pour devenir réel. Le point de vue de Vasishta est une acceptation totale : il se contente de laisser la vie se déployer. « Aussi longtemps qu'on attribue la réalité à un objet, dit-il, cet esclavage dure ; quand cet objet disparaît, l'esclavage disparaît avec lui. » En d'autres termes, l'irréalité doit partir d'elle-même. Tant qu'elle ne l'a pas fait, vous pouvez être riche ou pauvre, heureux(se) ou triste, plein(e) de certitudes ou accablé(e) de doutes, comme le dicte votre karma.

Vasishta est infiniment tolérant parce que « l'irréel n'a pas d'existence et le réel ne cessera jamais d'exister ». Il se sent infiniment serein parce que « la conscience est omniprésente, pure, tranquille, omnipotente ». Mais ce n'est pas pour ces pensées profondes que je tiens Vasishta pour quelqu'un d'unique. Son don spécial est dans les vérités dont il transperce : « L'univers est un long rêve. Le sens de l'ego qui se figure qu'il y a d'autres gens est aussi irréel que n'importe quoi en rêve. »

Quand je vois Vasishta avec l'œil de l'esprit, j'imagine un pique-nique au cours duquel tout le monde s'est endormi à l'ombre d'un vieux hêtre touffu, fatigué par trop de nourriture, de plaisir et de jeux. Seule une personne reste assise, éveillée et vigilante, attendant que les autres se réveillent. *Tous les autres sont endormis*. On ne peut pas échapper à ce coup de la vérité. Vasishta sait qu'il est seul, mais il n'est pas pessimiste. Sa vision solitaire ne l'a pas rendu indifférent aux autres. L'essence est amour. Pas l'amour d'une émotion passagère, ou l'amour qui reste attaché à une personne, mais le pur amour d'être là. Par comparaison, l'amour émotionnel est limité, douteux, plein de peur et mené par des rêves qui ne se réalisent jamais pleinement.

Vasishta savait que, dans l'essence pure, il avait trouvé le secret du bonheur universel. Ce secret a trois parties : libération de toute limitation, connaissance complète de la Création et immortalité. Vasishta trouva les trois. Qu'un tel état soit possible prouve l'existence de l'amour, étant donné que rien de plus ne pourrait être désiré. Tant que ces trois sentiments ne sont pas réalisés, tout autre éveil est faux ; l'univers entier existe dans l'état de rêve, la poursuite d'une illusion cosmique.

Cette illusion vous a maintenant été entièrement présentée. Elle consiste en séparation, fragmentation, perte de l'intégrité, de la totalité. Il doit y avoir un « Non ! » final qui refuse de participer à l'illusion, et Vasishta l'a exprimé avec force et clarté. Il est souvent le maître auquel j'ai recours quand j'imagine que j'ai des problèmes. En lisant ses propos, je me sens m'élever à son niveau, pas de façon totale ni permanente, mais avec suffisamment de validité pour me sentir rassuré. Parfois, j'aimerais qu'à la télévision on arrête de nous parler d'interminables crises et qu'on se mette plutôt à faire connaître ces pensées, pour que les gens se rappellent ce qui est réel :

> Tout ce qui est dans l'esprit est comme dans une ville bâtie dans les nuages. L'apparition de ce monde n'est rien de plus que des pensées qui se manifestent.
>
> À partir de la conscience infinie, nous nous sommes créés mutuellement dans notre imagination.
>
> Tant qu'il y a « vous » et « moi », il n'y a pas de libération. Très chers, nous sommes tous la conscience cosmique qui revêt une forme individuelle.

Il est presque impossible de faire entrer ces nobles sentiments dans la mêlée de la vie quotidienne, mais ce que veut Vasishta, c'est que nous vivions en nous fondant sur l'essence – et c'est faisable. Nisargadatta Mahârâj vécut cela. Il fut élevé dans une ferme marchant derrière deux bœufs tirant une charrue. Mais la spiritualité l'intrigua et il alla voir un guru qui lui donna deux conseils : « Tu es le "je suis" sans commencement ni fin. Souviens-t'en, et si ton esprit s'éloigne de cette vérité, ramène-le. » Le jeune homme s'éloigna, n'ayant plus besoin de rencontrer des gurus, et trouva son essence avec cet enseignement simple.

L'état de conscience le plus élevé descend pour que l'on réalise à quel point il est banal de mener une vie cosmique. Nous le faisons tous tout le temps. Il suffit de voir comment Vasishta regarde et perçoit l'infini dans chaque direction. Son enseignement doit être votre livre de chevet, à lire quand vous voulez faire autre chose que dormir :

> Pour une personne qui souffre, une nuit est un siècle. Pour un fêtard, une nuit passe en un instant. En rêve, un instant n'est pas différent d'une époque. Mais pour le sage, dont la conscience a triomphé de toutes les limitations, il n'y a ni jour ni nuit. Quand on se détourne de la notion de « je » et du « monde », on trouve la libération.

Changer sa réalité
pour percevoir le quinzième secret

La quinzième leçon traite de l'unité. Jeune homme, on me poussait à arriver le plus vite possible, mais avec le temps, j'ai commencé à saisir que l'unité n'est pas une réalisation que l'on peut atteindre comme on peut gagner à un jeu, trouver l'épouse parfaite ou parvenir au sommet d'une profession. L'unité est beaucoup plus comme la musique. Imaginons que Bach visite une école maternelle et inspire aux enfants l'espoir qu'ils pourront tous être comme lui. En réalité, peu d'enfants auront le génie de Bach pour la musique. Mais il n'est pas nécessaire qu'ils l'aient. La musique est une occupation superbe en elle-même, dans laquelle vous ne vous comparez à personne. Chaque instant passé à faire de la musique apporte un grand bonheur en lui-même, pas seulement comme un pas en direction du sommet d'une montagne.

La spiritualité peut apporter une grande félicité à chaque instant – ou au moins chaque jour – si elle est exercée en gardant à l'esprit les quatre choses que Vasishta enseignait. Revoyons-les, cette fois comme elles pourraient s'appliquer à notre propre vie.

Contentement : Cherchez un moment de contentement chaque jour. Vous y avez droit parce que, dans le plan cosmique, vous êtes en sécurité et l'objet d'une grande attention. Soyez content(e), non pas de votre sort dans la vie, mais d'être ici dans le courant de la vie. Les gloires de la Création sont dans vos cellules mêmes ; vous êtes fait(e) de la même étoffe d'esprit que les anges, les étoiles et Dieu lui-même.

Quête : Ne laissez pas passer un jour sans vous être demandé qui vous êtes. La compréhension est un art et, comme tous les arts, il doit être invité dans l'existence. Comprendre qui l'on est signifie revenir encore et encore à la question « qui suis-je ? » Chaque fois que vous y revenez, vous permettez à un nouvel ingrédient de pénétrer votre conscience. Chaque jour est rempli du potentiel suffisant pour élargir votre conscience, et si chaque ajout peut sembler minuscule, l'accumulation sera formidable. Il peut falloir des milliers de jours pour savoir qui vous êtes ; il faut seulement un jour pour cesser de se le demander. Qu'aujourd'hui ne soit pas ce jour.

Conscience de soi : N'oubliez jamais que vous n'êtes pas dans le monde ; le monde est en vous. Quoi que vous ayez besoin de savoir de l'existence, cela n'apparaîtra nulle part hors de vous-même. Quand quelque chose vous arrive, intériorisez l'expérience. La Création est conçue pour vous apporter de constantes indications sur votre rôle de cocréateur. Soyez-en conscient(e) ; absorbez-les. Votre âme métabolise l'expérience aussi sûrement que votre corps métabolise la nourriture.

Force : Personne ne pourra dire que suivre la voie spirituelle est la chose la plus facile du monde – ou la plus difficile. La naissance du nouveau est trop intimement liée à la mort de l'ancien. La joie suit de près le chagrin, comme il se doit si naissance et mort sont unies. N'attendez aujourd'hui ni l'une ni l'autre. Utilisez votre force pour rencontrer tout ce qui vient. Soyez aussi engagé(e) dans la spiritualité et aussi passionné(e) par elle que vous le pouvez. La force est le fondement de la passion et vous avez été conçu(e) pour survivre et prospérer, quelle que soit la façon dont la vie se déploie. Soyez fort(e) aujourd'hui de cette connaissance.

ÉPILOGUE

Seconde naissance

À un certain point, la vie n'a plus de secrets à révéler. Vous vivez dans la réalité une et, en retour, elle vous gratifie abondamment. La peur née de la dualité s'en est allée, remplacée par un inébranlable contentement. La conscience est devenue pleinement consciente d'elle-même. Quand nous atteignons cet état de liberté, la vie recommence ; c'est pourquoi l'illumination est appelée, à juste titre, seconde naissance.

Au cours de ma jeunesse en Inde, je n'ai jamais rencontré de personne illuminée. Ma famille était profondément religieuse, particulièrement du côté de ma mère. Mais à ma naissance, tout le pays était dans le tumulte d'une naissance politique, car les Anglais avaient pris le large du jour au lendemain, nous laissant subir seuls les affres de l'enfantement. Ce fut une époque terrible, ponctuée d'émeutes et de massacres, car une religion fanatique avait répandu la violence dans le nord de l'Inde.

Quand le Mahatma Gandhi fut assassiné le 30 janvier 1948 par un religieux fanatique, le tueur fit une autre victime : le cordon symbolique. Il est de coutume qu'un brahmane porte un double cordon sur l'épaule. Dans mon esprit, le double cordon symbolisait une vérité profonde – que l'illumination est possible. Tout le monde savait dans l'Inde traditionnelle que le double cordon est la promesse d'une seconde naissance. C'est un héritage immémorial. Aujourd'hui, l'illumination n'est plus le but de la vie, pas même en Inde. Tout ce que peut faire un maître, c'est rouvrir la porte ; il peut répondre aux trois questions à la façon ancienne :

- *Qui suis-je ?* Vous êtes la totalité de l'univers agissant à travers un système nerveux humain.
- *D'où est-ce que je viens ?* Vous êtes venu(e) d'une source qui n'est jamais née et ne mourra jamais.
- *Pourquoi suis-je ici ?* Pour créer le monde à chaque instant.

Obtenir cette connaissance par soi-même, c'est comme repasser par le canal de la naissance. Vous pousserez peut-être un cri de surprise – et peut-être de douleur – en vous apercevant que vous êtes dans un monde inconnu. Une fois que vous avez accepté cette seconde naissance, vous continuez d'avoir des pensées et des sentiments mais, maintenant, ce sont des impulsions douces sur un arrière-plan de conscience silencieuse, de très légères vagues qui apparaissent et disparaissent sans troubler l'océan de l'être.

Je ne peux m'empêcher de penser que l'illumination n'a jamais été considérée en Inde, ni dans aucune autre tradition, comme une récompense à gagner. La seconde naissance vient de la considération de la vie comme elle est déjà, la voyant à partir du point immobile intérieur. Dans la mesure où on le fait, on est illuminé. L'univers va vers le point immobile pour créer le temps et l'espace. Vous y allez pour chercher un mot ou le souvenir d'un visage ou du parfum d'une rose. En ce moment même, le monde s'épanouit dans son infinie variété, avant de faire silence, dans l'émerveillement du miracle qu'il vient de réaliser.

TABLE DES MATIÈRES

Introduction : Ouvrir le Livre des secrets.................. 11

Secret n° 1
LE MYSTÈRE DE LA VIE EST RÉEL 17

Secret n° 2
LE MONDE EST EN VOUS 33

Secret n° 3
QUATRE VOIES MÈNENT À L'UNITÉ 50

Secret n° 4
CE QUE VOUS CHERCHEZ, VOUS L'ÊTES DÉJÀ .. 69

Secret n° 5
LA CAUSE DE LA SOUFFRANCE EST L'IRRÉALITÉ 92

Secret n° 6
LA LIBERTÉ DOMPTE LE MENTAL 114

Secret n° 7
TOUTE VIE EST SPIRITUELLE 141

Secret n° 8
LE MAL N'EST PAS VOTRE ENNEMI 168

Secret n° 9
VOTRE VIE EST MULTIDIMENSIONNELLE 200

Secret n° 10
LA MORT REND LA VIE POSSIBLE 217

Secret n° 11
L'UNIVERS PENSE À TRAVERS VOUS 239

Secret n° 12
IL N'EST DE TEMPS QUE MAINTENANT 260

Secret n° 13
VOUS ÊTES VRAIMENT LIBRE QUAND VOUS
N'ÊTES PAS UNE PERSONNE 281

Secret n° 14
LE SENS DE LA VIE EST TOUT 298

Secret n° 15
TOUT EST PURE ESSENCE 331

Épilogue : Seconde naissance 343

*Du même auteur
aux Éditions Trédaniel*

La maternité, une aventure fabuleuse, 2006
Les sept lois spirituelles du succès, 2006
Osons la paix, 2006
Liberté, pouvoir et grâce, 2007
La vie après la mort, 2007
Bouddha, histoire d'une illumination, 2008
Se libérer des dépendances, 2008
Le Troisième Jésus, 2009
Jésus, 2010
Les 7 clés du bonheur, 2011

J'AI LU Bien être

10842

Composition
NORD COMPO

*Achevé d'imprimer en Slovaquie
par NOVOPRINT
le 16 janvier 2015.*

Dépôt légal août 2014.
EAN 9782290098837
OTP L21EPBN000346B003

ÉDITIONS J'AI LU
87, quai Panhard-et-Levassor, 75013 Paris
Diffusion France et étranger : Flammarion